숭실대학교 동아시아 언어문화연구소 어학총서 3

재귀성과 보이스체계

-日・韓 對照硏究-

권 승 림 저

제이앤씨
Publishing Company

머리말

일본어의 연구 분야는 그 입장에 따라 국어학과 일본어학이라는 두 갈래로 나뉘어 발전되어 왔다. 전자가 일본어를 일본어 속에서 설명하려는 입장이라고 한다면, 후자는 일본어를 제 언어 중 하나의 언어로 보고, 일본언어학적인 이론에 근거를 두는 연구를 지향하는 입장이라고 말 할 수 있다. 현재는 국어학에서 일본어학으로 그 흐름이 옮겨져 왔다. 이러한 흐름이 반영된 것이 일본의 국어학회가 그 명칭을 일본어학회라 하고, 발간 서적도 국어학에서 일본어의 연구로 개칭한 사실이 있다.

근년, 개별 언어 간의 대조연구도 활발히 진행되어, 많은 유사점을 갖는 한국어와 일본와의 대조연구도 증가되고 있다. 이는 영어와 같은 전혀 다른 유형의 언어와의 비교대조로부터 얻어진 성과도 있을 것이지만, 근접하는 언어 간의 비교대조연구로부터 얻어진 성과가 양 언어의 분석에 있어 유효한 경우도 많다는 것이 밝혀져 가고 있기 때문일 것이다.

이 책은, 1995년 10월에 오사카대학 대학원 언어문화연구과에 제출하고, 다음 해 3월에 수여받은 박사학위 －언어문화학(언어학 전공)－ 논문에 최소한의 수정을 가한 것이다. 이 책은 일반언어학적 지견(知見)을 바탕에 두고 일본어를 분석한 것이며, 한국어와의 대조언어학적 관점에서의 연구이기도 하다. 또한 이 책의 테마인 재귀성이 동사 또는 문의 형식적 레벨에서도 표시되는 로망스어계 언어와 슬라브어계 언어에 있어서의 연구 성과도 참고로 하고 있는 것이다.

이 책은 재귀성이라는 의미개념이 타동성에 뒤지지 않는 중요한 개념임을 주장한 것이다. 재귀성의 정의로부터 시작하여, 동사의 의미 레벨의 분류로서 재귀동사를 규정하고, 하위 분류를 시도하였다. 또한 동사구 레벨에서 재귀성을 나타내는 재귀용법문을 재분석하고, 대격보어와의 조합에 한정되어 온 재귀용법을 확대 규정하여, 여격보어와의 조합에 의한 여격형 재귀용법문을 최초로 제시하였다. 더 나아가, 재귀성이 보이스 체계 속에서 어떠한 기능을 하고 있는지에 관하여 분석한 결과, 재귀성이 타동성과 함께 여러 보이스 현상의 분석 및 설명에 있어 유효한 개념임을 명확히 밝힐 수가 있었다.

필자는, 박사논문을 제출한 이후 지금까지 관련된 여러 테마에 관하여 심도있게, 때로는 연구 범위를 넓히는 형태로 연구를 계속해 왔다. 10년 여의 시간이 흐르긴 하였으나, 신선하게 다가오는 연구 테마가 보이기도 하고, 보다 깊이 추구(追究)하지 않으면 안 되는 부분이 눈에 띄기도 한다. 박사논문을 책으로 만드는 이번 작업은, 필자에 있어서는 새롭게 앞으로의 과제에 눈을 뜨게 된 계기가 되기도 하였다. 이러한 연구가 개인의 연구 영역에 머무르지 않고, 후학 들에게 일본어 연구의 하나의 새로운 관점을 제시할 수 있기를 기대하며 이번 출판을 결심하게 되었다.

박사논문을 마무리하는 단계에서 하루키(春木仁孝)교수님께서 사독해 주시고, 귀중한 의견과 지도를 해주셨습니다. 또한 다카오카(高岡幸一)교수님을 비롯하여, 아카이(赤井慧爾)교수님, 호소야(細谷行輝)교수님 등 여러 교수님과, 당시 3년이나 청강을 허락해 주신 오사카 대학 문학부 일본학의 닛타(仁田義夫)교수님께도 감사의 말씀을 드립

머리말

니다. 나카무라(中村洋)씨는 일본어의 수정 등 세심한 부분까지 도움을 주셨으며, 연구 동료이자 선배인 니시카와(西川真理子)씨를 비롯하여, 동기인 야마우치(山内マリ)씨, 후배인 안자이(安西貴世子)씨, 오쿠보(大久保朝憲)씨, 우치다(内田充美)씨 와 함께 한 연구회에서는, 다양한 언어에 있어서의 다양한 분야의 언어학 공부를 할 수 있었으며, 필자의 연구의 토대를 만들어 주셨습니다. 감사합니다. 출판을 위하여 원고의 교정 등 도움을 준 학생들에게도 감사의 마음을 전합니다.

2005년 5월
권승림

번역본을 출간하며

　박사논문을 정리하여 출간한 지 8년여가 지났습니다. 당시 한국어로 번역하는 작업이 이루어지지 않아 일본어로 출판되었습니다. 당시에는 번역을 해야 한다는 필요성을 크게 느끼지 못하였으나, 한국어와 일본어의 대조연구를 표방하면서 일본어 연구자에 국한된 자료가 되었다는 것을 차후에 깨닫게 되었습니다. 이러한 동기에서 번역 작업을 시작하게 되었고 출간에 이르게 되었습니다.

　1996년 이후, 일본어학 분야에서도 재귀성과 관련된 연구가 진행되어 왔으며, 보이스에 관해서도 다양한 시각에서 연구가 계속되고 있습니다. 그러나 재귀성이라는 의미개념과 보이스 현상과의 밀접한 관련성을 본격적으로 다루고 있는 연구는 여전히 없는 것으로 보입니다. 이러한 의미에서, 이 책은 여전히 일본어와 한국어의 대조연구에 단초를 제공할 수 있는 내용을 담고 있다고 생각됩니다.

　이 책에서 다루고 있는 내용이 일본어학 연구자뿐만 아니라 한국어를 연구하는 후학들에게도 도움이 되었으면 합니다. 일본어의 언어현상 분석에 관한 지식이 한국어의 객관적 연구에도 도움이 되기를 바라며, 양 언어 간의 대조연구가 더욱 활성화되기를 기대해 봅니다.

2013년 12월
권승림

차 례

차 례

제IV부 재귀성과 아스펙트 / 297

제V부 결 론 / 331

제 I 부

서 론

제1장

들어가는 말

1.1 연구배경

일본어 연구사의 한 방향성으로, 국어학에서 일본어학으로의 전환을 들 수 있다. 국어학이 일본어를 일본어 속에서 해명하려고 한 입장이라면, 일본어학은 일본어를 모든 언어 중의 하나로써 인식하고 일반 언어학적인 이론에 기초하여 일본어를 해명하려고 하는 입장이라고 할 수 있다. 이와 같은 흐름을 시사하는 사실 중 하나가 다른 언어와의 대조연구의 흐름이라고 할 수 있다.

언어에는 일반적으로 통용되는 보편적 이론이 있는가 하면, 개별 언어로서의 특징도 존재한다. 대조연구에서는 어느 한 쪽의 개별 언어가 갖는 특징으로써의 언어적 사실이 다른 언어의 문법 현상을 분석하는 데에 유효하게 기능하는 경우가 있다. 대조연구의 가치 중 하나가 바로 이러한 점에 있을 것이다.

대조연구라고 하면 지금까지는 영어로 대표되는 서구 언어와의 비교대조가 중심을 이루었으나, 일본에서 연구하는 아시아 출신 유학생이 증가하면서 언어학 분야에서도 아시아의 여러 언어와 일

본어와의 대조연구가 증가하고 있다. 그 중에서도 본고는 일본어
와 가장 유사하다고 일컬어지는 한국어와의 대조연구를 지향하는
것이다.

일본어와 한국어는 영어 및 프랑스어 등 서구 언어에 비해 형식
적인 제약이 느슨한 언어라고 할 수 있다. 예를 들어 두 언어는 어
순의 제한, 동사의 일치 등 규칙적인 제한이 적다는 특징을 공유하
고 있으며, 그 중 한국어는 통어 현상이 의미의 차이에 민감하게 반
응한다는 특징을 지니고 있다. 즉 수동이나 사역 등 보이스의 각 카
테고리가 여러 형식으로 표현되고, 그 형식의 차이는 동사의 의미
의 차이에 대한 반응으로써 나타나는 것으로 생각된다. 이러한 현
상은 일본어의 문법 현상을 보다 더 적절하게 파악하는 데에 유효
하게 작용한다. 그것은 일본어가 하나의 문법카테고리와 하나의
형식이 대응하고 있는 경우가 많기 때문에 문법카테고리의 하위의
의미유형을 분석해 내기 어려운 점이 있기 때문이다. 이러한 일본
어의 개별 언어적 특징으로 인하여 잘 보이지 않는 부분이 한국어
와의 대조 분석을 통하여 선명하게 드러날 수 있다는 것이다. 이 책
은 대상 언어를 일본어와 한국어로 한정한 대조적 입장에서 연구
한 것이다. 또한 논지를 전개해 나가는 과정에서는 기술적(記述的) 방
법을 채용한다. 의미와 형식은 표리일체의 관계에 있으므로 의미
는 형식에 반영되는 것으로 생각된다. 하나의 형식으로써 통어 현
상을 파악하고, 동사 또는 동사구의 의미와 통어 현상 사이에는 필
연적인 관련성이 있다고 생각한다. 이러한 의미에서 기능주의(機能
主義)적 연구이며, 仁田(1980)에서 주장하고 있는 어휘론적 통어론(語
彙論的統語論, Lexico-Syntax)의 입장에 서는 것이라 할 수 있다.

1.2 연구목적

연구 범주는 동사와 보이스(態, voice) 및 두 범주와 관련된 의미개념이다. 예를 들어 보이스와 깊이 연관되어 있다고 알려진 개념으로 타동성(他動性, transitivity)이 있다. 이 책에서는 타동성의 척도를 사용함으로써 해명되는 보이스 현상이 있다는 사실을 전면적으로 부정하는 것은 아니나, 타동성으로 모든 보이스 현상이 설명된다고는 할 수 없다는 점을 지적해 둔다. 또한 타동성과 함께 보이스의 여러 현상을 해명하는 데에 유효하게 기능하는 개념으로써 재귀성(再歸性, reflexivity)이라는 개념을 새롭게 제시하고자 한다.

다음으로 재귀성의 실현 방법을 분석하고, 그 첫 번째 단계로써 재귀동사를 동사의 하나의 카테고리로 인정하고 통어적·의미적으로 규정한다. 또한 재귀성이 실현되는 다른 방법으로 재귀용법을 제시하고 계층구조를 밝히겠다. 우선적 과제로 의미 개념으로써의 재귀성을 확정하고, 그 구체적인 현상으로써의 재귀동사 및 재귀용법을 분석하는 것이 본고의 일차적인 목적이 된다.

다음으로 보이스의 여러 현상을 분석하는 데에 있어서, 지금까지 주목받지 못했던 재귀성이 유효한 개념임을 주장하고 검증해 나갈 것이다. 일본어와 한국어를 대상으로, 보이스의 여러 카테고리를 분석할 때 재귀성을 설정하여 그 타당성 및 유효성을 검증해 나가고자 한다. 여기에서 보이스를 분석하는 것은 일차적으로는 재귀성이라는 개념을 확정하여 그 유효성을 주장하기 위한 수단이며, 동시에 재귀성을 타동성과 유기적(有機的, dynamic)인 관계에 있는 의미개념으로 인식하고 보이스에서 재귀성이 어떠한 방식으로 기능하고 있는지를 규명함으로써, 보이스 체계를 정합적(整合的)으로 분석하는 것이 본고의 최종적인 목적이 된다.

1.3 구성

전절에서 말한 바와 같이, 본고는 두 가지의 큰 목적을 위해 쓰여
진 것이다. 하나는 의미개념으로써의 재귀성의 인정하는 것이며,
다른 하나는 재귀성을 염두에 둔 보이스 체계의 분석이다.

제 2부에서는 재귀성의 인정, 재귀동사 및 재귀용법의 인정과 분
석을 행한다. 또 개략적인 분석에 그치기는 하나 재귀성과 통어 현
상의 관계에 대하여 2부의 마지막에서 분석하기로 한다.

제 3부에서는 일본어와 한국어의 대조적인 관점에서 보이스의
여러 범주, 주로 네 가지 문법 카테고리를 분석한다. 우선 사역문(使
役文, causative construction)에 대해서, 본고에서 처음으로 생산적인 문
법 카테고리로써 인정한 사역동사의 대조연구를 행하고, 재귀성
과 연관된 사역의 여러 현상을 분석하고, 사역문의 의미·용법에
관하여 일본어를 중심으로 분석한다. 다음으로 수동문(受身文, passive
construction)에 대해서는 직접수동문이 성립하지 않는 현상을 분석하
고, 또 한국어를 중심으로 재귀성과 관련된 중간용법의 카테고리
확립을 시도한다. 자·타동사의 대립에 대해서는 기존에 주로 언급
되던 타동사의 유대(有対)·무대(無対)의 구별보다, 재귀동사가 무대(無
対)라는 점의 중요성을 주장한다. 또한 동사의 의미에 관해서, 한국
어의 두 가지 자발형(自発形)에 관하여 분석한다.

제 4부 재귀성과 아스펙트에서는, 보이스 범주에는 들어가지 않
지만 동사의 의미와 밀접하게 관련되어 있는 카테고리인 아스펙트
에 관하여 고찰하고 있다. 고찰 범위는 재귀성과 관련된 내용으로
한정하고, 아스펙트 전체에 관한 논의는 피하기로 한다. 이는 재귀
동사의 아스펙트적 특징을 밝히고자 하는 데 목적이 있기 때문이
다. 재귀동사의 아스펙트적 특징을 고찰하는 것은 그 자체로 의미

가 있어 아스펙트 연구에 공헌할 것으로 생각된다. 뿐만 아니라 재귀성 또는 재귀동사의 존재에 타당성을 부여하는 근거가 되기도 할 것이다. 아스펙트에 관해서는 동사를 일반동사와 한어동사를 구분하여 고찰한다.

1.4 전제 – 한국어의 보이스 체계

본고는 한국어의 용례를 다루기만 하는 것이 아니라 한국어의 보이스 카테고리의 체계, 예를 들어 사역문, 수동문, 자·타동사, 자발문과 아스펙트 등도 언급하고 있다. 따라서 여기에서는 각각의 문법 카테고리에 관하여 간략하게 기술해 두고자 한다. 한국어의 경우, 여러 문법 카테고리에 있어서, 각 문법 카테고리를 나타내는 형식이 한 가지 이상 있으며, 이를 구별해서 사용하기 때문에 미리 언급해 둘 필요가 있을 것이다. 아래 내용은 한국어학의 일반적인 관점을 기본으로, 필자의 관찰에 따라 다시 정리한 것이다. 본고의 주장과 관련하여 논의가 필요한 부분은 혼란을 피하기 위해서 여기에서는 언급하지 않기로 하겠다. 카테고리의 전반적인 상을 파악할 수 있도록 간단한 설명만 하기로 하고, 본론에서 본고의 주장을 전개하도록 하겠다. 우선 사역문부터 보면 다음과 같다.

① 사역문
한국어의 사역문은 「이」형과 「게하다」¹의 두 가지 형식으로 나타

---

1 한국어의 사역형식의 하나인 「게 하다」는 편의 상 띄어쓰기를 없앤 「게하다」로 표기하기로 한다.

낼 수 있다.

  (a) 「이」형
     • lexical causative, 직접사역
     • 동사의 어간 + 접미사 이, 히, 리, 기, 우, 구, 추[2]
  (b) 「게하다」형
     • periphrastic causative, 간접사역
     • 동사의 어간 + 접속어미 [게] + 형식동사 [하다]

상기의 두 가지 사역형은 다음과 같이 구분되어 사용된다.

  (1) a. 하나코가 딸에게 옷을 <u>입히었다</u>.
       花子が娘に服を着せた。
      b. 하나코가 딸에게 옷을 <u>입게 했다</u>.
       花子は娘に服を着させた。

(a)의 「이」형이 직접사역을, (b)의 「게하다」형이 간접사역을 나타낸다.

  ② 수동문
  한국어의 수동문은 「이」형과 「지다」형의 두 가지 형식으로 나타낼 수 있다.

---

2 접사의 형태상 바리에이션은 음성의 요구에 따라 생겨나는 것으로, 의미 또는 역할에서의 차이는 아니다. 「이」형을 대표음으로써 표기한다. 또한 이 「이」형은 사역만이 아니라 보이스 전반에 관여하는 형태소로, 이하 다른 카테고리에서도 「이」형을 대표음으로 하기로 한다.

(a) 「이」형
- lexical passive, 직접수동문, 간접수동문(단 피해의 의미를 나타내는 간접수동문은 생산적이라고 할 수 없고, 범위가 매우 한정된다)
- 동사의 어간 + 접미사 [이]

(b) 「지다」형
- periphrastic passive, 직접수동문
- 동사의 어간 + 접속어미 [아 / 어] + 보조동사 [지다]

상기의 두 가지 수동형은 다음과 같이 구분되어 사용되는데, 이에 관해서는 본론 §9.3.1에서 서술하기로 하겠다.

(2) a. 전화선이 끊-기-었다. (누군가에 의해)
　　　　 電話線が(誰かに)切られた。
　　 b. 전화선이 끊어-지-었다. (원인을 알 수 없으나)
　　　　 電話線が切れた。

(a)의 「이」형은 동작주를 함의하는 수동문을, (b)의 「지다」형은 동작주를 함의하지 않는 수동을 나타낸다.

③ 자발문
한국어의 자발문을 나타내는 형식에는 두 가지가 있다.

(a) 「이」형
- 동사의 어간 + 접미사 [이]

(b)「지다」형

· 동사의 어간 + 접속어미 [아 / 어] + 보조동사 [지다]

다음과 같이, 유사한 사태를 두 가지 형식으로 나타낼 수 있다.

　(3)　나무가 뽑-히-었다. (태풍에)

　　　　木が根こそぎになった。 (台風に)

　(4)　못이 빠-지-었다.

　　　　釘が抜けた。

유사한 사태가 별개의 동사로 나타내어지고, 또한 동사에 따라 다른 자발 형식이 취해진다. (3)이「이」형의 자발이고 (4)가「지다」형의 자발이다. 자세한 것은 §10.4에서 서술하기로 한다.

④ 아스펙트

　한국어의 지속상 아스펙트를 나타내는 형식에는「고있다」형과「아있다」형이 있다.[3]

　(a)「고있다」형

· 연결사 [고] + 존재사 [있다]

· 동작의 지속

　(b)「아있다」형

· 연결사 [아 / 어] + 존재사 [있다]

· 결과상태의 지속

---

3 「고 있다」,「아 있다」는 편의상「고있다」,「아있다」로 표기한다.

이에 대한 구체적인 예는 다음과 같다.

   (5)   태호가 노래를 <u>부르-고 있-</u>다.

         テホが歌を<u>歌っている</u>。

   (6)   거실에는 융단이 <u>깔리-어 있-</u>다.

         リビングには絨毯が<u>敷かれている</u>。

예문(5)의 「고있다」형이 동작지속을, (6)의 「아있다」형이 결과상태
지속을 나타낸다.

재귀성과 보이스체계

-日·韓 對照研究-

제Ⅱ부
재귀성

제2장

재귀성에 대하여

2.1 들어가는 말

지금까지는 보이스(態, voice)의 연구에서 타동성(他動性, transitivity)이 매우 중요한 개념으로써 다루어져 왔다. 이에 반해 보이스를 분석할 때 유효한 개념으로써 재귀성을 언급하고 있는 연구는 거의 찾아보기 어렵다. 재귀동사에 대해서도 단순히 낮은 타동성을 나타내는 것으로 보는 견해에 그치고 있는 것이 대부분이고, 이러한 경향은 특히 일본어에서 두드러진다. 한편으로는 최근 재귀동사의 마커(marker)를 갖는 로망스어계·슬라브어계 언어를 중심으로 재귀성에 관한 연구가 활발하게 이루어지고 있다. 그 중에서도 Geniušiene(1987), Kemmer(1994) 등이 주목할 만하다. 일본어에서는 仁田(1982)의 연구가 유일하다고 할 수 있는데, 재귀동사를 인정함과 동시에 신체명사를 대격(対格, accusative)으로 취하는 문을 재귀용법(再帰用法, reflexive usage)으로 인정하고 있다. 또한 재귀용법을 포함하는 문을 재귀구문(reflexive construction)이라 하고, 이를 재귀적 의미를 나타내는 하나의 방법으로써 인정하고 있다.

제1부에서의 목표는 재귀성이라는 개념에 대한 철저한 분석을 통해 의미특징과 통어적 성질을 밝히는 것이다. 형태적인 마커를 갖는 범주를 대상으로 분석을 진행함으로써 재귀동사의 기능을 파악해가는 유럽 제 언어의 연구 방향과는 달리, 일본어와 한국어의 경우에는 먼저 의미적인 규정을 한 후 그 의미를 갖는 동사를 인정해가는 과정이 필요하다.

仁田(1982) 등 종래의 흐름을 비판적으로 계승하면서 대조언어학적인 입장에서 일본어와 한국어의 의미 카테고리로써의 재귀동사를 인정한다. 동사가 갖는 의미의 차이는 형식에도 반영되는 것으로, 통어 현상에도 반영되는 것이라고 할 수 있다. 따라서 재귀동사라는 동사 범주를 인정하기 위하여, 동사에 한정되지 않는 의미적인 개념으로써의 재귀성에 초점을 맞출 필요가 있다. 또한 통어 현상의 분석을 통하여 재귀성이 타동성과는 대립하면서도 보이스 체계에 깊이 관련되어 있는 매우 중요한 개념이라는 것을 검증한다. 이는 의미 범주로써의 재귀동사의 존재를 인정하는 데 대한 근거를 제시하는 일이기도 하다.

구체적인 통어 현상으로써 살펴 볼 것은 사역동사의 파생 현상에 관한 논의, 직접수동이 성립하지 않는 현상에 관한 논의, 유대(有対)타동사·무대(無対)타동사[4]의 대립과 동사가 갖는 재귀성의 관계에 관한 논의, 이상 세 가지가 논의의 중심이 될 것이다. 1부에서는 재귀성이라는 의미 개념을 새롭게 파악하고 재확립하기 위해서, 재귀성에 관한 일반적인 논의가 주로 이루어지게 된다. 이러한 논의를 바탕으로, 2부에서 보이스 체계에서의 재귀성에 대한 상세한 논

---

4 유대타동사(有対他動詞)는 대응하는 자동사를 갖는 타동사, 무대타동사(無対他動詞)는 대응하는 자동사를 갖지 않는 타동사를 말한다. 상세한 내용은 早津恵美子(1989)를 참조 바람.

의를 하고자 한다.

2.2 여러 언어에서의 재귀동사

로망스계 언어나 슬라브계 언어의 경우, 재귀동사를 특별한 형식으로 나타낸다.[5] Kemmer(1994)에 의하면 재귀동사에는 범언어적(cross-linguistic)으로 「몸을 씻다, 옷을 입다, 수염을 깎다」 등과 같은 신체 손질(grooming and body care)을 나타내는 동사[6], 「몸을 돌리다, 몸을 늘리다, 인사를 하다」 등과 같은 비전송적 동작(非転送的動作, nontranslational motion)[7], 「앉다, 무릎을 꿇다, 일어나다, 자다」와 같은 자세 변화(change in body posture)를 나타내는 동사[8]가 포함된다.[9] 또한

---

5 로망스어계·슬라브어계의 재귀대명사는 본고에서 규정하는 범주 이외에 이른바 중간태의 마커이기도 하고 수동적 의미를 나타내는 마커이기도 하지만, 여기에서는 재귀적 재귀동사로 한정하여 검토하기로 한다. 여기에서 말하는 재귀대명사란 접사에 의한 것을 가리킨다.

6 Kemmer(1994), pp.182;
   (1) Grooming or body care;
      Djola -*pɔs*- 'wash'
      Latin *lavo-r* 'wash'
      Indonesian *ber-dandan* 'get dressed'
      Hungarian *borotvaál-koz*- 'shave'
      German sich rasieren 'shave'

7 신체 바깥의 공간을 이용하지 않는 동작.
   (2) Nontranslational motion;
      Kanuri *tàn-t-în* 'stretch one's body'
      Icelandic *snúa-st* 'turn'
      Latin *reverto-r* 'turn'
      Classical Greek *trépe-sthai* 'turn'
      German *sich verbeugen* 'bow'

8 (3) Change in body posture;
      Djola lak-ɔ '*sit down*'
      Indonesian *ber-lutut* 'kneel down'
      Guugu Yimidhirr *daga-adhi* 'sit down'

Geniušiene(1987)(3.2.2, p183)에서는 영어의 경우, 다음 두 문장이 나타내는 의미상의 차이가 애매하다고 하고 있다.

> (8) *John threw himself into a chair.*
> (9) *John dropped into a chair.*

(8)의 재귀구조(reflexive construction)에서 두 참여자인 「John」과 「himself」에 의미적 독립성은 없다는 것이다. 즉 (8)의 일본어 역으로 「身を投げる (몸을 던지다)」와 같은 재귀용법문 또는 「飛び込む (뛰어들다)」와 같은 자동사문 모두 가능할 것이다. 형식상으로는 명백하게 타동사문(2項문)과 자동사문(1項문)으로 구분되지만, 의미상으로는 유사한 내용을 나타낸다고 할 수 있다.[10] 이처럼 자동사문과 재귀문 사이에는 의미적 근접성이 인정되는데[11], 이는 일본어에서의 유생(有生, animate)주어 자동사문과 재귀문의 연속성을 나타내는 하나의 근거라고 할 수 있다.

여러 언어에서 재귀대명사가 갖는 기능에 대하여 다음과 같은 몇 가지의 견해가 있다. 우선 자동사화(自動詞化, intransitivization)의 마커(marker)로 보는 견해, 두 번째로는 주어(동작주)의 수영성(受影性, affectedness)을 나타내는 것으로 보는 견해가 있다. 다음으로 Kemmer

---

Hungarian *emel-ked-* 'rise, get up'
German *sich hinlegen* 'lie down'
9 상기의 세 가지 타이프로 나타나는 재귀동사는 지금까지 재귀동사로써 인정되어 온 것들이나 Kemmer(1994)에서는 reflexive 라기보다는 middle이라고 주장하고 있다. 그러나 본고는 이러한 견해를 따르지 않는다.
10 엄밀하게 말하면 (8)과 (9)는 같은 의미라고 생각할 수 없다. 그러나 여기에서는 차이점이 아닌 유사점에 주목하여 논지를 전개해 가기로 한다.
11 '의미적인 근접성'이란 동사구의 의미만을 문제로 하는 경우의 명제적 의미가 유사하다는 의미이다. 두 문이 담화론적으로 혹은 구문론상 별개의 기능을 가질 수 있다는 점까지 부정하는 것은 아니다.

(1994)에서 재귀대명사는 사태(事態, event)가 상대적으로 정교도가 낮다는 것(relative low elaboration of event)을 나타내는 마커로 보고 있다.

자동사화(intransitivization)란 타동성이 나타내는 대상(對象, accusative)에 대한 작용의 측면을 소거함으로써 동작주 스스로의 움직임이 두드러지게 되는 것을 말한다. 동작주의 수영성(受影性, affectedness)이란 해당 동작에 따른 어떠한 영향이 동작주에게 미치는 것을 의미한다. 사태의 상대적 정교도가 낮다는 것(relative low elaboration of event)이란, 예를 들어 타동사문이 참여자를 둘 이상 필요로 하는 사태(two-participant event)이며 충분히 정교화된 것임에 비해, 자동사문은 참여자를 하나만 필요로 하는 사태(one-participant event)로 정교도가 가장 낮은 것으로 보는 견해이다. 재귀문은 이러한 두 가지 타이프의 중간적 타이프로, 재귀대명사라는 유표(有標, marked)한 마커가 붙는 것은 사태의 정교도가 낮음을 나타내는 것이라고 여겨지고 있다. 어느 쪽이든 여러 언어 속에서의 재귀문의 기능·성격을 함께 생각해보면, 일본어에서 재귀동사와 자동사 사이에 선을 그어두고 별개의 범주로써 다루고 있는 현재의 상태에는 의문의 여지가 있다.

2.3 일본어와 한국어의 재귀동사

일본어와 한국어에는 프랑스어 등 여러 로망스계 언어 또는 러시아어 등과 같이 문법적 기능단위로써의 재귀대명사가 존재하지 않는다. 이는 재귀적 의미를 나타내는 문이 특별한 형태로 나타내어지는 문법 카테고리가 아니라는 것을 의미한다. 이와 같은 문법적 특징이 두 언어의 재귀동사에 관한 연구가 좁은 범위로 한정되어온 결과를 낳은 중요한 요인이라고 할 수 있다. 본 절에서는 두 언어에서의 재귀동사에 관한 기존의 연구를 소개하고 그에 대한 문제점을 지적한다. 또한 문제점을 해결하기 위한 단서를 제시함으로써 다음 절로 논지를 이어가고자 한다.

2.3.1 선행연구

일본어의 재귀동사에 관한 仁田(1982)의 정의는 다음과 같다.

> 재귀동사란 전형적인 타동사가 지니는 '타자에 대한 작용(他者に対する働きかけ)'이라는 의미적 특징을 갖지 않는다. 동작주에서 출발한 작용이 동작주 스스로에게 돌아감으로써 동작이 종결된다는 의미적인 모습을 취하는 동사이다. (번역은 필자)

예를 들어 예문 (1)(2)의 「着る (입다), かぶる (쓰다)」와 같은 동사가 재귀동사로 인정된다.

(1) 太郎がスーツを<u>着ている</u>。
     타로가 양복을 입고 있다.
(2) 太郎が帽子を<u>かぶっている</u>。
     타로가 모자를 쓰고 있다.

또한 仁田(1982)에서는 재귀용법에 대해 다음과 같이 정의하고 있다.

> 대격에 신체명사가 올 경우 일반적으로는 타동성을 나타내는 동사가 재귀적인 의미를 나타내게 되는 경우가 있는데, 이를 재귀용법이라

고 하고 이러한 재귀용법을 포함하는 문을 재귀구문이라고 한다.

(번역은 필자)

예를 들어 예문 (3)(4)와 같은 것이 재귀용법으로 인정된다.

   (3)   太郎はソファに腰を下ろした。

       타로는 소파에 앉았다.

   (4)   太郎が足をくじいた。

       타로가 발을 삐었다.

또한 아스펙트(相, aspect) 연구에서 재귀동사는 「テイル (teiru)」형으로 동작지속과 결과상태지속을 동시에 나타내는 양면적인 동사로, 대상의 보어(補語)를 취하는 동사이면서도 일반적인 타동사와는 다른 기능을 보이는 특수한 성질의 동사로 인식되고 있다. 본고는 기본적으로 仁田(1982)의 흐름을 따르지만, 결과성 함의에 관해서는 타동성을 나타내는 동사가 결과성에 대해 임의적인 것과 마찬가지로 재귀동사의 경우에도 결과성이 재귀성을 실현시키기 위한 필수적인 의미소성(意味素性)으로는 보지 않는다. 즉 재귀동사에 관한 종래의 일본어학의 규정을 완화하여, 결과를 함의하지 않는 「食べる (먹다), 見る (보다)」와 같은 동사와 자동사인 「座る (앉다), 寝る (자다), 笑う (웃다)」등에 대해서도 재귀성을 인정하기로 한다.

2.3.2 문제 제기

여기에서는 일본어를 중심으로, 재귀동사에 관한 기존의 규정을 확대하지 않을 수 없는 근거를 두 가지 제시하고자 한다. 다음 절에서는 한국어의 사역과 관련된 근거를 하나 제시한다.

① 재귀동사가 반드시 결과를 함의한다고 보는 기존의 견해에 대한 반례로써 다음과 같은 예문을 들 수 있다. (5)는 仁田(1982)에 의해 재귀동사로 인정되고 있으나 결과를 함의하지 않는다. 또한 (6)(7)도 재귀적 의미를 나타내는 재귀용법으로 인정되고 있지만 결과를 함의하지 않는다. 따라서 결과 함의가 재귀성을 특징짓는 의미소성이라고 보는 견해 대한 재검토가 필요하다.

    (5)   花子が<u>シャワーを浴びている</u>。

          하나코가 샤워를 하고 있다.

    (6)   花子が<u>手を叩いている</u>。

          하나코가 손을 두드리고 있다.

    (7)   花子が<u>髪を洗っている</u>。

          하나코가 머리를 감고 있다.

② 표층상의 동사체제인 1항(項)문과 2항(項)문의 구별이 별다른 의미를 갖지 않는 경우가 있다. 예를 들어 일본어의 「ひざまずく」는 한국어로는 「무릎을 꿇다 (膝を曲げる)」와 같이 대격(対格)을 취하는 형태로만 존재한다. 또한 일본어로도 유생주어 자동사를 대격으로 신체명사를 취하는 재귀용법으로 바꿔 말할 수 있는 경우가 있다. 예를 들어 다음의 (8)(9)와 같이, 자동사문인 (a)와 재귀용법문인 (b)는 의미상으로는 거의 동일하다고 할 수 있다. 즉 표층상으로는 자동사와 타동사로 나뉘지만 의미상으로는 동일한 사태를 나타내고 있어 표층상의 카테고리의 구분이 무의미해 진다.

(8) a. 花子が座っている。

하나코가 앉아 있다.

b. 花子が腰を下ろしている。

하나코가 앉아 있다.

(9) a. 花子が屈んでいる。

하나코가 허리를 굽히고 있다.

b. 花子が腰を屈めている。

하나코가 허리를 굽히고 있다.

자동사문인 (a)는 당연히 수동문 파생이 불가능하다. 마찬가지로 (b)의 재귀용법문 또한 형식상 타동사 구조를 이루고 있음에도 불구하고 직접수동문을 만들 수 없다.

(10) a. 花子が腰を下ろしている。

하나코가 앉아 있다.

b.*腰が花子に下ろされている。

(11) a. 花子が腰を屈めている。

하나코가 허리를 굽히고 있다.

b.*腰が花子に屈められている。

③ 보이스의 교체와 재귀성과의 관계에서 흥미로운 현상이 한국어의 사역문에서 관찰된다. 한국어의 사역은 직접사역을 마크하는 「이」형과 간접사역을 마크하는 「게하다」형의 두 가지 형태가 있지만, 「이」형은 재귀성을 띠는 동사에서만 파생된다. 다음 절에서 상세히 살펴보기로 하자.

2.3.3 한국어의 「이」사역의 파생과 재귀성

한국어의 재귀동사에 관해서는 사역(使役, causative)과의 관련성에 초점을 맞춰서 진행해나가고자 한다. 한국어에서는 동사가 재귀성을 띠는가 그렇지 않은가에 따라 직접사역문의 파생에 관한 가능여부가 정해진다. 이른바 전형적 사역문, 즉 간접사역(「게하다」형)은 모든 동사에서 파생된다.[12] 이에 반해 또 「이」형의 직접사역문은 한정된 동사에서만 파생되는데, 의미적으로도 「게하다」형과는 다른 사역주의 직접적 행위를 나타내는 사역문이 만들어 진다.[13]

　　(12) a. 하나코가 딸에게 옷을 <u>입-히-고 있다</u>.
　　　　　　花子が娘に服を着せている。
　　　　b. 하나코가 딸에게 옷을 <u>입-게 했-다</u>.
　　　　　　花子が娘に服を着させた。

(12a)의 「이」형은 직접사역을, (12b)의 「게하다」형은 간접사역을 나타낸다. 다음의 예문을 보면 「이」형의 직접사역은 기본동사가 재귀성을 띠는 동사로부터 파생되고 있음을 알 수 있다.

　　(13) a. 딸이 가방을 <u>메었다</u>.
　　　　　　娘がカバンを背負った。

12　간접사역이란 사역주의 피사역자에 대한 작용이 언어적 수단 등에 의한 지시와 같이 간접적인 경우를 가리킨다.
13　직접사역이란 사역주가 피사역자에 대해 직접적으로, 특히 구체적 접촉이 이루어지는 동작을 함으로써 사역행위가 성립하는 경우를 가리킨다. 직접적인 동작이 이루어진다는 점에서 타동사문에 근접하다고 할 수 있다.

      b. 하나코가 딸에게 가방을 <u>메-이-었다</u>.

         花子が娘にカバンを背負わした。

(14) a. 아기가 <u>자고 있다</u>.

         赤ちゃんが寝ている。

      b. 하나코가 아기를 <u>재-우-고 있다</u>.

         花子が赤ちゃんを寝かしている。

(15) a. 아이가 상자를 <u>부수었다</u>.

         子供が箱をつぶした。

      b. 하나코가 아이에게 상자를 <u>부수-*이-었다</u>.

         花子が子供に箱を*つぶさした。

(16) a. 타로가 슬픔을 <u>느끼었다</u>.

         太郎が悲しみを感じた。

      b. 하나코가 타로에게 슬픔을 <u>느끼-*이-었다</u>.

         花子が太郎に悲しみを*感じさした。

기존에 재귀동사로 인정되어온 동사 이외에도 (13a)와 같은 동사에서 (13b)인 「이」형 사역동사가 파생된다. 또한 자동사인 (14a)에서도 (14b)인 「이」형이 파생된다. 이에 반해 전형적인 타동성을 나타내는 (15a)와 같은 동사는 「이」형 사역문을 만들 수 없고, 또한 타동성이 낮은 것으로 여겨지는 감정동사 (16a)에서도 「이」형 사역동사의 파생은 불가능하다. 감정·인식동사에서 「이」형 사역문이 파생되지 않는 반면, 재귀동사에서는 「이」형 사역문이 파생된다는 것이다.

이와 같은 차이를 초래하는 원인은 무엇일까. 인식·감정동사가 비구체적인 동작을 나타내기 때문에 낮은 타동성을 나타내게 되는 반면, 재귀동사는 이와는 다른 원인으로 인해 낮은 타동성을 나타내게 되는 것은 아닐까 하는 의문이 생긴다. 따라서 「이」형의 사역동사는 낮은 타동성과 관련되어 파생되는 것이 아니라 재귀성과 관련되어 파생되는 것으로 생각되고, 재귀성이라는 개념에 대한 깊이 있는 고찰이 필요하다고 할 수 있다. 여기에서 모든 「이」형의 예를 든 것은 아니지만, 「이」형 사역동사를 파생하는 기본동사에 넓은 의미로써의 재귀성이 인정된다. 따라서 「이」형 사역문과 재귀동사 사이에는 밀접한 관련이 있다고 상정할 수 있는 것이다.

이러한 「이」형 사역동사의 파생과 재귀성과의 관련성을 보여주는 또 다른 흥미로운 현상을 다음 예문 (17)과 (18)에서 확인할 수 있다. (17b)와 같이 타동성을 지니는 문은 간접사역인 「게하다」사역문만 파생되고, (a)의 「이」형은 파생되지 않는다. 이에 반해 (18b)와 같이 대상으로써 신체명사 「손」을 취하여 재귀성을 띠게 되면 (a)의 「이」형인 사역동사를 만들 수 있다. 이러한 사실은 동사가 갖는 재귀성과 「이」형 사역동사 간의 밀접한 관련성을 나타내는 것이라고 할 수 있다. 여기에서는 사역동사 「이」형을 대상으로 살펴본 것이므로 「게하다」형 사역문에 관해서는 예를 들지 않았으나, 「게하다」형은 모든 동사에서 파생된다.

(17) a. 아이가 <u>야채를 씻었다</u>.

　　　　子供が野菜を洗った。

　　　b.*하나꼬가 아이에게 <u>야채를 씻-기-었다</u>.

　　　　花子が子供に野菜を洗わした。

(18) a. 아이가 <u>손을 씻었다</u>.

　　　　子供が手を洗った。

　　　b. 하나꼬가 아이 <u>손을 씻-기-었다</u>.

　　　　花子が子供の手を洗ってあげた。

(18b)의 일본어 역은 「씻겨 주다」와 같이 수익문(受益文, benefactive)의 형태를 취하며, 사역문은 파생되지 않는다. 그러나 한국어의 경우에는 사역형을 취한다. 이 밖에도 「머리를 깍-이-다 (髪を切ってあげる)」와 같은 경우도 마찬가지이다.

(19) a. 아이가 <u>잔디를 깍았다</u>.

　　　　　子供が芝生を刈った。

　　　b.*하나꼬가 아이에게 <u>잔디를 깍-이-었다</u>.

　　　　　花子が子供に芝生を刈らせた。

(20) a. 아이가 <u>머리를 깍았다</u>.

　　　　　子供が頭を刈った。

　　　b. 하나꼬가 아이 <u>머리를 깍-이-었다</u>.

　　　　　花子が子供の頭を刈ってあげた。　´

상기 예는 피사역자(被使役者, causee)인 참여자가 스스로의 신체에 대한 사역주의 행위를 거부하지 않는다는, 최소한의 동작주로써의 성질을 유지하고 있다는 의미에서 사역의 의미가 드러나는 것으로 보인다. 이러한 한국어의 현상을 고려한다면, 일본어 사역문에 관한 분석에서도 재귀성에 대해 유효한 관점으로써 기능할 수 있을 것이다.

2.4 본고에서의 재귀성

본 절에서는 우선 타동성과 비교대조하면서 재귀성의 의미 특징을 추출하고자 한다. 또한 재귀성의 실현 패턴에 따른 의미 스키마(schema)를 제시할 것이다. 또한 동사의 성질에 의해 재귀성을 나타내는 문 이외에, 다른 보어의 성질에 의해 재귀성이 실현되는 경우가 있음을 지적하고, 재귀성 실현 패턴을 구조적으로 제시하고자 한다.

2.4.1 타동성과 재귀성

다음 예문의 (a)의 동사들은 지금까지 타동성을 나타내는 것으로 인정되어 왔다.

(21) a. 太郎が<u>ご飯を食べた</u>。

　　　타로가 밥을 먹었다.

　　b.*<u>ご飯が太郎に食べられた</u>。

(22) a. 太郎が<u>音樂を聞いた</u>。

　　　타로가 음악을 들었다.

　　b.*<u>音樂が太郎に聞かれた</u>。

(23) a. 太郎が<u>本を讀んだ</u>。

　　　타로가 책을 읽었다.

　　b.*<u>本が太郎に讀まれた</u>。

그러나 타동성을 나타낸다는 것이 맞다면 수동문으로 표현된 각각의 (b)가 비문이 되는 이유는 무엇일까? 지금까지 재귀동사로 인정되어왔던 동사의 경우와 상기의 동사들을 비교해보자.

(24) a. 太郎が<u>学帽をかぶっている</u>。

　　　타로가 학사모를 쓰고 있다.

　　b.*<u>学帽が太郎にかぶられている</u>。

(25) a. 太郎が眼鏡をかけている。

　　　　타로가 안경을 쓰고 있다.

　　 b.*眼鏡が太郎にかけられている。

위의 재귀동사는 타자에 대한 작용성[14]이 결여되어 있기 때문에 수동문을 만들 수 없는 것이라고 仁田(1982)에서 설명되고 있다. 이러한 주장을 전면적으로 부정하는 것은 아니나, 타자에 대한 작용성이 없다기 보다는 仁田(1982)의 정의에도 나와 있는 것처럼 동작이 최종적으로는 동작주 자신에게 돌아온다고 하는 점이 수동화를 막는 요인인 것으로 생각된다. 동작이 동작주에게 돌아온다고 하는 것은 동작에 따른 영향이 동작주에게 미친다는 것을 의미한다. 예를 들어 (25)의 경우, 동작에 의해 영향을 입는 것은 「안경」이 아니라 동작주인 「타로」라고 할 수 있다. 즉 타로의 상태가 안경을 쓰고 있지 않은 상태에서 안경을 쓰고 있는 상태로 변화한다는 것이다. 재귀동사가 수동문을 만들지 않는 배경에는 동작에 의해 영향을 입지 않는 존재(능동문의 대격보어)를 수동문의 주어로 세우는 것에 대한 제한이 작용하고 있다고도 말할 수 있을 것이다.[15] 이러한 제한은 (24)(25)의 재귀동사뿐만 아니라 (21)부터 (23)까지의 동사에 있어서도 작용하고 있다는 것이다. 따라서 동작이 최종적으로 동작주 자신에게 미친다는 의미를 나타낸다는 점에서, 또 수동문이 성립하지 않는 통어현상도 함께 생각해본다면 「食べる (먹다)」 등의 동사는 재귀동사의 카테고리에 속하는 것이라고 할 수 있다.

---

14 작용성이란 일본어의 문법용어 「働きかけ」를 번역한 것으로, 우리말로 적정한 용어로 인정되어 사용하는 것이다. 이하 동일함.

15 재귀동사의 대격이 동작의 영향을 입지 않는다는 것은 현실적으로 영향을 받지 않는다는 의미가 아니라, 동사가 나타내는 의미가 대상에 대해서는 초점이 맞춰져 있지 않다는 것을 의미한다.

이처럼 재귀성과 타동성의 결정적인 차이점은 운동 방향의 차이인 것으로 보인다.

본 절에서는 타동성과의 비교에서 재귀성으로 규정하는 가장 주요한 특징이 운동 방향의 차이라는 점을 지적하고자 한다. 표층의 동사체제가 타동사 구조인가 자동사 구조인가 라는 점보다 운동의 방향이라는 성질이 동사의 성격을 규정해가는 과정을 살펴본다. 다음으로 운동 방향의 차이에 의해 초래되는 이차적인 결과로써, 타동사문과 재귀문에 포함되는 대격보어의 대격성(objecthood)에 대해 언급하고자 한다. 운동 방향이 다르면 동작이 목표로 하는 도달점(goal)도 달라질 것이다. 다음으로 동작에 의해 초래되는 수영성(受影性, affectedness)에 대해 살펴보고자 한다. 결론부터 말하자면 동작의 최종적 도달점이 되는 참여자가 수영(受影, affected)되기 때문에, 타동문과 재귀문에서는 영향을 받는 존재가 분명하게 다르다.[16] 마지막으로는 지금까지 재귀동사와 필연적인 관계에 있는 것으로 여겨졌던 결과성의 함의에 대해 살펴보겠다.

① 운동의 방향

우선 재귀성과 타동성을 비교해보면 운동 방향의 차이가 가장 현저한 차이라고 할 수 있다. 아래의 예 (26)(27)과 같이, 타동성을 나타내는 동사(이하 타동사)는 유생(有生, animate)의 동작주가 무생(無生, inanimate)[17]인 대상에 대해 일방통행적인 동작을 행하고, 전형적인 경우 둘 사이에 접촉이 일어난다. 운동은 동작주에서 바깥쪽을

---

16 수영(受影)이란 'affectedness'을 번역한 것으로, 'affected'의 번역으로써는 '수영(受影)하다'라는 표현을 쓰기로 한다.
17 원래의 의미소성이 유생이라도 무생적 존재 즉, 스스로 동작을 일으키는 제어자(制御者, controller)로서의 힘을 갖고 있지 않는 존재로 취급되어지는 것도 포함하는 것이다.

향해 발생하게 되고, 대상을 향해 나아간다. 타동성은 대상이라는 도달점에 도착함으로써 동작이 종결되는 원심적 운동과 같은 방향성을 특징으로 갖는다. 그 예로써 다음의 경우를 살펴보자.

(26) 花子が積み木を<u>倒した</u>。

하나코가 쌓아둔 재목을 쓰러트렸다.

$\boxed{花子} \rightarrow \boxed{積み木}$ (동작의 종결)

(27) 太郎がボールを<u>蹴った</u>。

타로가 공을 찼다.

$\boxed{太郎} \rightarrow \boxed{ボール}$ (동작의 종결)

이에 반해 (28)(29)와 같은 재귀동사의 경우, 동작주에 의한 동작이 외부세계를 향해 발생하는 것은 동일하나 대상에 도달한 동작이 거기에서 종결되지 않는다는 점이 다르다. 운동의 최종적인 도달점은 동작주 자기 자신에게 있기 때문에, 대상을 취하면서도 동작주 자신을 향해 동작이 돌아옴으로써 동작이 종결되는 것이다. 즉 재귀동사는 동작주로부터 발생한 동작이 동작주 쪽을 향해 돌아오는 구심적 운동의 방향성을 특징으로 갖는다. 다음이 그 예이다.

(28) 花子が着物を<u>着た</u>。

하나코가 기모노를 입었다.

$\boxed{花子} \rightarrow \boxed{着物} \rightarrow \boxed{花子}$ (동작의 종결)

(29) 花子がリュックを<u>背負った</u>。

하나코가 배낭을 짊어졌다.

$\boxed{花子} \rightarrow \boxed{リュック} \rightarrow \boxed{花子}$ (동작의 종결)

(30) 花子がご飯を<u>食べた</u>。

하나코가 밥을 먹었다.

花子 → ご飯 → 花子 (동작의 종결)

(31) 花子が水を<u>飲んだ</u>。

하나코가 물을 마셨다.

花子 → 水 → 花子 (동작의 종결)

이러한 운동 방향의 차이라는 관점에서 타동사와 재귀동사를 비교해보면, 본고에서 재귀동사로 인정하고 있는 (30)(31)의 경우도 전형적 재귀동사로 여겨지는 (28)(29)의 동사와 동일한 움직임을 나타내고 있음을 알 수 있다. 이전의 예 (26)(27)과 같은 타동사가 원심적인 운동을 나타내고 있는 것이라면, 이들은 모두 구심적인 운동을 나타내는 것으로써 타동사와 대립하는 것이라고 할 수 있다. 둘 사이에 차이점이 있다면 동작의 결과 상태를 인식하는 운동인가 그렇지 않은가에 관한 점이다. 그러나 본고에서는 결과성의 함의라는 성질은 재귀성을 규정하는 요소라기보다, 타동사와 마찬가지로 다른 레벨의 의미 문제로써 개별적인 동사가 갖는 임의적 성질이라고 본다. 이 점에 관해서는 ④에서 다루기로 한다.

② 소유성과 대격성

타동성과 재귀성의 기본적인 차이는 운동 방향의 차이라고 할 수 있다. 운동 방향이 다르다는 것은 운동이 종결하는 장소가 다르다는 것을 의미한다. 타동사의 동작이 종결하는 장소가 대상인 것에 반해, 재귀동사의 경우에는 동작주 자기 자신이다. 따라서 타동사의 보어로써 존재하는 대상과 재귀동사의 보어로써 존재하는 대상에는 서로 다른 의미특징을 가지고 있는 것으로 생각해볼 수 있다. 동작주와 대상의 관계에 초점을 맞추고, 둘 사이의 소유성(所有性, possesiveness)이라는 관점에서 동작주와 대상을 비교해보도록 하자. 또 소유성과도 밀접한 관계에 있는 대상의 대격성(objecthood)이라는 관점에서 타동사의 대격보어와 재귀동사의 대격보어를 비교하기로 한다.

우선 소유성이라는 관점에서 두 동사 타이프의 대격보어를 비교해보면 명백한 차이가 있음을 알 수 있다. 다음의 예문을 살펴보자.

(32) 花子が花瓶を壊した。

하나코가 꽃병을 깨뜨렸다.

(33) 花子が帽子をかぶった。

하나코가 모자를 썼다.

상기의 두 예문을 동작의 개시 이전과 종결 이후로 나누어 살펴보도록 하자. 동작 개시 이전의 동작주와 대상의 관계는 양쪽 다 독립적인 존재이다.[18] 그러나 동작이 종결한 후의 동작주와 대상의 관계에서는 명백한 차이가 나타난다. 예문 (32)와 같은 타동사의 경우, 동작이 이루어진 후에도 대상은 동작주와는 독립적인 존재인 반면에 (33)과 같은 재귀동사의 경우에는 동작 종결 후, 동작주와 대상 사이에 소유관계가 성립한다. 즉 동작 종결 이후의 대상은 동작주와 일체화하여 개별적인 존재로써의 가치가 낮아지게 되는 것이다. 다음은 재귀동사가 동작 종료 후 소유성을 띠게 된다고 하는 위의 주장에 대한 반례로 보일지도 모를 예문이다.

---

18 여기에서 말하는 소유성이란, 예를 들면 「服を着る (옷을 입다)」의 「服 (옷)」은 통상적으로 자기 자신의 소유물이라는 의미의 소유성이 아니다. 동작주에 부착되는 혹은 일체화된다는 의미의 소유성이다.

(34) 花子が帽子を脱いだ。

하나코가 모자를 벗었다.

(35) 花子が指輪をはずした。

하나코가 반지를 뺐다.

예문 (34)는 「帽子をかぶる (모자를 쓰다)」와 반대 방향인 동작을 나타내고, (35)의 경우도 「指輪をはめる (반지를 끼다)」와 반대 방향인 동작을 나타내고 있다. 동작주를 향해 나아가는 동작이 아니라, 동작주로부터 멀어져가는 동작을 나타내고 있는 것이다. 그러나 둘 다 재귀성을 나타내는 것으로 인정할 수 있다. 재귀성을 나타낸다고 한다면 동작주에 대해 구심적인 운동 방향을 나타내고 동작 종료 후 대격보어가 동작주와 소유관계가 되어야만 하는데, 상기의 두 예문은 그렇지 않다. 이처럼 신체로부터의 이탈을 나타내는 경우에는 신체에 대한 착용을 나타내는 동사와 다소 다른 방식으로 분석해볼 수 있는데, 즉 신체로부터의 이탈을 나타내는 재귀동사는 동작 개시 이전에 이미 동작주와 대격보어 사이에 소유관계가 성립되어 있다고 보는 것이다. 이는 다음에 설명할 재귀용법과 비슷한 경우로, 「花子が髪を洗う (하나코가 머리를 감다)」에서 동작주인 「花子 (하나코)」와 대상인 「髪 (머리)」사이에 소유관계가 성립되어 있는 것처럼, (36)의 동작주 「花子 (하나코)」와 「頭 (머리)」사이에도 소유관계가 성립되어 있는 것이다.

그런데 (34)는 다음에 살펴볼 (36)과 같이 심층구조에서 탈격(奪格)을 가지고 있는 것으로 생각되고, 또 (33)은 (37)과 같이 동작의 도달점을 나타내는 여격(与格)을 심층구조에서 가지고 있는 것으로 생각된다.

(36) 花子が<u>頭から</u>帽子を脱いだ。

하나코가 머리에서 모자를 벗었다.

(37) 花子が<u>頭に</u>帽子をかぶった。

하나코가 머리에 모자를 썼다.

상기의 두 예문은 언뜻 동작의 방향이 반대인 것처럼 보일수도 있으나, 중요한 것은 두 예문 모두 동작주의 상태에 초점이 맞춰져 있다는 특징을 공유한다는 점이다. 즉 모든 재귀동사는 대상의 상태가 아닌 동작주의 상태변화를 인식하고 있다는 의미에서 동일하게 재귀성을 띠고 있다고 할 수 있다.

재귀용법의 경우, 동작주와 대상 사이의 소유성이 가장 뚜렷하게 드러난다.

(38) 花子が<u>顔を洗っている</u>。

하나코가 얼굴을 씻고 있다.

(39) 花子が<u>腰を下ろしている</u>。

하나코가 앉아 있다.

(40) 花子が<u>座っている</u>。

하나코가 앉아 있다.

예문 (38)과 같은 재귀용법문의 동작주와 대상 사이에는 소유관계, 그것도 분리 불가능 소유관계(inalienable possession)가 동작의 개시 이전부터 성립하고 있다. 분리 불가능 소유관계는 (40)과 같은 자동사의 경우에도 성립한다고 할 수 있다. 이는 재귀용법문인 (39)와 의미상으로는 동일 사태를 나타내고 있다는 점에서도 검증된다. 이처럼 자동사의 경우에는 분리 불가능한 소유관계에 있는 대상이 형태상으로도 분리되어 있지 않을 뿐, 동작주 자기 자신에 대한 동작이라는 점에서는 유사하다.

　이와 같이 타동성과 재귀성의 차이가 소유성의 차이라는 점을 통해서도 검증되었으며, 또한 재귀성을 나타내는 동사 중에서도 소유성이라는 관점에서는 단계성이 나타난다는 것을 밝혔다. 즉 동작 종결 이후에 소유성이 나타나는 2항(項)문인 「服を着る (옷을 입다)」와 같은 유형과, 동작 개시 이전부터 소유성이 존재하는 재귀 용법문인 「腰を下ろす (앉다)」와 같은 유형 그리고 동작주와 대상 사이에 소유관계라고 하기보다는 형태상으로 동작주와 동작을 받는 쪽이 분리되어 있지 않은 유생주어의 자동사인 「座る (앉다)」와 같은 유형에서 소유성이 단계적으로 존재하고 있다고 볼 수 있다.

　다음으로는 타동성이 높은 정도를 측정하는 기준으로써, Hopper and Tompson(1980)에서 언급되고 있는 요소 중 목적어의 대격성(対格性, objecthood)이라는 점에서 타동사와 재귀동사를 다시 설명해 보자. 대격보어로써 적절한가 적절하지 않은가에 관한 것을 측정하는 하나의 기준으로써 개체성(個体性, individuation)을 생각해 보자. 이 성질은 소유성과도 밀접하게 관련되어 있는 개념이다. 타동사의 경우 동작의 개시 이전과 종료 이후에 있어서 대상은 늘 개체성이 높은 존재라고 할 수 있다. 재귀동사는 소유성에서도 동사가 단계적으로 분류되므로 그에 따라 설명하기로 하겠다. 우선 2항체제의 재귀동사의 경우, 동작 개시 이전과 동작 종료 이후에 있어서 대상의 개체성에 관하여 차이를 보인다. 즉 동작이 종료된 이후에는 대상의 개체성이 낮아지게 된다는 것이다. 재귀용법문의 경우에는 형식상 2항체제를 취하고는 있지만, 동작주와 대격보어 사이에 분리 불가능한 소유관계가 성립되어 있고, 대격보어는 개체로써 존재하지 않는다. 또 자동사의 경우에는 의미와 형식상의 체제가 대응하고 있고, 언어 상으로도 동작이 향하게 되는 신체부위 혹은 신체 전체가 동작주와 분리되어 있지 않다. 이처럼 재귀동사의 대격 보어는 동작 개시 이전에는 개체성을 유지하고 있는 것에서부터, 자동사와 같이 동작주로부터 분리되지 않는 경우까지 단계적으로 존재하기는 하나 타동사에 비해 개체성이 낮다는 공통의 특징이 있다는 사실을 알 수 있다.

③ 수영성의 소재

다음으로 타동성에 대해 언급할 때, 자주 등장하는 수영성(受影性, affectedness)에 대해 검토해보도록 하자. 일반적으로 타동사문은 목적어가 동작주의 동작에 의해 수영(受影, affected)된다고 일컬어진다. 기존의 규정에서는 타동사로 인정되고 있으나 본고에서는 재귀동사로 인정하는 「食べる (먹다)」를 대상으로 대상(對象)의 수영성에 대해 살펴보도록 하자.

> (41) 花子がケーキを食べた。
>
>   하나코가 케이크를 먹었다.
> (42) 花子がジュースを飲んだ。
>
>   하나코가 주스를 마셨다.

(41)과 (42)의 대상인 「케이크」와 「주스」는 동작주의 동작을 받아서 어떠한 영향을 입는다. 이처럼 목적어의 수영성에만 초점을 맞춰보면 타동성과 재귀성 사이에는 차이가 없는 것처럼 보인다. 그러나 「食べる (먹다)」와 같은 동사는 「케이크」에 관한 수영의 측면을 파악하는 것이 아니라 「하나코」에 관한 수영의 측면을 파악하는 동사인 것으로 주장하고자 한다. 다음의 예문을 살펴보자.

(43) 花子がカバンを運んだ。

하나코가 가방을 옮겼다.

(44) 花子がカバンを背負った。

하나코가 가방을 짊어졌다.

타동성을 나타내는 (43)에서는 동작의 영향을 입는 것이 대상인 「가방」인 것에 비해, 재귀성을 나타내는 (44)의 경우 동작의 영향을 입는 것은 「가방」이 아닌 동작주인 「하나코」라고 할 수 있는데, 이와 같은 차이는 다음의 예문에서 볼 수 있는 것처럼 직접수동문 성립의 가능 여부에 반영되기도 한다.

(45) カバンが運ばれた。

가방이 옮겨졌다.

(46)*カバンが背負われた。

타동사의 수동인 (45)는 성립하지만 재귀문의 수동인 (46)은 성립하지 않는다. 직접수동의 성립 가능 여부에 대해서는 5장과 9장에서 기술하기로 하겠다.

타동성은 대상을 향한 힘의 이동을 나타내며, 그 힘의 종착점은 대상이다. 따라서 힘의 이동에 의해 초래된 결과는 대상에 남게 된다. 이와는 대조적으로 재귀성의 경우, 대상을 향한 힘의 이동은 존재하나 거기에서 동작이 종결되는 것이 아니라 동작주를 향한 2단계적인 과정으로써의 힘의 이동이 이루어짐으로써 동작이 종료하게 된다. 따라서 재귀적 동작에 의해 초래된 결과는 대상이 아닌 동작주 자기 자신에게 남게 된다. 이와 같은 사실을 통해 말할 수 있는 것은 수영성에 대해 언급할 때, 기존의 연구에서처럼 대상에 대

한 수영성에 대해서만 초점을 맞추게 되면 타동사와 재귀동사의
차이가 보이지 않는다. 어떠한 존재에 대한 수영성인가에 관한 것
이 타동성과 재귀동사의 차이를 설명하기 위한 타당한 시점이라고
할 수 있다.

만일 재귀성과 타동성만을 문제로 삼는다면 두 개념은 대립관계
에 있다고 할 수 있을지도 모른다. 타동성을 중심으로 생각해보면,
재귀성은 낮은 타동성이라고 할 수 있을 것이다. 그러나 타동성이
낮다는 것만으로는 재귀성의 특징이 충분히 설명되었다고 할 수
없다. 타동성이 낮은 동사 중에는 인식, 감정동사와 같이 동작의 구
체성의 저하에 의해 타동성이 낮아지는 경우도 포함되기 때문이
다. 인식동사와 재귀동사는 두 부류 모두 주체로 돌아가는 행위를
나타내고, 주체에 관한 언급을 나타낸다는 점에서 재귀성 동사와
의미적으로 유사한 동사 카테고리라고 할 수 있다. 그러나 다음 장
에서 언급하고 있는 것처럼, 낮은 타동성이라는 성질은 공유하고
있지만 통어적인 기능 등의 측면에서는 차이점을 보인다. 이러한
점에서 재귀동사와 인식·감정동사는 각각 독특한 의미 영역을 가
진 동사 카테고리로 분류되어야 한다.

④ 결과성 함의

타동성에 관하여 논의할 때 결과성이 중요한 규정 요인으로 언
급되곤 한다. 일반적으로 결과를 함의하는 타동사 쪽이 타동성이
더 높은 것으로 알려져 있다. 타동적 동작은 일반적으로 동작이 동
작주로부터 대상을 향해 발생되고, 그 동작에 의해 대상이 어떠한
영향을 받는 것이다. 그러나 모든 타동사가 타동적 동작으로 유추
가능한 대상의 결과 상태까지 함의하는 것은 아니다. 대상의 결과
상태까지 동사의 의미로 갖고 있는 동사와 그렇지 않은 동사가 있

어 결과 함의에 관해서는 다양성이 존재한다.

재귀성에 관해서도 재귀동사는 반드시 결과를 함의한다고 보는 견해가 있으며, 기존의 일본어학에서는 특히 이와 같은 견해가 지배적이다.[19] 그러나 다른 언어들, 특히 형태적 표시형식(標示形式, marker)을 동반하는 재귀구문을 갖고 있는 언어의 경우, 재귀대명사는 수영성(受影性, affectedness)을 나타내는 기능을 가지고 있는 것으로 보는 견해도 있다. 이러한 언어에서의 재귀구문과 수영성과의 관계는 언어의 문법체계 속에서 그 위치가 결정되어야 할 것이고, 이와는 다른 언어유형인 일본어와 한국어와 같은 언어의 재귀구문일 경우, 그 기능과 같은 레벨에서 논할 수 있을 것인가에 대한 여부는 현 단계에서는 판단하기 어려운 문제인 것으로 보인다.[20]

타동성을 나타내는 동사는 동작주의 대상에 대한 동작이지만, 동작이 행해진 이후의 대상의 결과 상태를 함의하는 동사와 결과까지는 함의하지 않는 동사로 나누어진다.

---

19 일본어학에서 일반적으로 인정되고 있는 결과성이란, 예를 들면 「壊す (부수다)、倒す (쓰러뜨리다)」와 같은 타동사가 나타내는 바와 같이 동작의 결과가 구체적인 상태로 남은 결과를 말한다. 따라서 수영성과 결과성과는 다른 개념이다. 즉 수영성을 갖는 경우라도 결과성을 함의하지 않는 경우도 있는 것이다.

20 예를 들어 스페인어의 경우, 타동사문과 재귀구문에서는 다음과 같은 의미적 차이가 있다고 알려져 있다.

(1) *Tomaré un helado*
'私はアイスクリームを食べよう(나는 아이스크림을 먹어야지)'

(2) *tomarse una copa* de vino
'ワイン1杯飲み干すこと(와인 한 병을 다 마시는 것)'

이처럼 재귀구문이 되면 해당 동작에 의해 주체가 어떠한 영향을 입는 상태에 있음을 나타낼 수 있다. 일본어와 한국어처럼, 복합동사를 생성하는 것이 가능한 언어에서는 번역으로도 알 수 있듯이 복합동사로 이러한 의미를 나타낼 수가 있다. 즉 복합동사 또는 보조동사의 기능을 재귀대명사 「*se*」가 담당하고 있다고 볼 수 있을 것이다. 그러나 이러한 견해에 관해서도 어디까지나 예측의 단계일 뿐이며 더 많은 고찰이 필요할 것이다.

(47) 太郎が壁にペンキを<u>塗った</u>。

타로가 벽에 페인트를 칠했다.

(48) 太郎が花瓶を<u>壊した</u>。

타로가 꽃병을 깼다.

(49) 太郎がドアを<u>叩いた</u>。

타로가 문을 두드렸다.

(50) 太郎が子犬の頭を<u>撫でた</u>。

타로가 강아지 머리를 쓰다듬었다.

예문 (47)(48)이 대상의 결과를 함의하는 데 반해, (49)(50)은 결과를 함의하지 않는다. 이처럼 타동성을 나타내는 동사는 결과성에 관해서 개별 동사가 함의하는 의미에 따른 다양성이 존재한다. 재귀성에 관해서도 같은 것을 말할 수 있는데, 다음의 예문을 살펴보도록 하자.

(51) 太郎が指輪を<u>はめている</u>。

타로가 반지를 끼고 있다.

(52) 太郎が靴下を<u>履いている</u>。

타로가 신발을 신고 있다.

(53) 太郎がベンチに<u>座っている</u>。

타로가 벤치에 앉아 있다.

(54) 太郎がシャワーを<u>浴びている</u>。

타로가 샤워를 하고 있다.

(55) 太郎がビールを<u>飲んでいる</u>。

타로가 맥주를 마시고 있다.

(56) 太郎が公園を<u>歩いている</u>。

타로가 공원을 걷고 있다.

예문 (51)부터 (53)까지는 결과까지 함의하는 재귀동사이며 (54)부터 (56)까지는 결과를 함의하지 않고 동작만을 나타내는 재귀동사이다. 재귀성은 대상을 취하는지 취하지 않는지 라는 형태적 특징과는 상관없이, 동작이 대상이 아닌 동작주 자기 자신으로 돌아오는 동작이며, 동작주체가 입는 결과의 측면을 인식하는 동사도 있고 결과까지는 인식하지 않는 동사도 있다. 즉 타동사와 마찬가지로 재귀성의 경우에도, 결과성은 개별 동사가 가지고 있는 임의적인 요소의 바리에이션으로써 존재하는 것이며, 타동성과 재귀성을 구분하는 기준으로는 삼을 수 없는 것이다. 재귀동사가 나타내는 동작의 도달점인 동작주체에 대한 수영(受影)의 측면을 개별 동사가 함의하는가 그렇지 않은가에 관한 것은 운동의 방향성과는 다른 차원의 문제인 것으로 생각된다.

2.4.2 재귀성의 의미 특징

본고에서의 재귀성이란 구체적 동작을 나타내는 사태 중 동작의 방향이라는 점에서 타동성과 대립되는 개념으로써 파악하는 것이다. 또한 일본어와 한국어를 대상으로 한 것이기 때문에, 두 언어의 특징 즉 재귀구문이 형태적인 표식을 갖지 않는다는 특징을 바탕으로 의미적인 규정에서 출발하고자 한다. 의미개념으로써의 규정을 목표로 하는 또 다른 이유는 본고가 재귀구문에 한정하지 않고 재귀성을 띠는 동사를 인정함으로써 재귀성을 재인식하여, 재귀성이 보이스의 다양한 현상에 대한 설명에 도움이 될 매우 유효한 개념임을 인식하기 위한 입장이기 때문이다. 즉 재귀성이 보이스 안에서 타동성과 함께 유효하게 기능하는 중요한 요인(factor)이며, 타동성만으로는 온전히 설명할 수 없는 부분을 보완할 수 있는 개념이라는 것이다.

본고에서는 재귀성이라는 의미개념이 다음의 두 가지 의미소성(意味素性)에 의해 그 특징이 규정되는 것으로 본다. 이 두 의미소성은 재귀성을 띤다고 생각되는 동사의 관찰에서 추출된 의미소성이다.

[1] 방향성 : 동작주를 축으로 하는 구심적(求心的) 운동을 나타낸다.
[2] 소유성 : 동작주와 대상이 소유관계(所有関係)에 있다.

재귀성은 이 두 가지 의미소성이 통합적으로 결합하여 실현되는 것으로 생각된다. 각각에 대해서 자세하게 서술하기로 한다.

① 재귀성의 특징을 규정하는 의미소성

우선 [1]의 방향성에 대해 서술하고자 한다. 타동성이 대상에 대한 원심적(遠心的)인 운동방향을 나타내는 것에 비해, 재귀성은 동작주 자신에 대한 구심적(求心的)인 운동방향을 나타낸다. 다음의 예를 살펴보자.

(57) 切符は、5号車の指定席である。由美が、スキーを担いで、ホームを5号車に向かって歩いていると、「由美ッ」と、大きな声で、呼ばれた。

(EF、p105)

표는 5번차 지정석이다. 유미가 스키를 짊어지고 5번차를 향해 홈을 걷고 있자 "유미야!"라고, 누군가가 큰 목소리로 불렀다.

(58) 仕事がないだけに、一層憂うつな気分で苦いコーヒーを飲みながら、上村はデスクにたたんで置かれた新聞を広げようとした。 (さびし、p67)

일이 없는 만큼 한층 더 우울한 기분으로 쓴 커피를 마시면서,
우에무라는 책상 위에 접혀져 놓여 있던 신문을 펼치려고 했다.

(59) 「久しぶりだわ、こんな雪。一つ踏みつけられていない雪の中を<u>歩く</u>な
んて」と、夕里子は言った。　　　　　　　　　　　　(三姉妹、p80)

'오랜만이네, 이런 눈. 아무도 밟지 않은 눈 속을 걷는다니.' 라
고 유리코는 말했다.

(60) 「何もありませんよ」と、その刑事は、吉沢に向かって<u>肩をすくめて見せ</u>
た。　　　　　　　　　　　　　　　　　　　(ドライバー、p247)

'아무것도 없어요.' 라고, 형사는 기치자와를 향해 어깨를 움츠
려 보였다.

예문 (57)(58)은 대격(対格, accusative)을 취하고 있으나, 대상(対象)으로
향하는 동작이 아닌 동작주 자신에게로 향해 오는 동작을 나타낸
다. 또한 예문 (59)의 자동사의 경우에도 외부로 표출되는 동작이
며, 동작주 이외의 다른 존재로 향하는 것이 아니라 동작주에게 머
무르는 동작을 나타낸다. 예문 (60)의 경우는 동작주에게 머무르는
동작이면서 형태상으로는 2항 체제를 취하고 있고, 구체적인 신체
부위에 대한 동작을 나타내는 재귀용법문이다. 최종적인 동작의
도달점이 동작주 자신이라는 점에서 모두 공통적이며, 동작주를
중심으로 하는 구심적인 운동을 나타내고 있다.

　구심적인 운동이라는 방향성이 다음에 언급할 소유성보다 더 재
귀성의 특징을 규정하는 기본적인 의미소성이다. 재귀동사의 소유
성은 구심적인 운동이 이루어짐으로써 생겨나는 의미소성으로 볼
수 있다. 그러나 재귀용법의 경우, 동작주와 분리 불가능한 소유관
계에 있는 신체부분을 대격으로 취한다는 점이 결정적인 요인이
되어 재귀성이 나타나기 때문에, 방향성과는 별개로 재귀성을 성

립시키는 의미소성으로 볼 수 있을 것이다.

　[2]의 소유성(所有性, possession)이 재귀성의 특징을 규정하는 또 다른 의미소성이다. 소유성이란 동작주와 대상이 소유관계에 있다는 것을 의미한다. 재귀문의 대상은 표층상(表層上)으로는 대격으로써 나타나지만 타동문의 대상과는 달리 개별성(個別性, individuality)이 결여되어 있고 동작주의 소유 영역에 들어 있는 것이다. 재귀용법문과 자동사문의 경우, 분리 불가능(inalienable) 소유관계를 나타낸다. 구체적 예를 살펴보도록 하자.

> (61)　「だって二度とも後ろ姿しか見られてないんでしょう？　赤いコートっていうのも妙じゃない？　殺人に関わってるような人がそんな目立つ色のコートを着るかしら」　　　　　　　　　　　(さびし、　p48)
> 　'그치만 두 번 모두 뒷모습밖에 보지 못했잖아? 빨간 코트라는 것도 이상하지 않아? 살인에 관련되어 있는 사람이 그런 눈에 띄는 색 코트를 입을까'
>
> (62)　私、自分でも気が付かない内に銃を拾っていたわ。　　(さびし、p99)
> 　나, 자신도 모르는 사이에 총을 줍고 있었어.
>
> (63)　彼女は…(中略)…、髪を後ろで束ねて眼鏡をかけていた。(風、p125)
> 　그녀는 (중략) 뒤로 머리를 묶고 안경을 쓰고 있었다.

(61)(62)는 동작 종료 후에 소유성이 생겨나는 경우이고, (63)은 재귀용법으로 분리 불가능한 소유관계를 나타내는 경우이다. 동작주의 동작이 대상이 아닌 동작주 자기 자신에 대한 작용이기 때문에 동작주에게 돌아오거나 또는 머무르는 동작을 나타내어 결과적으로 재귀성을 띠게 된다. 소유성은 동사의 본래적인 성질에 의한 것이 아니라 대상인 명사의 성질에 의해 구현되는 성질이기도 하다.

이러한 요소에 의해 재귀성이 결정된다고 하는 의미에서는 방향성보다 더 주변적인 의미소성이라고 할 수 있을 것이다. 재귀적인 의미의 실현에는 이와 같은 두 가지 의미소성이 상호 관련되어 있는 것이다.

② 재귀성의 스키마

이상의 고찰을 통해 재귀성의 스키마(schema)를 다음과 같이 나타낼 수 있다. 비교를 위해 타동성의 대표적인 스키마도 실어 둔다.

〈그림 1〉 재귀성과 타동사의 스키마[21]

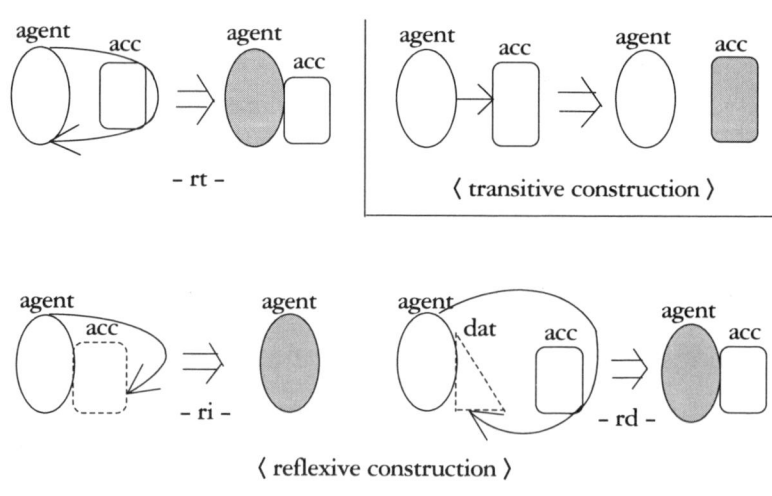

21 rt(reflexive transitive)는 대격(対格)을 취하는 타이프, ri(reflexive intransitive)는 대격을 취하지 않는 타이프와 대격형 재귀용법, rd(reflexive dative)는 여격형(与格型) 재귀용법의 스키마이다. 곡선의 실선은 동작의 출발점과 도달점을 나타내며, 굵은 실선의 오른편은 동작 종료 후의 상태를 나타낸다. 동작 종료 후의 사선은 수영(受影)을 의미한다.

타동성이 동작주[22]의 동작이 대격보어에 도달하여 대상이 수영 (受影, affected)되는 사태를 나타내는 것과는 대조적으로, 재귀성은 표층상의 대상인 존재를 함의하는 [rt]의 경우에도 동사의 의미로써는 대상으로의 언급을 나타내지 않고, 주체에 미치는 사태를 나타낸다고 할 수 있다. 또한 [ri]는 동작주로서의 주체와 동작의 도달점으로써의 존재가 분리될 수 없는 유생주어의 자동사문과, 표층에서는 신체명사를 대격으로써 나타나는 재귀용법의 스키마이다. 마지막으로 오른쪽 아래의 스키마는 동작의 도달점을 나타내는 여격(dative)보어에 신체명사를 취함으로써 재귀성을 나타내는 타이프이다.

2.5 재귀성의 실현 패턴과 계층구조

재귀성의 스키마에 나타낸 바와 같이, 재귀성을 띠는 동사는 동사의 표층적 체제로써 대상이 요구되는 경우에도 동사가 나타내는 의미는 그 대상에 관한 것이 아닌 동작주에 관한 언급이 된다. 이와 같은 재귀성은 동사의 성질만이 아닌 다른 요소와의 관련에 의해 실현되는 경우도 있다. 본고에서 재귀성이라는 의미 개념을 설정하여 논지를 전개해나가는 이유 중의 하나가 바로 여기에 있다. 즉 동사의 성질에 의해 재귀성이 실현되는 경우가 가장 기본적이면서 중핵적인 부분이기는 하나, 동사에 한정된 문제가 아닌 보어와의 관계에 의해서 재귀성이 나타나게 되는 경우도 있기 때문이다. 그 실현에는 다음의 세 가지 패턴을 생각해볼 수 있다. 하나는 동사 그

---

22 여기에서의 동작주란 스스로의 힘으로 사태를 일으킬수 있는 컨트롤러 (controller)를 의미한다.

자체가 의미소성으로써 재귀성을 가지고 있는 경우, 다른 하나는 동작주와 소유관계에 있는 명사, 전형적으로는 분리 불가능한 소유(inalianable possession)를 나타내는 신체명사를 대상으로 취하는 경우, 또한 동작의 도달점을 나타내는 여격보어와 동작주가 소유관계에 있는 경우, 이 세 가지 패턴이 있는 것으로 생각된다. 세 번째 패턴은 본고에서 처음으로 지적하는 것이며, 동작의 방향성이 재귀성의 특징을 규정하는 중요한 요소라고 한다면 동작의 도달점(goal)를 나타내는 명사 성분과의 관계에서 재귀성이 실현될 수 있음은 타당한 논리라고 여겨진다.

【 재귀성 실현 패턴 】
먼저 재귀성을 실현하는 세 가지 유형을 정리하면 다음과 같다.

[a] 재귀동사

　　동사 본래의 의미소성으로써 재귀성을 갖는 경우

　　花子が服を着ている。

　　하나코가 옷을 입고 있다.

[b] 대격형 재귀용법

　　동사의 통상적인 의미소성이 대상(신체명사)의 성질의 영향을 받아 변화하여 재귀성을 띠게 되는 경우

　　花子が手を洗っている。

　　하나코가 손을 씻고 있다.

[c] 여격형 재귀용법

　　동작의 도착점(goal)을 나타내는 여격보어(신체명사)의 성질에 의해 재귀성이 나타나는 경우

花子が<u>腕に包帯を巻いている</u>。[23]

하나코가 팔에 붕대를 감고 있다.

  유형 [a]에는 2항체제의 동사 및 1항체제의 자동사류도 들어가는데, 재귀적 의미가 동사 그 자체에 갖춰져 있는 경우를 말한다. 유형 [b]의 대격형 재귀성 실현에는 동작주와 대격보어 사이의 소유성이 재귀성 실현의 중요한 요소로 기능한다. 즉 대격보어의 성질이 재귀적 의미의 결정적인 요인으로써 기능하기 때문에, 동사구 단위로 재귀성을 나타낸다. 유형 [c]의 여격형 재귀성 실현에는 구심적 운동이라는 동작의 방향성이 중요한 요소로써 기능한다. 여기에서 구심적 운동에 관해 다음의 사항을 생각해보자.

  (64) a. 花子が服を着た。

           하나코가 옷을 입었다.

        b. 花子が<u>自分に</u>服を着せた。

           하나코가 스스로에게 옷을 입혔다.

  (65) a. 花子が牛乳を飲んだ。

           하나코가 우유를 마셨다.

---

23 여격형 재귀용법과 대격형 재귀용법은 모두 재귀적 의미를 나타내는데, 다음과 같은 차이점을 보인다.
   (1) 花子が<u>腕を</u>包帯で<u>巻いている</u>。
     하나코가 팔을 붕대로 감고 있다.
   (2) 花子が<u>腕に</u>包帯を巻いている。
     하나코가 팔에 붕대를 감고 있다.
   (1)의 대격형 재귀용법은 「腕 (팔)」 전체가 수영(受影, affected)되는 것과는 대조적으로, (2)의 여격형 재귀용법의 경우는 「腕 (팔)」은 전체가 영향을 받는다는 의미까지는 함의하지 않는다. 이러한 의미에서, 대격형이 여격형보다 수영성이 높다고 말할 수 있다. 이것은 대격과 여격이 나타내는 의미의 차가 반영된 것이라 할 수 있다. 양 유형의 재귀용법의 의미 차에 관해서는 추후의 과제로 삼고자 한다.

b. 花子が自分に牛乳を飮ませた。

하나코가 스스로에게 우유를 먹였다.

(66) a. 花子がリュックを背負った。

하나코가 백팩을 짊어졌다.

b. 花子が自分の背中にリュックを背負わせた。

하나코가 스스로의 등에 백팩을 짊어지게 했다.

상기의 예는 모두 패턴 [a]에 속하는 재귀동사이다. 각각의 (a)는 표면에는 나타나지 않지만 동작의 방향을 나타내는 「二(ni)」격이 숨어 있는 것으로 생각되고, 각각의 (b)처럼 메타 언어적으로는 바꾸어 말할 수 있다. 재귀동사에 숨어 있는 방향의 목적지를 명사의 성질을 이용하여 드러낸 것이 유형 [c]의 원리라고 할 수 있다. 명사의 성질을 이용한다는 것은 동작주와 분리 불가능한 소유관계를 나타내는 신체명사를 여격에 두면 저절로 동작의 방향이 동작주 자기 자신으로 향하게 되고, 따라서 구심적인 운동이 생겨나 재귀적 의미가 출현하게 되는 방식이다. 이상의 세 가지 실현패턴의 관계를 나타내면 다음과 같은 구조도가 된다.

〈그림 2〉 재귀성 실현의 계층 구조

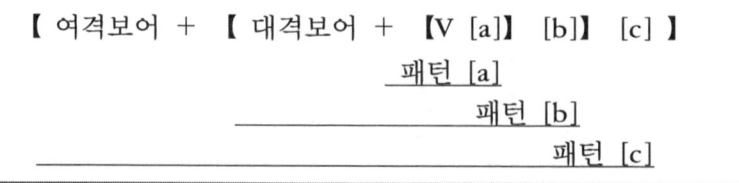

유형 [a]가 가장 중핵을 이루는 부분이며, 다음으로 여격보어보다 강력한 동사와의 결속을 보이는 대격보어와의 조합인 유형 [b]가

오고, 여격보어와의 조합인 유형 [c]가 위치한다. 이 도식은 재귀성이 동사가 갖는 의미에 한정된 개념이 아니라는 것을 보여주는 것이다.

2.6 결론

본장에서는 타동성과 대립되는 개념으로써 재귀성을 인식하고, 타동사와 비교하면서 재귀성의 특징을 분석하였다. 재귀성이라는 의미적 개념을 이용함으로써 타동성만으로는 해결할 수 없었던 보이스의 몇 가지 현상을 설명할 수 있는 경우가 있음을 지적하였다. 이는 다른 보이스 현상으로의 확장 가능성을 시사하는 것이라고도 할 수 있다. 재귀성을 형태적 표식으로 나타내지 않는 언어에서는 통어적인 현상이 재귀성의 유효성을 증명하는 증거가 되는 것으로 생각되는데, 특히 일본어와 한국어의 경우 통어적인 증거가 중요해진다. 그리고 재귀성을 나타내는 유형으로 재귀동사와 재귀 용법이 있다. 다음 장에서 재귀동사를 분석하고, 그 다음으로 재귀용법을 살펴본 후 통어 현상의 분석에 들어가기로 한다.

재귀성과 보이스체계

-日·韓 對照研究-

제3장 |

재귀동사에 대하여

3.1 들어가기

앞장에서 기술한 바와 같이, 재귀적인 의미는 동사의 본래 의미에 의해 성립하는 경우와 동사 이외의 요인에 의해 성립하는 경우가 있다. 후자의 카테고리는 일반적으로 재귀용법이라고 일컬어지는데, 본고에서도 이에 따르기로 한다. 또한 전자에 대해서는 재귀동사라는 용어를 사용하기로 한다. 여기에서의 재귀동사란 형식적인 규정이 아닌 의미적인 규정이며, 재귀용법과 구별되는 카테고리임을 나타내기 위하여 사용하는 것이다.

타동성은 동사가 가지고 있는 의미에 의해 성립하고, 타동성을 나타내지 않는 문이 다른 요인의 관여에 의해 타동성을 나타내게 되는 일은 없다. 그러나 예를 들어 다음과 같은 현상이 존재한다.

(1) a. 太郎が<u>止まった</u>。

타로가 멈췄다.

  b. 太郎が<u>足を止めた</u>。

     타로가 걸음을 멈췄다.

 (2) a. 太郎が<u>泣いた</u>。

     타로가 울었다.

  b. 太郎が<u>涙をこぼした</u>。

     타로가 눈물을 흘렸다.

예시 (1)(2)의 (a)와 (b)는 명제적 의미로써는 동일하다고 할 수 있다. 전자는 형식적으로 자동사 구조 즉 1항(項)문이며 의미적으로도 자동성을 나타낸다. 이에 비해 후자의 경우, 형식적으로는 타동 구조 즉 2항(項)문이지만 의미적으로는 전자와 동일하게 자동성을 나타내고 있다. 즉 본래 자동사문인 것이 동작이 향하게 되는 구체적인 신체부위 또는 이에 준하는 것을 대격보어로 표층에 나타냄으로써 형식상 타동사문이 된 것이다. 그러나 문의 의미는 타동성을 나타내지는 않는다. 형식적인 타동사 구조라는 것은 대격보어를 동반한다고 하는 단순한 판단에 의한 것이다.

   또한 재귀성을 나타내는 문을 타동성을 나타내는 문으로 바꾸는 것도 가능하다. 다음의 예문을 살펴보도록 하자.

 (3) a. 太郎が<u>服を着た</u>。

     타로가 옷을 입었다.

  b. お母さんが<u>太郎に服を着せた</u>。

     엄마가 타로에게 옷을 입게 했다.

 (4) a. 太郎が<u>ご飯を食べた</u>。

     타로가 밥을 먹었다.

b. お母さんが<u>太郎</u>にご飯を<u>食べさせた</u>。

엄마가 타로에게 밥을 먹게 했다.

예시 (3)(4)의 자신에 대한 동작을 나타내는 재귀문인 (a)를 타자(他 者)에 대한 동작을 나타내는 문으로 만들기 위해서는, 동작의 방향 을 바꿀 필요성이 생겨난다.[24] 따라서 (b)와 같이 동작이 향하는 존 재를 주어와는 별개의 존재로 만들기 위해서는 사역화의 과정이 필요하게 된다. 이 과정의 결과는 순수한 타동적 의미의 실현이 아 닌 사역적인 의미를 나타내게 된다. 따라서 타동성은 동사 레벨에 한정된 것이라 할 수 있다. 이와는 대조적으로 재귀성은 이미 기술 한 바와 같이 동사 본래의 의미로 실현되는가 하면, 다른 보어의 성 질에 의해 나타나게 되는 경우도 있는 범위가 넓은 것이라고 할 수 있다.

보어의 성질에 의해 재귀성이 실현되는 재귀용법은 조합되는 보 어의 종류에 따라 두 가지로 나뉜다. 대격보어에 신체명사가 오는 경우와 여격보어에 신체명사가 오는 경우인데, 두 경우 모두 재귀 동사가 재귀성을 실현시키는 의미소성과 밀접하게 관련되어 있다. 즉 전자는 재귀동사가 갖는 동작주와 대격보어간의 소유성에 의해 재귀적 의미가 실현된다. 후자의 경우에는 재귀동사가 갖는 동작 주에 대한 구심적인 동작이라는 운동의 방향성에 의해 재귀적 의 미가 실현된다. 따라서 재귀동사의 경우, 두 가지의 의미소성이 상 호 관련되어 재귀성이 실현되는 것이라고는 해도 그 상호 관련되

---

24 타동성에서 재귀성으로 의미변환이 일어날 때, 동작의 방향을 바꾸는 조작, 즉 신체명사로 동작의 방향을 향하도록 하는 절차가 필요하듯이, 재귀성에서 타동 성으로 의미변환을 하고자 할 때에도 동작의 방향을 바꾸는 절차가 필요하게 된 다. 이는 재귀성 실현에 필요한 중요한 의미소성으로 구심적 운동이라는 방향성 을 제시한 데 대한 강력한 증거가 되는 것이다.

는 방식은 몇 가지 유형으로 나눌 수 있다. 이에 따라 재귀용법과의 평행성을 찾아내기 위해서 재귀동사를 하위분류하기로 한다. 편의상 일본어와 한국어로 나누어 기술하기로 한다.

3.2 재귀동사의 인정 기준

앞에서 기술한 재귀성의 의미 특징은 타동성만을 염두에 두면서 두 개념을 비교하는 관점에서 재귀성을 규정한 것이다. 의미 카테고리로써 재귀동사를 인정하기에 앞서, 타동성과의 관계만이 아닌 다른 동사 카테고리도 시야에 두면서 재귀동사의 성격을 파악해가기로 한다. 이를 위해서 프로토 타이프(proto type)적 입장에서 다음의 의미소성을 상정하고, 전형적인 재귀동사는 이 모든 조건을 충족시키는 것이라고 생각한다.

[1] 무대(無対)동사 : 1항(項)문, 2항(項)문 모두 대응하는 자·타동사
   가 없다.
[2] 구심적 운동 : 동작주를 축으로 하는 구심적 운동을 나타낸다.
[3] 소유성(所有性) : 동작주와 대격보어가 소유관계에 있다.
[4] 가시성(可視性) : 동작이 시각적으로 확인 가능하다.

위의 4가지 인정기준에 관하여 설명한 후 재귀동사의 인정을 진행하기로 하자.

3.2.1 무대(無対)동사

[1]의 무대(無対)동사란 같은 어근에서 파생된 동사의 짝을 갖지 않는다는 것을 의미한다. 타동사는 대응하는 자동사 짝을 갖는 것과 갖지 않는 것이 있다고 보는 논의가 있는데, 재귀동사의 경우 2항동사·1항동사에 상관없이 모두 짝을 갖지 않는다. 구체적인 예를 나타내면 다음과 같다.

◇ 타동사
壊す/壊れる(부수다/부숴지다), 倒す/倒れる(쓰러트리다/쓰러지다), つぶす/つぶれる(찌부러트리다/찌부러지다), 破る/破れる(찢다/찢어지다), 叩く/∅(두드리다/)∅, つくる/∅(만들다/∅)
◇ 재귀동사(2항문)
着る/∅(입다/∅), かぶる/∅(쓰다/∅), 履く/∅(신다∅/) 등
◇ 재귀동사(1항문)
座る/∅(앉다/∅), 寝る/∅(자다/∅), 立つ/∅(서다/∅), 歩く/∅(걷다/∅) 등

다른 의미소성이 모두 의미적이 규정인 것에 비해, 이 조건은 유일하게 형태적인 규정이다. 그러나 재귀동사가 형태상 대응하는 짝을 갖지 않는다는 것은 재귀동사의 의미와 밀접한 관련이 있는 현상이다. 즉 재귀동사는 주체가 동작을 일으키는 사람이면서 동시에 동작을 받는 사람이 된다. 따라서 대격보어를 필요로 하는 동작이라고 해도 그 대격보어가 수영(受影)되지 않고 동작주 쪽이 영향을 받는 존재가 된다. 이에 따라 대격보어인 대상이 주어에 오는 즉 대상에 초점이 맞추어 지는 동사가 파생될 수 없다. 재귀동사가 대

응하는 짝을 갖지 않는 현상은 이와 같이 설명할 수 있는 것이다.
다음에 보듯이 재귀동사가 마치 짝이 되는 동사를 갖는 것처럼 보
이는 예가 있다.

> (5) a. 太郎が<u>屈ん</u>でいる。
>
> 타로가 (몸을) 굽히고 있다.
>
> b. 太郎が腰を<u>屈め</u>ている。
>
> 타로가 허리를 굽히고 있다.
>
> (6) a. 太郎が<u>すくん</u>でいる。
>
> 타로가 움츠리고 있다.
>
> b. 太郎が身体を<u>すくめ</u>ている。
>
> 타로가 몸을 움츠리고 있다.

상기의 예에서 동사만을 비교해보면 「屈む/屈める (굽히다/구부리
다)」「すくむ/すくめる (움츠리다)」와 같이 자동사와 타동사가 짝을
이루고 있는 것처럼 보인다. 그러나 예 (5b)(6b)처럼 타동사 쪽은
반드시 신체명사와 공기(共起)하기 때문에, 의미상 두 문은 동일한
의미를 나타내게 된다. 따라서 자동사와 타동사의 대립이 있다고
는 볼 수 없는 것이다.

3.2.2 구심적 운동

[2]의 구심적 운동이란 동작이 동작주를 향해 돌아오는 성질을
말한다. 동작이 동작주에게 도달한 것을 명확하게 확인할 수 있는
경우도 있고, 동작이 동작주의 외부로 표출되기는 하나 타자(他者)에
게 그 동작이 미치지 않고 동작주에게 머무르는 소극적인 경우도

있다.[25]

  (7) <u>太郎</u>が運動靴を<u>履いた</u>。

      타로가 운동화를 신었다.

  (8) <u>太郎</u>がジュースを<u>飲んだ</u>。

      타로가 주스를 마셨다.

  (9) <u>太郎</u>が横に<u>座った</u>。

      타로가 옆으로 앉았다.

예 (7)은 동작이 「타로」로부터 발생되어 「운동화」에게 미치지만, 최종적으로는 「타로」에게 돌아온다. (8)의 동작도 마찬가지로 「타로」에게 돌아오지만 돌아온 결과를 확인하기는 어렵다고 할 수 있다. (9)는 형식상 대격보어를 갖지 않고, 동작주의 동작이 향하는 다른 존재가 없다. 따라서 동작은 처음부터 「타로」의 신체영역에서 벗어나지 않는다.

3.2.3 소유성

[3]의 소유성에는 동작주와 대격보어가 소유관계를 갖는 경우와 동작주와 여격보어가 소유관계를 갖는 경우인 두 가지가 있다. 또한 소유성은 동사에 따라 단계성을 보인다. 우선 전자의 문제부터 살펴보기로 하자[26]

25 재귀성의 중심적 의미소성인 구심적 운동에 관해서는 앞의 장에서 자세하게 기술하고 있기 때문에 여기에서는 간단한 설명에 그치기로 한다.
26 구심적인 운동과 함께 재귀성의 중요한 의미소성인 소유성에 관해서는 앞의 장에서 자세하게 기술하고 있기 때문에, 여기에서는 간단한 설명에 그치기로 한다.

 (10) <u>太郎</u>が<u>頭</u>を下げた。

   타로가 머리를 숙였다.

 (11) <u>太郎</u>が<u>頭</u>に包帯を巻いた。

   타로가 머리에 붕대를 감았다.

예 (10)은 동작주 「타로」와 대격보어 「머리」가 분리 불가능한 소유관계(inalianable possession)를 가진다. (11)은 동작주 「타로」와 여격보어 「머리」가 분리 불가능한 소유관계를 가진다. 또한 소유성의 단계성에 대해서는 다음의 예문을 보도록 하자.

 (12) <u>太郎</u>が<u>帽子</u>をかぶっている。

   타로가 모자를 쓰고 있다.

 (13) <u>太郎</u>が<u>目</u>を閉じている。

   타로가 눈을 감고 있다.

 (14) <u>太郎</u>が<u>衿</u>を立てた。

   타로가 옷깃을 세웠다.

 (15) <u>太郎</u>が屈んでいる。

   타로가 숙이고 있다.

예 (12)의 경우, 동작 개시 이전에는 동작주와 모자 사이에 명백한 소유관계가 존재하지 않지만 동작 종료 후에는 동작주에게 부착되어 소유관계가 성립한다.[27] 대조적으로 (13)은 동작주인 「타로」와 「눈」 사이에 동작 이전부터 분리 불가능한 소유관계가 성립되어

---

27 언어외적인 지식으로써는 머리에 쓰는 모자는 자신의 모자일 가능성이 높고, 따라서 소유관계가 이미 존재하는 경우가 있다. 그러나 그러한 가능성이 있다고 해도, 동사가 그 부분까지는 함의하지 않는다.

있다. 보어의 성질에 의해 재귀성이 나타나는 재귀용법의 경우 이러한 관계가 미리 성립하는 경우가 많지만, 재귀용법에서도 분리 불가능한 소유관계를 갖는 것에서부터, (14)와 같이 소유성은 동작 이전부터 인정되지만 분리 불가능한 소유성은 아닌 경우도 있다. 다음으로 (15)와 같이 동작주와 동작의 도달점이 문 레벨에서는 분리되지 않는 경우도 있다. 이는 분리 불가능한 소유성을 갖는다고 하는 의미적인 가치와 문 형식상의 가치가 일치하고 있는 예일 것이다

3.2.4 가시성

[4]의 가시성(可視性)이란 동작의 구체적인 움직임의 유무에 관련된 의미소성이다.[28] 재귀동사와 인접한 동사 카테고리에 인식·감정동사가 있다. 동작주가 동작의 영향을 입는다는 측면에서는 두 카테고리가 공통되지만, 동작의 가시성에서는 차이를 보인다. 재귀성은 동작성 중에서도 타자에 의해 시각적으로 확인 가능한 동작을 나타낸다. 이에 반해 인식·감정동사의 경우에는 동작성을 갖지 않고 시각적으로 확인 불가능한 행위를 나타낸다. 두 동사의 카테고리가 인접하고 있다는 사실은 다음과 같은 동사의 존재에 의해 증명된다.

(16) a. 花子が大きな声を出して泣いた。

하나코가 큰 소리로 울었다.

---

28 가시성(可視性)이란 본고의 독자적 의미소성으로, 동작이 시각적으로 구체성을 띄는 것을 가리킨다. 유사개념으로는 구상성(具象性) 또는 구체성이 있는데, 타자에 의해서 확인 가능한 동작주의 외부로 표출되는 동작을 나타낸다는 의미에서 가시성을 채용하기로 한다.

     b. 花子は心の中で泣いた。

       하나코는 마음 속으로 울었다.

(17) a. 花子が本を読んでいる。

       하나코가 책을 읽고 있다.

     b. 花子はこの本を深く読んでいる。

       하나코는 이 책을 깊이 읽고 있다.

예 (16a)는 동작의 표출이 있는 경우이고 (16b)는 동작의 표출이 없는 경우이다. (17a)는 동작을 확인 할 수 있지만 (17b)는 확인할 수 없다. 이러한 종류는 감정·인식활동을 나타내는 측면과 동작을 나타내는 측면을 동시에 가지고 있는 동사라고 할 수 있다. 이에 비해 「考える (생각하다), 思う (생각하다), 愛する (사랑하다)」와 같은 동사는 동작의 측면을 갖지 않는 감정·인식동사라고 할 수 있을 것이다. 이러한 차이가 사역동사의 파생의 유무라는 통어현상에 반영되는 것으로 생각되는데, 자세한 것은 5장에서 기술하기로 한다.

   이상과 같이 재귀동사를 규정(規定)하는 의미소성을 제시하고 그 타당성을 기술하였다. 다음으로 일본어와 한국어의 재귀동사의 분포 및 각각의 하위 타이프의 특징에 대해 검토해보기로 하겠다.

3.3 일본어의 재귀동사

   본 절에서는 일본어의 재귀동사를 가능한 한 망라하여 하위분류를 시도하고자 한다. 분류는 의미적인 기준에 의한 것이지만 의미에 따라 나눈 하위 타이프가 통어적(統語的)으로도 각각의 타이프 별로 다소 다른 특징을 가진다는 점은 매우 흥미롭다. 재귀동사가 나타내는 의미에는 주체의 신체에 대한 착탈(着脫) 행위, 신체의 손질, 신체로의 흡수 행위, 신체의 장소적 이동, 자세 변화 등이 있다. 동작이 주체로 미치는 것이 가시적으로 확인 가능한 사태 부터 힘의 이동이 없는 사태까지 다양하다고 할 수 있는데, 동작주에 초점이 놓여있고 동작주에 대해 언급하는 사태라는 특징은 모든 타이프에 공통적이다. 재귀동사의 분포를 나타낸 후 하위 타이프별로 기술해가기로 하겠다.

재귀동사의 유형 분류에 들어가기에 앞서, 기존에는 재귀동사로써 인정되지 않았던 자동사를 재귀동사로 인정하고자 하는 근거를 제시해두고자 한다. 우선 앞 장에서 나타낸 재귀성의 스키마에서, 자동사와 대격형 재귀용법은 동일한 스키마로 나타낼 수 있다. 둘 사이에는 치환 가능한 관계가 존재하는데, 다음의 표와 같은 성질을 공유하는 것으로 생각된다.

〈표 1〉 유생주어 자동사와 대격형 재귀용법의 평행성

	재귀적 의미 실현의 요소	차이점	구체적 예
자동사	동작주 자신에 대한 작용	표층상 1항문	座る, 屈む 등
재귀용법	대격이 신체명사	표층상 2항문	腰を下ろす, 腰を屈める 등

일본어의 자동사와 재귀용법의 대응관계를 살펴보면 다음과 같다.

(18) 「やって來て、まだ相手が來ていなければ、安井は座って一服していようかと思うだろう。何も知らずに安井は標的の中心へ入って行ったわけだな」 (さびし、p45)

"와 보니 아직 상대가 오지 않았다면, 야스이는 앉아서 담대 한

대 피우고 있을까라고 생각하겠지. 아무것도 모른 채 야스이는 표적의 중심으로 들어간 셈이지."

(19) 彼を連れてきた刑事は、監視するような格好で、斜め後ろに<u>腰を下ろした</u>。あまりいい気持のものではない。「わざわざ來ていただいたのは、佐々木晋一さんが殺された事件のことで少しおききしたいことがあったからなのです」中年の眼鏡をかけた警部補は、ゆっくりした声でいった。

(ドライバー、p75)

그를 데려온 형사는 감시하는 듯한 모습으로 대각선 뒤편에 앉았다. 그다지 좋은 기분은 아니다. "일부러 오시게 한 것은 사사키 씨가 살해된 사건에 관해서 여쭤보고 싶은게 좀 있기 때문입니다." 안경을 쓴 중년의 경부보는 느릿한 목소리로 말했다.

(20) やがて立ちあがった少女は、肘を張って下着をたくしあげ、身じまいをして、ついでに川原の小石でも拾うのだろうか、ひょいとひとつ<u>屈んで</u>から堤防を這いあがっていった。　　　　　　　　(伸予、p99)

이윽고 일어선 소녀는 강한 척 속옷을 걷어붙여 몸을 정돈하고, 하는 김에 강가의 조약돌이라도 주우려는 것일까 훌쩍 한번 몸을 숙이고는 제방을 기어 올라갔다.

(21) 風見は、落ちついて靴を拾おうと<u>身をかがめた</u>。　　　(死が、p269)

가자미는 침착하게 신발을 주우려고 몸을 숙였다.

(22) 立つ/腰を上げる (서다/허리를 들다), 寝る/眠りにつく (자다/잠에 들다), 起きる/体を起こす (일어나다/몸을 일으키다), 止まる/足を止める (멈추다/발을 멈추다), 滑る/足を滑らせる (미끄러지다/발을 미끄러뜨리다), 歩く/足を運ぶ (걷다/발을 옮기다), 動く/体を動かす(움직이다/몸을 움직이다), 泣く/涙を流す (울다/눈물을 흘리다), 笑う/笑みを浮かべる (웃다/웃음을 띠다), 怒る/腹を立てる (화내다/화를 내다), 頷く/首を頷かせる (끄덕이다/고개를 끄덕이다), すくむ/

　　身をすくめる (움츠리다/몸을 움츠리다) 등

예 (18)의 「座る (앉다)」는 (19)의 「腰を下ろす (앉다)」로 바뀔 수 있고 그 반대도 가능하다. (20)의 경우도 마찬가지로 (21)로 바꿀 수 있다. 단 자동사와 재귀용법이 치환 가능하다는 것은 의미적으로 매우 유사함을 나타내기는 하나 완전히 동일하다는 의미는 아니다. 두 가지 형태가 존재한다는 것은 각각 유사한 의미를 나타내면서도 어떠한 별개의 기능을 담당하고 있기 때문인 것으로도 생각할 수 있다. 예를 들어 각각의 (18)과 (19)의 자동사가 사태가 점점 전개되어 가는 듯한 전경(前景)인 것에 비해, (19)(21)의 재귀용법의 경우에는 이야기를 앞으로 진행시키기보다는 거기에 머물러서 이야기를 전개하는 후경(後景)의 기능을 가지고 있는 것으로 생각된다. 그러나 이러한 담화론적 기능이라는 관점에서 결론을 내리기에는 충분한 증거가 부족하기 때문에 현시점에서는 예측 수준의 단계라 하겠다.[29] 이와 같은 기능의 차이와는 별개의 문제로 자동사와 재귀용법이 치환 가능한 다른 예로는 (22)와 같은 대응관계를 인정할 수 있다.

　　「신체명사＋타동사」를 재귀용법으로 보고 재귀적 의미를 나타내는 하나의 구문 타이프를 인정한다면 의미적으로 대응하는 자동사에도 재귀성을 인정할 수 있을 것이다. 통어적으로 재귀용법 쪽이 2항(項)문의 형식이고 자동사는 1항(項)문이라는 차이는 있으나, 적어도 의미적 내용은 등가(等価)이다. 재귀용법의 정의 그 자체가

29　이와 같은 담화론적 분석을 위해서는 구체적인 예의 분석을 통한 양적인 근거도 필요하지만, 여기에서는 다룰 여유가 없다. 단지 일반적으로 짧은 형태로 끝낼 수 있는 표현을 일부러 긴 형태로 표현한다는 것은 담화의 흐름 속에서 읽는 사람 또는 듣는 이이 주의를 끄는 기능이 달성되고 있는 것인지도 모른다. 이러한 의미에서 후경(後景)의 기능을 다하고 있다고 할 수 있다.

의미적인 규정이라는 것에 비추어 생각해보면, 표층상의 차이만으로 자동사와 재귀용법을 서로 다른 범주로 나누어야만 하는 필연성은 없는 것으로 생각된다. 자동사와 재귀용법은 Kemmer(1994)의 분류에 의하면 둘 다 중간태(middle voice)로 보고 있는 자세변화(change in body posture) · 비운송적(非運送的) 동작(nontranslational motion)을 나타내는 동사에 들어간다.

　단 재귀동사와의 차이가 있다고 한다면, 재귀용법과 자동사 쪽의 움직임이 더 단순하다는 점이다. 즉 「服を着る (옷을 입는다)」라는 동작에는 다른 동작이 하나 이상 포함되어 있는 것과는 대조적으로, 「座る (앉다)」는 한 번뿐인 단순한 동작으로 이루어져 있으며, 「歩く (걷다)」는 같은 움직임이 반복됨으로써 동작이 성립하게 된다. 재귀성의 기본적 의미인 구심적 운동이라는 점에서는 두 유형 사이의 차이는 없다. 재귀동사에 있어서의 대격보어의 대격성이 낮다는 점을 고려하면 그 연속선상에 유생(有生)주어 자동사가 위치하고 있다고 보는 것도 가능할 것이다.

3.3.1 재귀동사의 하위 분류

　우선 재귀동사의 분포를 제시하고 상세한 고찰로 들어가기로 하겠다.

　[A] 착탈 동작 (着脱動作)
　　着る(입다), かぶる(쓰다), 羽織る(걸치다), 履く(신다), 握る(쥐다), 持つ(들다), 摑む(잡다), 担ぐ(지다), 背負う(업다), 抱く(안다), 抱える(안다), くわえる(입에 물다), 拾う(줍다), 脱ぐ(벗다) 등
　[B] 신체의 손질, 흡수 동작 (身体の手入れ、吸収動作)

剃る(깎다), 拭う(털어내다), 浴びる(뒤집어쓰다), 食べる(먹
다), 飲む(마시다), 嗅ぐ(맡다), 吸う(흡입하다), 読む(읽다),
書く(쓰다), 見る(보다), 聞く(듣다) 등

[C] 자세변화 (姿勢変化)

座る(앉다), 立つ(서다), 寝る(눕다), 起きる(일어나다), 屈む
(굽히다), すくむ(몸이 굳다), ひざまずく(무릎을 꿇다) 등

[D] 비전송적 동작 (非転送的動作), 자동적 운동 (自動的運動)

うなずく(끄덕이다), 瞬く(깜박이다), 回る(돌다), 眠る(자다),
歩く(걷다), 走る(달리다), 転ぶ(넘어지다), 滑る(미끌어지다),
遊ぶ(놀다), 歌う(노래하다), 泣く(울다), 笑う(웃다) 등

[A]의 찰탁 동작은 동작주의 신체에 대한 부착 또는 탈착의 의미
를 나타내며, 동작이 폭을 갖지 않는 점적(点的, punctual) 운동의 특징
을 가지기 때문에 동작의 결과 상태를 함의한다. 마찬가지로 자세
변화를 나타내는 [C]도 점적인 동작이기 때문에 결과를 함의한다.
지금까지 재귀동사로 인정되어온 것은 [A]류 동사의 일부에 지나
지 않는다. 재귀동사에 대한 한정된 인정 기준의 결과로써, 재귀동
사가 결과를 함의한다는 필연적 관계가 생겨나게 된 것으로 보인
다. 재차 강조하듯이, 결과 함의는 움직임의 성질의 차이에서 오는
아스펙트(aspect)적 특징이라고 볼 수 있으며, 재귀성의 결과로 나타
나게 되는 특징은 아닌 것이다. 움직임이 점적이지 않는 유형이
[B]와 [C]이다. 두 유형 모두 동작에 시간적인 폭이 있고, 따라서
결과 상태보다 동작의 측면이 두드러지게 되어 결과를 함의하지
않는 동사이다. [B]는 신체의 손질, 또는 신체 내부로의 흡수를 나
타내기 때문에 결과 상태의 직접적인 가시적 판단이 불가능하고,
결과 상태를 인식하기 어렵다는 특징이 있기 때문에 동사가 결과

를 함의하지 않는다고 볼 수도 있다. [D]는 주로 비운송적 동작과
자동적인 운동을 나타내는 동사이다. [B]류와 마찬가지로 움직임
에 폭이 있기 때문에, 결과 상태보다 동작의 측면이 강조되는 유형
이다.

3.3.2 [A] 착탈동작과 [B] 신체의 손질을 나타내는 동사

2항 체제를 취하는 두 유형의 재귀동사를 비교해 보고자 한다.

[A] 착탈 동작 (着脱動作)
    着る(입다), かぶる(쓰다), 羽織る(걸치다), 履く(신다), 握る(쥐
    다), 持つ(들다), 掴む(잡다), 担ぐ(메다), 背負う(업다), 抱く(안
    다), 抱える(안다), くわえる(입에 물다), 拾う(줍다), 脱ぐ(벗다) 등
[B] 신체의 손질, 흡수 동작 (身体の手入れ、吸収動作)
    剃る(깎다), 拭う(털어내다), 浴びる(뒤집어쓰다), 食べる(먹
    다), 飲む(마시다), 嗅ぐ(맡다), 吸う(흡입하다), 読む(읽다),
    書く(쓰다), 見る(보다), 聞く(듣다) 등

　재귀동사가 표층(表層)에서는 2항 체제를 취하지만, 심층(深層) 레벨
에서는 3항동사인 것으로 보는 논의가 있다. 격(格) 체제라는 관점에
서 두 유형을 비교해보도록 하자. 결론을 먼저 제시하면 다음과
같다.

[A] 타이프 : ～ガ(～ニ)～ヲ V
[B] 타이프 : ～ガ(～ニ)～ヲ V＋セル(seru)

전자부터 구체적인 예를 들어 설명하기로 하겠다.

(23) a. 太郎が帽子をかぶっている。

　　　　타로가 모자를 쓰고 있다.

　　 b. 太郎が<u>頭に</u>帽子をかぶっている。

　　　　타로가 머리에 모자를 쓰고 있다.

(24) a. 太郎が荷物を背負っている。

　　　　타로가 짐을 짊어지고 있다.

　　 b. 太郎が<u>背中に</u>荷物を背負っている。

　　　　타로가 등에 짐을 짊어지고 있다.

(25) a. 太郎が紙幣を持っている。

　　　　타로가 지폐를 쥐고 있다.

　　 b. 太郎が<u>手に</u>紙幣を持っている。

　　　　타로가 손에 지폐를 쥐고 있다.

상기의 동사는 모두 [A]타이프 재귀동사이며 동작의 방향을 나타
내는 여격보어가 심층에 숨어 있음을 알 수 있다. 각각의 (b)처럼
여격보어를 표층에 나타내어도 적합한 문이다.

　[B] 타이프의 재귀동사는 다음과 같다.

(26) a. 太郎が水を飲んだ。

　　　　타로가 물을 마셨다.

　　 b. 太郎が<u>自分に</u>水を飲ました。

　　　　타로가 스스로에게 물을 먹였다.

(27) a. 太郎が水を浴びた。

　　　　타로가 물을 뒤집어썼다.

b. <u>太郎が自分に水を浴びせた</u>。

타로가 스스로에게 물을 뒤집어쓰게 했다.

(28) a. 太郎が絵を見た。

타로가 그림을 봤다.

b. 太郎が<u>自分に絵を見せた</u>。

타로가 스스로에게 그림을 보여줬다.

이 경우 심층에 있는 여격보어를 표층에 나타내려면 (b)와 같이 바꿔 말할 수 있다. 그러나 그렇게 할 경우에는 동사를 사역동사로 바꿔줄 필요가 있다. [A]타이프와 [B]타이프의 어떠한 차이가 이러한 현상의 차이를 초래하는 것일까. 명확한 해답을 찾아내는 일은 지금 단계에선 어렵다고 할 수 있으나, 다음과 같은 예측을 세울 수는 있을 듯하다. 두 타이프는 움직임의 성질이 서로 다르다. 즉 [A]타이프가 신체 외부에 대한 동작이기 때문에 동작의 결과 상태를 가시적으로 확인할 수 있는 것에 비해, [B]타이프의 경우 신체 내부로 들어가게 되는 동작이기 때문에 동작의 결과 상태를 가시적으로 확인할 수 없다. [A]타이프가 타자의 타동적 동작을 수동적으로 받을 가능성도 가지고 있는 동작인 반면, [B]타이프는 전면적으로 타자에 의한 동작만으로는 동작이 성립하지 않고 동작을 받는 쪽의 어떠한 동작이 요구되게 된다. 따라서 여격보어를 드러나게 한 문에서 사역형 동사가 요구된다고 분석할 수 있다. 물론 이것은 가능성으로써 존재하는 이야기로, 두 타이프 모두 주체적인 동작을 나타낸다. 그러나 그 가능성 유무가 상기의 차이를 초래하고 있는 것으로 생각된다. 이와 같은 차이를 초래한 원인으로 보이는 가시성은 언어 현상의 설명에서 중요한 것으로 보인다. 이는 언어가 인간의 능력, 인지 시스템과 밀접하게 연관되어 있고, 인간이 시각적으로 인지할 수 있는가 없는가의 여부는 언어가 드러나는 방식에도 영향을 미치는 중요한 요인이라고 할 수 있기 때문이다.

[A]타이프는 다음과 같이 점적인 동작이며 가시적인 결과를 초래하기 때문에 결과까지 함의하는 재귀동사이다.

(29) 岩本武夫が不似合いに高価な<u>背広を着ていた</u>こととつなげれば、動機らしいものはすぐに浮かんでくる。　　　　　　　　(さびし、p55)

이와모토 타케오가 어울리지 않는 고가의 양복을 입고 있었다는 사실과 연관지어보면 동기라고 할 만한 것은 바로 떠오른다.

(30) 緑は<u>マルボロをくわえて火</u>をつけた。　　　　　　　(ノル、p145)

미도리는 말보로를 입에 물고 불을 붙였다.

(31) 由美が、<u>スキーを担いで</u>、ホームを、5号車に向かって歩いていると、「由美ッ」と、大きな声で、呼ばれた。　　　　　　　(EF、p105)

유미가 스키를 짊어지고 홈을, 5번차를 향해 걷고 있자 "유미야"라고, 큰목소리로 누군가가 이름을 불렀다.

다음으로 [B]타이프는 시간적인 폭을 갖는 동작을 나타내며 또한 결과 상태가 비가시적이기 때문에 결과를 함의하지 않고 동작의 측면이 강한 재귀동사이다.

(32) 「分った、分った。一昨日の晩、どこにいた?」
「ええと......確か、仕事が終わってから、カメラマンと飲みに行ったよ。......十一時頃まで<u>飲んでた</u>かな」　　　　　　　(さびし、p37)

"알았어, 알았어. 그저께 밤에 어디에 있었어?"
"음... 분명히 일이 끝나고 나서 카메라맨하고 술마시러 갔어. ...열한시까지 마셨던가."

(33) 夕里子は、グーッとコーヒーを飲みほして、「ああ、おいしかった!」

(三姉妹、p78)

유리코는 꿀꺽 하고 커피를 다 마시고는 "아, 맛있었다!"

(34) 園子は、いい香りの紅茶を運んできた。「どうぞ」「おそれいります」綾子
は匂いをかいで、「—素敵な匂い! 何の紅茶ですの?」(三姉妹、p137)

소노코는 좋은 향기의 홍차를 가져 왔다. "드세요." "감사합니
다." 게이코는 향을 맡아보고는 "향 좋다! 어떤 홍차예요?"

(35) 僕たちはフィアットの屋根に並んで腰を下ろしたまま、白み始めた空を
見上げ、黙って何本か煙草を吸った。 (風、p19)

우리들은 피아트 지붕에 나란히 앉은 채, 하얗게 밝기 시작한
하늘을 올려다보며 묵묵히 담배 몇 대를 피웠다.

통상적으로는 동작을 나타내지만, (33)과 같이 보조동사 「~ほす (다
~하다)」가 붙게 되면 동작의 종료지점이 함의되어 결과를 나타낼
수 있다. 이와 같은 효과를 초래하는 보조동사에는 이 밖에도 「~し
きる (끝가지~하다), ~つくす (완벽하게~하다), ~終える (끝까지~하
다)」등이 있다.

3.3.3 [C]자세변화 동사와 [D]비전송적 동작·자동적 운동을 나타내는 동사

아래 두 가지의 타이프는 1항 체제의 재귀동사이다.

[C] 자세변화
座る(앉다), 立つ(서다), 寝る(눕다), 起きる(일어나다), 屈む
(굽히다), すくむ(몸이 굳다), ひざまずく(무릎을 꿇다) 등

[D] 비전송적 동작, 자동적 운동

うなずく(끄덕이다), 瞬く(깜박이다), 回る(돌다), 眠る(자다), 歩く(걷다), 走る(달리다), 転ぶ(넘어지다), 滑る(미끄러지다), 遊ぶ(놀다), 歌う(노래하다), 泣く(울다), 笑う(웃다) 등

이 유형은 대격보어가 심층에 감춰져 있다. 그 대격보어를 표층에 나타나도록 한 것이 재귀용법이다. 다음 예문을 보자.

(36) a. 花子が座っている。

하나코가 앉아 있다.

    b. 花子が腰を下ろしている。

하나코가 앉아 있다.

(37) a. 花子がひざまずいている。

하나코가 무릎을 꿇고 있다.

    b. 花子が膝をついている。

하나코가 무릎을 꿇고 있다.

[C]에 속한 동사는 상기의 (b)와 같이 재귀용법문으로 고칠 수 있는데, 이 때 동사의 형태는 타동사가 된다.

    [D]에 속하는 동사는 다음과 같다.

(38) a. 花子が笑った。

하나코가 웃었다.

    b. 花子が顔をほころばした。

하나코가 웃음지었다(웃었다).

(39) a. 花子が<u>歩いた</u>。

   하나코가 걸었다.

   b. 花子が<u>足を動かした</u>。

   하나코가 다리를 움직였다(걸었다).

(40) a. 花子が<u>滑った</u>。

   하나코가 미끄러졌다.

   b. 花子が<u>足を滑らした</u>。

   하나코가 발을 미끄러지게 했다(미끄러졌다).

이 유형은 동작에 직접 관여하는 신체부분을 대격보어로 나타낸 재귀용법으로 바꾸면, 동사의 형태가 사역동사가 된다. [C]와 [D]가 공통적으로 1항(項)문이면서도 이러한 차이가 나타나는 것은 타자의 타동적인 동작에 전적으로 의지하여 동작이 성립할 수 있는가 그렇지 않은가의 차이가 존재하기 때문이다. 즉 [C]는 타자의 동작만으로, 예를 들어 「앉는」 상태가 될 수 있지만 이에 반해 [D]는 타자의 동작만으로는 동작이 성립할 수 없다. 이러한 차이가 상이한 결과를 초래한 것이라고 할 수 있다.

다음으로 시간적인 폭을 갖는 동작인가 그렇지 않은가의 차이가 두 유형에 모두 존재한다. [C]는 점적(点的)인 동작이므로 결과를 함의한다.

(41) 「あら、あなたは一」衣子はカクテルのグラスから顔をあげ、傍に<u>立って</u>いる長身の女を見上げた。　　　　　　　　　　(さびし、p40)

   "어머 당신은.." 기누코는 칵테일잔에서 고개를 들어 옆에 앉아 있는 키 큰 여자를 올려다보았다.

　[D]는 시간적인 폭을 갖는 동작을 나타내기 때문에, 동작의 측면이 강조된다. 따라서 결과 상태를 함의하지 않는 동사이다.

　(42) 僕は騙されたような気分のまま、仕方なく肯いた。　　　　　(風、p29)

　　　나는 속고 있는 듯한 기분으로 할 수 없이 고개를 끄덕였다.

　(43) 「先生、分かりましたよ」と堀江が、また走って戻ってきた。

　　　　　　　　　　　　　　　　　　　　　　　　　　(さびし、p50)

　　　"알겠습니다, 선생님." 이라며 호리에가 또 뛰어서 돌아왔다.

　(44) 「久しぶりだわ、こんな雪。一踏みつけられていない雪の中を歩くなんて」と、夕里子は言った。　　　　　(三姉妹、p80)

　　　'오랜만이네, 이런 눈. 누구도 밟지 않은 눈 속을 걷는다니.' 라고, 유리코는 말했다.

반복되는 언급이지만, 결과를 함의하는가의 여부는 재귀성의 결과로써 생겨나는 의미가 아니라, 동작의 특징이 다른데서 생겨나는 차이인 것이다.

3.4 한국어의 재귀동사

　한국어도 일본어와 마찬가지로 재귀구문에 대한 형태적 표식이 없는 언어이나, 재귀성이 통어현상에 형태적인 차이를 동반하며 나타나는 경우가 있다. 다음 장의 재귀성과 통어현상에서 기술하겠지만, 예를 들어 재귀성 동사에서 사역형과는 다른 형태의 사역동사가 파생되는 현상 등이 존재한다.[30] 동사의 형식적인 체제가 아닌, 동사의 본래 의미에 민감하게 반응하는 문법체계를 지니고 있다고 할 수 있을 것이다. 일본어와의 비교적 관점에서 한국어 재귀동사의 특징을 살펴보면, 재귀동사가 특정한 보어와 공기(共起)하는 경우가 있다는 점이다.

(45) 태호가 <u>무릎을 꿇었다</u>.

テホがひざまずいた。

(46) 태호가 <u>고개(머리)를 숙이었다</u>.

テホが頭を下げた。

(47) 태호가 <u>코를 곯았다</u>.

テホがいびきをかいた。

대격보어를 취하는 2항체제의 문이지만, 동사와 보어의 조합이 하나의 단위로써 기능하여 의미상으로는 재귀적인 의미를 나타낸다. 일본어역으로도 알 수 있듯이, 일본어에서는 자동사로써 나타나는 경우도 있다. 이와 같은 유형은 2항 체제의 재귀동사와 1항 체제의 재귀동사의 중간적 존재로, 두 유형 간의 연속성을 시사하는 것이라고 할 수 있다. 일본어에서는 자동사이나 한국어에서는 2항 체제를 취하는 타입은 하나 더 존재한다. 동족명사를 대격보어로써 취하는 경우이다. 이 유형도 형식상의 체제보다 의미상 성질 쪽이 더 중요하다는 것을 시사하는 존재라고 할 수 있다.

3.4.1 재귀동사의 하위분류

한국어의 재귀동사에는 다음과 같은 것이 있다.

---

30 여기에서 사역형은 「sase」형을 가리키고, 사역동사는 「se」형을 가리킨다. 자세한 내용은 5章、6章에서 다루기로 하자.

[A] 착탈(着脱)동작

입다(着る), 쓰다(かぶる), 신다(履く), 차다(ベルトをする), 이다
(頭に載せる), 안다(抱く), 업다(おんぶする), 지다(背負う), 메다
(担ぐ), 끼다(抱える), 잡다(掴む), 쥐다(握る), 들다(持つ), 줍
다(拾う), 벗다(脱ぐ) 등

[B] 신체의 손질, 흡수 동작

먹다(食べる), 마시다(飲む), 맡다(嗅ぐ), 삼키다(呑み込む),
빨다(吸う), 깎다(髭を剃る, 髪を刈る), (머리를)감다(髪を洗う),
목욕하다(身体を洗う), 읽다(読む), 쓰다(書く), 보다(見る), 듣
다(聞く) 등

[C] 자세변화

앉다(座る), 서다(立つ), 눕다(横たわる), 일어나다(起きる), 몸
을 움츠리다(すくむ), 허리를 굽실거리다(頭をぺこぺこする),
고개를 숙이다(頭を下げる), 무릎을 꿇다(ひざまずく), 턱을 괴
다(頬杖をする), 이를 악물다(歯をくいしばる), 눈을 감다(目を
つむる), 눈을 치뜨다(目を剥く), 눈살을 찌푸리다(目元を曇ら
せる), 상을 찡그리다(顔をしかめる), 눈썹을 곤두세우다(眉を
ひきつらせる), 입을 다물다(黙る) 등

[D] 비운송적 동작, 자동적(自動的)운동

자다(眠る), 걷다(歩く), 놀다(遊ぶ), 코를 골다(いびきをかく),
눈을 껌벅이다(瞬く), 고개를 끄덕이다(うなずく), 기지개를 켜
다(身体をのばす), 하품을 하다(あくびをする), 돌다(回る), 구
르다(転ぶ), 울다(泣く), 웃다(笑う) 등

일본어의 재귀동사와 거의 대응하고 있음을 알 수 있다. 그러나 예
를 들어 [A]그룹의 「이다 (頭に載せる)」와 같이, 일본어로는 여격형

재귀용으로 표현되는 것이 단순동사로써 존재하는 경우가 있다. 또한 [D]그룹의 동사는 동족명사가 대격으로써 나타나는 표층상 2 항(項)문으로써 나타낼 수 있다. 예를 들어 「자다/잠을 자다 (眠る(眠りを眠る))」, 걷다/걸음을걷다 (歩く), 울다/울음을 울다 (泣く), 웃다/웃음을 웃다 (笑う)」와 같은 것들이 있다.

3.4.2 [A] 착탈동사와 [B] 신체의 손질을 나타내는 동사

[A] 착탈(着脱)동작
입다(着る), 쓰다(かぶる), 신다(履く), 차다(ベルトをする), 이다(頭に載せる), 안다(抱く), 업다(おんぶする), 지다(背負う), 메다(担ぐ), 끼다(抱える), 잡다(掴む), 쥐다(握る), 들다(持つ), 줍다(拾う), 벗다(脱ぐ) 등

[B] 신체의 손질, 흡수 동작
먹다(食べる), 마시다(飲む), 맡다(嗅ぐ), 삼키다(呑み込む), 빨다(吸う), 깎다(髭を剃る, 髪を刈る), (머리를)감다(髪を洗う), 목욕하다(身体を洗う), 읽다(読む), 쓰다(書く), 보다(見る), 듣다(聞く) 등

[A]와 [B]의 차이점은 일본어와 평행적이지만, [A]의 동사 중에는 실제로 여격(与格, dative case)보어와 함께 나타나도 자연스러운 문이 되는 경우가 존재한다.

(48) 머리에 양동이를 이고, 한 손으로는 등에 업힌 애를......
'片手ではバケツを頭に載せ、もう一方の手ではおんぶした子供を....'

두 유형은 각각 움직임의 시간적인 폭이 다르기 때문에, [A]타이프
는 결과를 함의하나, [B]타이프는 함의하지 않는다.

3.4.3 [C] 자세변화동사와 [D] 비운송적동작·자동적 운동을 나타내는 동사

[C] 자세변화

앉다(座る), 서다(立つ), 눕다(横たわる), 일어나다(起きる), 몸
을 움츠리다(すくむ), 허리를 굽실거리다(頭をぺこぺこする),
고개를 숙이다(頭を下げる), 무릎을 꿇다(ひざまずく), 턱을 괴
다(頬杖をする), 이를 악물다(歯をくいしばる), 눈을 감다(目を
つむる), 눈을 치뜨다(目を剥く), 눈살을 찌푸리다(目元を曇ら
せる), 상을 찡그리다(顔をしかめる), 눈썹을 곤두세우다(眉を
ひきつらせる), 입을 다물다(黙る) 등

[D] 비운송적 동작, 자동적(自動的)운동

자다(眠る), 걷다(歩く), 놀다(遊ぶ), 코를 골다(いびきをかく),
눈을 껌벅이다(瞬く), 고개를 끄덕이다(うなずく), 기지개를 켜
다(身体をのばす), 하품을 하다(あくびをする), 돌다(回る), 구
르다(転ぶ), 울다(泣く), 웃다(笑う) 등

일본어에서는 1항 체제 동사인 것이, 예시에서 볼 수 있는 것처럼,
한국어에서는 2항 체제인 경우가 많다. 여기에서 제시하고 있는 것
은 타동사와 신체명사의 조합으로써의 재귀용법을 제외한 것으로,
즉 동사와 대격보어가 항상 공기(共起)관계에 있는 동사구이다. 둘의
차이점은 움직임의 시간적 폭이며, 점적(点的)인 동작을 나타내는
[C]타이프는 동작의 결과 상태까지 함의하나, [D]타이프는 동작

지속의 측면이 강하여 결과까지는 함의하지 않는 동사이다.

3.5 재귀동사와 인식·감정동사의 접점

재귀동사로 인정하는 동사 중 일부는 인식·감정동사의 성격을 함께 지니고 있다. 예를 들어 「読む (읽다), 書く (쓰다), 笑う (웃다), 泣く (울다)」등이 이에 속한다. 재귀동사와 인식·감정동사의 성질을 동시에 지니는 중간적 동사의 존재는 두 가지 의미 카테고리의 인접성을 시사하는 하나의 증거라고 할 수 있을 것이다. 재귀동사와 인식·감정동사는 주체에 대한 수영성(受影性, affectedness)을 나타낸다는 점에서 공통적이다. 인식·감정동사의 주어는 일반적으로 경험자라고 일컬어진다. 스스로의 행위의 결과를 입는 존재라는 의미를 반영한 것으로 볼 수 있을 것이다. 즉 재귀동사는 가시적 동작을 나타내고 인식·감정동사는 비(非)가시적인 비(非)동작성을 나타낸다고 할 수 있다.

3.5.1 주체의 수영성

재귀동사의 수영성에 대해 다룰 때에도 언급했던 것처럼, 수영성(受影性)이란 결과 상태를 함의한다는 의미는 아니다. 그 동작에 의해 초래된 상태변화의 국면을 함의하는 지는 개개 동사의 문제이다. 따라서 결과를 함의하는 재귀동사와 함의하지 않는 재귀동사가 존재한다.

　(49)　花子がランドセルを背負っている。

하나코가 란도셀을 메고 있다.

(50) 花子がベンチに<u>座って</u>いる。

하나코가 벤치에 앉아 있다.

(51) 花子が<u>手をあげた</u>。

하나코가 손을 들었다.

(52) 花子が水を<u>飲んで</u>いる。

하나코가 물을 마시고 있다.

(53) 花子が公園を<u>歩いて</u>いる。

하나코가 공원을 걷고 있다.

(54) 花子が<u>手を叩いて</u>いる。

하나코가 손을 두드리고 있다.

예 (49)(50)(51)은 결과를 함의하는 재귀동사, (52)(53)(54)는 결과를 함의하지 않는 재귀동사이다.

한편 인식·감정동사의 경우 주체 수영(受影)의 성질을 지니면서 결과를 함의하지 않는다.

(55) 花子が昨日の失敗を<u>悔やんでいる</u>。

하나코가 어제의 실패를 애석하게 여기고 있다.

(56) 花子が太郎を<u>愛している</u>。

하나코가 타로를 사랑하고 있다.

(57) 花子が太郎のことを<u>思っている</u>。

하나코가 타로를 생각하고 있다.

상기의 인식·감정동사가 결과를 함의하지 않는 이유는 타동사 또는 재귀동사의 경우와는 그 양상이 다르다. 즉 행위가 비(非)동작적이기 때문에 주체의 외면에는 표출되지 않으므로 제삼자에 의해 확인할 수 없다. 주체에서의 결과를 확인하는 것이 불가능하므로, 대개의 인식·감정동사는 결과를 함의하지 않는 것으로 생각된다.

3.5.2 동작 vs 비동작

재귀동사와 인식·감정동사는 동작과 비동작의 대립을 보인다. 본고에서 재귀동사로 인정하는 동사 중에서는 두 카테고리에 걸쳐 있는 동사가 있다. 「泣く (울다), 笑う (웃다), 読む (읽다)」가 그러한데, 인간의 인식·감정의 측면과 동작의 측면을 함께 지니는 동사이다. 인식·감정동사는 재귀동사와 주체의 수영성(受影性)이라는 측면을 공유하면서도 다음과 같은 차이점을 보인다.

  (58) a. 花子が<u>ご飯を食べている</u>。

     하나코가 밥을 먹고 있다.

   b.*<u>ご飯が花子に食べられている</u>。

  (59) a. 花子が<u>帽子をかぶっている</u>。

     하나코가 모자를 쓰고 있다.

   b.*<u>帽子が花子にかぶられている</u>。

  (60) a. 花子が<u>太郎を愛している</u>。

     하나코가 타로를 사랑하고 있다.

   b. <u>太郎が花子に愛されている</u>。

예 (58)(59)는 재귀동사로 (b)와 같은 수동화가 불가능한 반면, (60)은 감정동사로 수동문을 만들 수 있다. 바꾸어 말하면, 재귀동사의 경우 그 대상에 초점이 맞춰져 있지 않는 것에 비해, 인식·감정동사의 경우에는 대상에 초점이 맞춰져 있다고 볼 수 있다. 이러한 차이가 수동화의 가능 여부로써 나타나는 것이라고 생각된다.

3.6 요약

본장에서는 문의 레벨에서 재귀성이 실현될 때, 몇 가지의 방책이 취해지는 것에 대해 서술하였다. 그 중에서 동사가 본래의 의미로써 재귀성을 갖고 있는 경우에 한정하여, 일본어와 한국어의 재귀동사의 범주를 확정하였다. 주로 의미적인 기준에 의해 재귀동사로 인정하였다. 두 언어의 경우, 동사 그 자체에 특별한 마커(marker)가 붙지 않지만, 재귀동사로 인정되는 동사는 보이스에서 기능하는 방식이 타동성 또는 다른 동사 카테고리와는 다르다.

어떤 의미로는 재귀성은 타동성보다 더 넓은 개념이라고 할 수 있는데, 그 이유는 동사가 함의하는 의미에 의해서가 아닌, 공기(共起)하는 보어의 의미에 의해 재귀적 의미가 나타나는 경우가 존재하기 때문이다. 또한 이러한 방식은 대격보어만이 아니라 동작의 도달점(goal)을 나타내는 여격보어도 포함하는 넓은 범위이고, 따라서 이러한 의미에서 재귀성은 범위가 넓다고 할 수 있을 것이다. 그러나 지금까지의 연구에서는 재귀용법에 관해서도 막연한 규정에 의해 재귀용법을 인정하고 있는데 그치고 있다. 다음 장에서는 재귀용법에 한정하여, 재귀용법의 계층적인 구조를 분석하고자 한다.

재귀성과 보이스체계

-日·韓 對照研究-

제4장

재귀용법에 대하여

4.1 들어가기

3.3절에서 살펴본 바와 같이, 표층상 대격보어를 취하는 동사 이외에 유생주어 자동사에도 재귀성을 인정하는 근거로써, 자동사가 재귀용법으로 치환 가능한 관계를 갖는 경우가 많다는 것을 지적하였다. 재귀용법은 재귀성을 실현시키는 하나의 표현수단이라는 점에서 그 존재 가치를 인정할 수 있으며, 자동사와의 관계를 고찰함으로써 자·타동사의 체계를 다시 살펴볼 수 있는 하나의 실마리가 되는 것이기도 하다. 일본어의 자·타대립에 관해서, Jacobsen(1992)에서는 의미상으로는 등가(等価)이면서 「屈む(몸을 구부리다)」라는 자동사와 「腰を屈める(허리를 구부리다)」라는 재귀용법이 존재하는 것에 대해 언급하고 있다. 또한 일본어 자동사 중 일부는 한국어에서는 동족명사인 대격보어를 동반하는 명사구 즉 형식상으로는 타동사문으로 표현되는 경우가 많다는 사실도 존재한다. 예를 들어 다음과 같은 것을 들 수 있다.[31]

泣く : 울음을 울다, 笑う : 웃음을 웃다, 走る : 달리기를 달리다,

歩く : 걸음을 걷다, 歌う : 노래를 부르다 등

이른바 동족명사구의 부류이다. 이처럼 언어 간에 자타동사의 대응관계에 차이가 생긴다는 것은 자동사와 타동사 상호간의 연속성을 의미한다고 할 수 있다. 즉 다음과 같은 관계가 성립한다.

① 유생주어 자동사

  의미적으로 동작의 도달점으로써의 신체부위가 하나의 항(項)으로 함의된다.

② 동족명사를 취하는 동사

  의미상 동작주와 분리 불가능한 관계의 대격보어를 취하며, 표층상 2항(項) 체제이다.

③ 재귀용법

  표층의 대상이 동작주와 분리 불가능한 소유관계를 지니면서, 동사는 일반적으로 타동사로 나타낸다.

④ 재귀동사

  표층상 2항(項) 체제를 취하고, 동작주와 대상 사이에 분리 불가능한 관계를 지니지는 않지만 재귀성이 함의되는 동사이다.

  ②타이프의 동사의 존재는 ①의 자동사와 ④의 재귀동사의 연속성을 나타내는 것이다. 재귀성이라는 관점에서는 동일한 카테고리를 형성하지만, ②와 ③은 재귀성 실현의 방식이 다르다. 그러나 기

---

31 의미상으로 등가라는 것은 명제로써의 기본적인 의미가 등가라는 것을 가리킨다. 어용론 또는 구문론상의 차이는 존재할 수도 있으나 여기에서는 문제로 삼지 않는다.

존의 고찰에서는 이들 모두가 재귀용법으로 통합되어 있다. 이러한 의미에서도 재귀용법의 상세한 고찰이 필요하다고 할 수 있다.

본장에서는 종래의 재귀용법은 서로 성질이 다른 것이 같은 레벨에서 다루어져 왔음을 지적하고, 재귀용법의 실현 패턴을 크게 대격형과 여격형으로 나누어 분석해 나가겠다. 또한 그 계층구조를 분석하는 것을 목적으로 한다. 계층구조의 분석에서 짐작할 수 있는 점, 즉 재귀동사와의 관계, 자·타동사의 대립, 사역문과의 관계, 주변적 동사 카테고리와의 관계에 대해서도 다루기로 한다. 최종적으로는 재귀용법의 분석을 통해서 재귀적 의미실현의 패턴을 밝히고 재귀성 또는 재귀구문의 성격을 명확하게 파악하여, 태(態, voice)의 분석에서 유효하게 기능하는 개념 중의 하나인 재귀성의 중요성을 주장하고자 한다.

4.2 재귀성 실현의 패턴

구체적인 계층구조 분석에 들어가기에 앞서, 재귀용법에 관한 선행연구로써 仁田(1982)를 근거로 불충분한 부분을 확인하기로 하자. 仁田(1982)의 정의에 의하면 다음과 같은 문이 재귀용법으로 인정된다.[32]

(1) 花子が手を洗っている。

하나코가 손을 씻고 있다.

---

32 재귀용법이란, 통상적으로는 타동성을 나타내는 동사가 대격에 신체명사가 오면 재귀적인 의미를 나타내는 경우를 재귀용법이라 하고, 재귀용법을 포함하는 문을 재귀구문이라고 한다.

(2)　花子が<u>手を挙げ</u>ている。

하나코가 손을 들고 있다.

다음과 같은 문은 재귀용법문에 포함되지 않는다.

(3)　太郎が<u>カバンを壁に掛けた</u>。

타로가 가방을 벽에 걸었다.

(4)　太郎が<u>カバンを肩に掛けた</u>。

타로가 가방을 어깨에 걸쳤다.

동작의 도달점(goal)을 나타내는 항(項)에 동작주와는 분리된 개별적인 존재가 오게 되면 (3)과 같이 타동성을 나타내지만, (4)와 같이 신체의 부분을 나타내는 명사가 오게 되면 재귀성을 나타내게 된다.

또한 (5)와 같이 동사구 전체로써 재귀성을 나타내고, 동사만으로는 불완전한 의미가 되는 경우가 있다.

(5)　太郎が<u>足をくじいた</u>。

타로가 발을 삐었다.

관용구적인 것은 「일반적으로는 타동성을 나타내는 동사가……」의 정의에 따르면 재귀용법의 범주에 포함되지 않는 것이지만, 仁田 (1982)에서는 이러한 유형도 재귀용법으로써 인정하고 있다. 그러나 (1)(2)의 신체명사는 동작주의 것으로 해석되는 것이 일반적이지만, 타인의 것일 가능성을 완전히 배제할 수는 없다. 반면에 (5)의 경우, 동작주의 신체명사라는 해석만이 가능하다고 하는 차이가 두 문 사이에 존재한다. 즉 (5)는 동사 단독으로 재귀성을 나타내는 경우와 재귀용법 사이에 위치하는 중간적인 것이라고 할 수 있을 것이다.

또한 재귀동사에 관한 연구 중에서 종종 결과성에 대한 언급이 보인다. 특히 일본어에서는 결과성의 함의가 재귀동사임을 나타내는 중요한 의미적 요인으로 여겨져 왔다. 한편 유럽의 많은 언어에서도 재귀동사의 하나의 성질로 수영성(受影性, affectedness)이 언급되는 경우가 있다. 그러나 일본어에서의 결과성이라는 문법적 성질은 예를 들어 「テイル (teiru)(-어/고 있다)」형의 아스펙트 형식이 후속하는 시간 결과상태지속을 나타내는 것과 같은 결과이다. 물리적 또는 구체적인 동작이 향하는 존재에 그 동작에 의한 결과가 남기 쉽다는 것은 현실세계의 가능성으로써 존재한다. 그러나 해당 동사가 대상적 결과까지 인식하고 있는가 그렇지 않은가에 관한 것은 상당히 임의적인 것으로 생각된다. 따라서 본고에서는 재귀성의 필요조건으로써는 결과성을 인정하지 않는 입장을 취한다. 이러한 사정에 입각하여 명사구와 동사의 조합에 의해 재귀적 의미를 나타내는 조건을 제시하면 다음과 같다.

[A] 동사가 통상적으로 타동성을 나타내며 대격보어를 제어할 수 있을 것.[33]

[B] 대격(accusative) 보어가 동작주와 소유관계에 있을 것.

[C] 여격(dative) 보어와 동작주는 동일 지시관계일 것.[34]

---

33 단 「발을 빼다」와 같이 동사 단독으로는 타동성을 나타내지 않고 명사구와의 페어를 이룸으로써 비로소 완전한 의미를 나타내는 경우, 동사 그 자체에 타동성은 인정되지 않는다. 또한 타동사 외에 사역동사 및 사역형을 포함한다.

34 (b)와 (c)의 조건은 서로 선택적이기는 하나 양쪽을 모두 만족하는 경우도 생길 수 있다. 그러나 대격에 관한 조건이 우선적으로 작용하기 때문에, 여격에 관한 조건은 잉여적이다.

재귀동사가 동작의 방향성과 밀접한 관계에 있는 것은 도달점 (goal)을 나타내는 격성분과의 관련에 대해 고찰할 필요가 있음을 시사하는 것이다. 예를 들어 재귀동사 「着る (입다)」는 표층상으로는 2항동사이나 심층격으로써 도달점(goal)을 가진다. 즉 「太郎がコートを着ている (타로가 코트를 입고 있다)」라는 문은 「太郎が体にコートを着ている (타로가 몸에 코트를 입고 있다)」라는 문과 같이 「体に (몸에)」라는 도달점을 암암리에 포함하고 있다. 따라서 재귀용법의 성분에 대해서 고찰할 때, 당연히 여격(与格, dative)보어와의 관계를 고려해야만 할 것이다. 특히 일본어와 한국어와 같이 재귀동사가 형태적 마커를 가지고 있지 않은 언어의 재귀문 연구에서는 대격보어·여격보어와 같은 표층적인 구문 성분과의 관계를 엄밀하게 검토함으로써 재귀적 의미실현의 과정을 파악해가는 것이 유효할 것이다. 그러나 동사를 가장 중핵적인 문의 성분으로 보는 입장에서 본다면, 여격보어와의 관련성은 대격보어보다 주변적인 조건이라고 할 수 있을 것이다. 상기의 세 가지 패턴을 도식으로 나타내면 다음과 같다. 이는 4.2절에서 나타낸 것을 다시 제시한 것이다.

〈그림 2〉 재귀성 실현의 표층구조

【 여격보어 + 【 대격보어 + 【V [a]】 [b]】 [c] 】
패턴 [a]

패턴 [b]

패턴 [c]

4.3 재귀용법의 계층성

타동사와 공기(共起)하는 대격보어가 신체명사이거나 혹은 동작주와 소유관계에 있는 경우, 그 문은 재귀성을 나타낸다. 동사 그 자체의 성질로써 재귀성을 갖는 경우와 구별하여, 이러한 유형을 재귀용법이라 부르기로 한다. 기존의 정의도 유사한 것이기는 하나, 그 정의 하에서는 성질이 다른 동사구가 포함되어 있어 보다 더 정밀한 분석 및 분류가 필요할 것으로 보인다. 본장에서는 주변적이라는 이유로 재귀용법을 특별 취급하지 않고, 재귀성 연구의 중요한 한 부분으로 보고 고찰해가고자 한다.

우선 체계적인 분석을 위해서 다음과 같은 기준을 설정하는데, 자세한 것은 다음 절에서 설명하기로 하겠다.

[1] 가시성 [± visible]
[2] 접촉성 [± contact]
[3] 결과성 [± result]
　i) 회복 불가능한 결과
　ii) 회복 가능한 결과
　iii) [- 결과]

결론부터 먼저 말하자면, 재귀용법의 체계적 분석에 의해 다음과 같은 결과 및 시사점을 얻을 수 있다. 우선 유생주어의 자동사의 경우, 동작주와 동작을 받는 대상이 분리되지 않기 때문에 그 신체부위는 표층상에 드러나지 않는다. 그러한 점이 자동사라고 일컬어지는 이유이기도 하지만, 재귀용법의 경우에는 그 신체부위가 문의 표층상에 나타나게 된 것이라고 할 수 있다. 그러나 명제적인

의미는 거의 등가(等價)인 것으로 볼 수 있을 것이다. 재귀용법이 재
귀성을 나타낸다고 한다면, 같은 의미를 나타내는 대응하는 자동
사에도 재귀성이 인정될 수 있을 것이다. 즉 재귀용법의 존재가 유
생주어의 자동사에 재귀성을 인정하는 하나의 근거가 되는 것이라
고 할 수 있다.

다음으로 재귀용법의 계층구조가 재귀동사의 분석에도 환원될
수 있다는 또 다른 시사점을 얻을 수 있다. 동사의 기본적 성질로써
재귀성을 나타내는 경우에도, 기존의 전형적 재귀동사가 결과를
함의하는 것에 반해 동작이 동작주를 향하게 되는데도 불구하고
결과까지는 함의하지 않는 동사가 있기도 하는 등, 몇 가지 유형이
혼재하고 있다. 그 하위구조의 분석에 대해서도 시사하는 바가 많
다고 할 수 있다.

마지막으로 재귀성 동사는 인식·감정동사와 연속적이며 또한
차이점을 가진다. 그리고 동시에 이 두 가지 동사는 동작주의 의지
적 행위를 나타내며 그 행위에 의해 동작주가 수영(affected)되는 성
질을 공유하면서, 행위가 구체적인가의 여부에 따라 별개의 카테
고리로 나뉘는데, 그 연속성이 재귀용법의 계층구조 분석에 의해
모습을 드러낸다. 재귀용법을 체계적으로 분석한 결과로써 이러한
사실이 두드러지게 된다고 한다면, 재귀용법을 주변적인 것이라고
말하기는 어려울 것으로 보인다.

4.4 재귀용법의 계층구조에 관여하는 요인

재귀성의 실현에 작용하는 요인으로써 다음의 두 가지를 제안하
였다.

　[1] 방향성 : 동작주를 축으로 하는 구심적 운동
　[2] 소유성 : 동작주와 대격이 소유관계에 있다.

이 중에서 대격보어가 신체명사라는 대상의 성질에 의한 재귀성 실현에는 (2)소유성이 깊이 관련되어 있다. 각각의 동작을 구체적으로 관찰해보면, 몇 가지의 서로 다른 타이프로 나뉘는 것을 알 수 있다. 재귀성과 결과성 사이에 필연적인 연관성이 있는가에 관해서는, 앞 절에서도 언급하였지만, 각각의 동사의 개별적 의미특징에 의한 것임을 앞으로의 분석을 통해 밝히고자 한다.

4.4.1 가시성([± visible])

재귀성과 타동성은 동작의 방향성에서 대립하지만, 동작의 방향성에 관한 차이와는 관계없이 동작이 발생된다는 의미에서는 공통점을 가진다. 이는 동작이 발생되는 것이 타자에 의해 확인 가능하다는 것을 의미한다. 그러나 타동성, 재귀성을 갖는 동사와 마찬가지로 의지적인 동작주를 주어로 하는 인식·감정동사의 경우에는 구체적인 동작이 존재하지 않는다. 재귀동사의 인정 과정에서 항상 애매성을 띠고 등장하는 동사가 바로 인식·감정동사이다. 재귀동사와 인식·감정동사는 가시적(可視的)인 동작인가 그렇지 않은가, 즉 동작이 동작주의 외부로 표출되어 타자에 의해 시각적으로 확인할 수 있는가의 여부에 따라 구별되는 것인데, 「読む (읽다), 泣く (울다), 笑う (웃다)」와 같은 중간적인 동작을 나타내는 것도 존재한다. 어떤 행위에 의해 동작주가 어떠한 영향을 받는다고 하는 의미에서는 재귀동사와 인식·감정동사는 공통적이다. 동작의 가시성에 주목해보면, 재귀용법의 하위분류만이 아니라 인식·감정동사

로의 연속성도 보이게 된다. 이는 재귀동사, 재귀용법의 계층구조에도 공통적으로 말할 수 있을 것이다.

재귀용법의 계층구조 형성의 세 가지 기준 중에서 가시성이, 다음에 제시하는 접촉성보다 상위레벨에서 기능하는 요인인 것으로 생각된다. 그 이유로는 가시성은 재귀성과 대립하는 개념인 타동성과 공유하는 성질이면서, 인식·감정동사와는 차이를 보이는 성질이기 때문이다. 이러한 의미에서 재귀성을 나타내는 재귀용법과 다른 카테고리를 나누는 요인이므로, 보다 더 상위레벨에서 기능하는 성질이라고 생각할 수 있을 것이다. 다음으로 접촉성은 재귀적 동작 중에서, 어떠한 움직임이든 그 움직임의 차이를 초래하는 요인이다. 예를 들어 [+접촉]의 경우, 신체의 다른 부분의 관여가 있는 동작이다. 이에 비해 [−접촉]의 경우에는 신체의 한 부분만이 움직임의 성립에 관여한다. 따라서 이 성질은 재귀용법을 세분하는 성질이기 때문에, 가시성보다 하위레벨에서 기능하는 성질이라고 할 수 있다.

그런데 재귀용법은 다음과 같이 비유적인 의미를 나타내는 경우도 있다.

(6) a. 花子が<u>手を挙げた</u>。

　　　하나코가 손을 들었다.

　　b. 父が娘に<u>手を挙げた</u>。

　　　아버지가 딸에게 매를 들었다.

(7) a. <u>腰を入れて</u>強く押して下さい。

　　　허리에 힘을 주고 강하게 누르세요.

　　b. もっと仕事に<u>腰を入れて</u>いただきたい。

　　　좀 더 본격적으로 일해주기를 바란다.

동사구만을 언뜻 보면 (a)(b) 모두 재귀용법인 것으로 보이지만, (a)는 구체적인 동작을 나타내는 반면 (b)는 「매를 들다」, 「진심으로 다하다」라는 의미를 나타내어 추상적 행동 혹은 심리를 묘사하기도 한다. 또한 구문의 구조라는 점에서도 (a)와 (b)는 차이가 있다. (6a)는 2항문의 형식으로 나타나 있지만, (6b)는 여격이 요구되는 3항문이다. 그러나 여격보어 「娘に (딸에게)」가 아닌, 주어의 행위에 초점이 맞춰진 표현이라고 할 수 있다. 이는 다음과 같은 수동문의 성립 가능여부의 차이에서도 볼 수 있다.

(8) a. 父が花子を<u>ぶった</u>。

아버지가 하나코를 때렸다.

b. 花子が<u>父にぶたれた</u>。

하나코가 아버지에게 맞았다.

(9) a. 父が花子に<u>手をあげた</u>。

아버지가 하나코에게 손을 들었다.

b.*花子が<u>父に手をあげられた</u>。

구체적인 동작을 나타내는 (8)은 수동문으로 바꿔도 적격문 (適格文)이 되나, 형식상으로는 구체적인 신체명사와 동사의 조합으로 감정동사와 같이 기능하고 있는 (9)의 경우 수동문이 부적격문(不適格文)이 된다. 「花子に (하나코에게)」라는 여격보어를 필요로 하면서도 문의 의도로써는 주어의 행위에 초점이 맞춰져 있기 때문에, 여격보어인 「花子 (하나코)」를 주어로 하는 수동문의 성립이 곤란해지게 되는 것이다. 즉 재귀용법이 비유적 의미를 나타낼 때에는 행위의 구체성이 줄어들고, 인식·감정동사로 이행하는 것이라고 할 수 있다.

4.4.2 접촉성([± contact])

구심적이며 가시적인 동작은 동작을 일으키는 데에 다른 관여자가 필요한가 필요하지 않은가, 즉 타자와의 접촉성의 여부에 따라 다른 타이프로 나뉜다. 접촉성은 가시성의 하위 단계에 오는 요소이기는 하지만, 다른 관여자의 유무에 의해 그 동작이 타동적인가 자동적인가가 결정된다. 여기에서의 타동적 동작이란 행위의 성립에 동작주와 또 하나의 참여자가 요구되는 동작을 가리키고, 반대로 자동적이란 행위가 동작주의 관여만으로 성립하는 동작을 일컫는다. 다음의 예문을 살펴보도록 하자.

(10) 僕は席を立って洗面所に入り、手を洗うついでに鏡に顔を写してみた。　　　　　　　　　　　　　　　　　　　　　（風、p109）
나는 자리에서 일어나 화장실로 들어가서는 손을 씻는 김에 거울에 얼굴을 비춰보았다.

(11) 彼女は煙草を持っていない方の手でこめかみをこすった。（ノル、p221）
그녀는 담배를 쥐고 있지 않은 쪽 손으로 관자놀이를 문질렀다.

(12) 「動かないで！」と叫んだ。雄司はギクリと足を止める。（さびし、p102）
"움직이지 마!" 라고 소리쳤다. 유지는 움찔 하고 걸음을 멈추었다.

(13) 風見は、落ちついて靴を拾おうと身を屈めた。　　　　（死、p269）
가자미는 침착하게 신발을 주우려고 몸을 굽혔다.

(14) 高木は思案するように、太い眉を八の字によせた。（氷点(上)、p128）
다카기는 궁리하는 듯, 두툼한 눈썹을 찡그렸다.

(15) 彼女はそういうと、僕が口を開くのを待たずに電話を切った。（風、p84）
그녀는 그렇게 말하고는, 내가 미처 입을 열기도 전에 전화를 끊었다.

예 (10)과 (11)은 다른 관여자가 존재하는 경우로 대격보어에 신체
명사가 위치하게 되기 때문에 의미로써 재귀성을 나타내지만, 동
작 그 자체는 타동적이며 접촉이 일어난다. 반면에 (12)부터 (15)까
지는 동작주 만이 해당 동작의 성립에 관여하고 있고, 다른 참여자
와의 접촉은 없는 자동적 동작이다. 자동사로 치환되는 것도 후자
의 경우만이 가능하다. 자동사로 바꿀 수 있는 것 중에서도 (12)(13)
은 구체적 동작을 나타내는 자동사 「止まる (멈추다), 屈む (구부리
다)」이지만, (14)(15)는 「しかめる (찡그리다), 沈黙を破る (침묵을 깨다)」
와 같이 다소 비구체적인 행위를 나타내는 자동사가 된다.

4.4.3 결과성([± result])

일본어의 재귀동사를 언급할 때, 종종 결과성의 함의가 필요조
건으로써 일컬어지는 경우가 있다. 그러나 이 결과성은 계층구조
의 가장 하위의, 어휘적 레벨에 가까운 곳에서 기능하는 요인이라
고 생각된다. 그 이유는 동작이 향하는 곳이 타자인가 동작주 자신
인가 하는 문제 보다 앞서, 발생된 동작은 도달점(goal)을 향하는 것
이고, 동작이 향하게 되는 존재인 대상이거나 상대 또는 동작주
자신에 동작의 결과가 구체적인 형태로 남는가의 여부는 개별 동
사 혹은 동사구가 함의하는 의미에 의해 결정되는 것이라고 할 수
있다.

이러한 결과성은 동사의 의미소성으로써 [＋결과]와 [－결과]로
나뉘는데, [＋결과] 동사라 해도 결과의 종류가 다른 경우가 존재
한다. 예를 들어 일회적 동작에 의해 발생한 결과가 원래의 상태로
는 돌아갈 수 없는 복원 불가능한 결과도 있고, 다른 동작에 의해
복원 가능한 결과도 있다. 다음의 예문을 살펴보도록 하자.

(16) 高木はほっと息をついて、額を拭った。　　　(さびし、p162)

다카기는 후우 하고 숨을 쉬고, 이마를 닦았다.

(17) しばらく歩いた後で俺たちは夏草がきれいに生え揃ったなだらかな斜面
に腰を下ろして、気持ちの良い風に吹かれて体の汗を拭いた。

(風、p114)

잠시 걷고 난 후에 우리들은 여름풀이 아름답고 가지런하게 자
라나 있는 완만한 사면에 앉아, 기분 좋은 바람을 맞으며 몸의
땀을 식혔다.

(18) 「危ない！」森川が衣子を抱きかかえるようにして身を投げ出した。

(さびし、p31)

"위험해!" 모리카와가 기누코를 껴안듯이 몸을 던졌다.

(19) 「冷やかさないで下さいよ。ただでさえ寒くてしょうがないのに」と、国友
はコートの衿を立てて、マフラを引っ張り上げた。　　　(三姉妹、p29)

"겁 주지 마세요. 그냥 있어도 추워서 힘든데." 라고 말하며 구
니토모는 코트 깃을 세우고는 목도리를 끌어올렸다.

(20) 彼を連れてきた刑事は、監視するような格好で、斜め後ろに腰を下ろし
た。　　　　　　　　　　　　　　　　　　　　　　　　　(ド、p75)

그를 데리고 온 형사는 감시하는 듯한 모습으로, 비스듬히 뒤쪽
에 앉았다.

(21) 中年の警部補は、田島に視線を向けて、ゆっくりといった。(ド、p105)

중년의 경부보는 다지마에게 시선을 보내면서, 느긋하게 말했다.

상기 예문 (16)에서 (18)까지는 복원 불가능한 결과를 함의하는 경
우이고, (19)부터 (21)까지는 복원 가능한 결과를 함의하는 경우이
다. 복원 불가능한 결과를 함의하는 동작의 경우, 동작주에 있어서
동작 전 상태는 동작주의 의지에 의해 제어할 수 없는 상태이다. 예

를 들어 (16)과 (17)의 해당 동작 이전의 상태는 「汗をかいている (땀
을 흘리고 있다)」라는 상태로, 땀을 흘리는 것은 의지에 의해 컨트
롤할 수 있는 일은 아니다. 따라서 그 상태를 바꾸는 동작이 일어나
면 원래의 상태로 돌아갈 수 없는 복원 불가능한 결과가 나타나게
되는 것으로 보인다. 그렇다면 심리적 상태는 의지에 따라 좌우되
는 상태는 아니므로 복원 불가능한 결과인 것이 아닌가 하는 의문
이 생겨나는데, 여기에서 말하는 결과란 가시적인 범위 내의 것을
가리킨다. 한편 (19)에서 (21)까지의 예문이 나타내는 사태에서, 복
원 가능한 결과를 나타낼 때의 대격명사는 동작주의 제어 영역 내
에 있는 것이다. 예를 들어 「眼鏡を外す (안경을 벗다)」와 같은 구체
적 동작을 나타내는 동사구는 동작주로부터의 이탈을 나타낸다는
점에서 「汗を拭く (땀을 닦다)」와 공통적이지만, 동작 이전의 상태를
컨트롤할 수 있는가 그렇지 않은가의 관점에서는 서로 다르며, 「眼
鏡を外す (안경을 벗다)」의 경우에는 복원 가능한 결과를 나타낸다.
동작주로부터의 이탈을 나타내는 재귀동사라고 해도 벗어나는 대
상에 대해 언급하는 것이 아니라 어디까지나 동작주에 대한 언급
인 것이며, 동작주에 대한 부착동작을 나타내는 재귀동사와 별개
의 성질을 나타내는 것은 아니다.

다음으로 동작주를 축으로 하는 구심적 운동을 나타내는 동사
또는 동사구 중에서 동작에 의한 결과의 잔존까지는 함의하지 않
는 [− 결과]의 경우도 존재한다.

(22) 彼女は肯いてタオルの中から手を出し、指先で額の傷口を軽く押さえ
た。   (風、p125)
그녀는 끄덕이고 타올 속에서 손을 꺼내 손 끝으로 이마의 상처
를 가볍게 눌렀다.

(23) 窓の下にコズミくんの車が迎えに來たのが見えた。部屋を出てホテルの
ドアを飛び出す竜郎に窓から<u>手を</u>振った。   (アムリタ(下)、p8)
창문 아래로 고즈미군의 차가 데리러 온 것이 보였다. 방을 나가
호텔 문을 뛰어나가는 류타로에게 창문 밖으로 손을 흔들었다.

(22)는 동작이 아직 지속되고 있음을 말하고 있으며, (23)에서는
동작 자체는 완료된 것일지도 모르나 그 결과는 동작주에 남지
않는다. 이와 같이 구심적인 동작으로 동작주에 대한 행위를 나
타내는 동사 중에는 그 결과까지를 함의하지 않는 동작도 있을
수 있다. 타동사가 대상에 대한 행위를 나타내면서 대상에 있어
서의 결과까지 함의하는지 혹은 그렇지 않은지에 관한 것이 어휘
적인 것과 마찬가지로, 재귀성 동사도 주체에 나타나는 결과에
관해서는 각각의 동사의 어휘적 의미와 관련된 문제라고 할 수
있는 것이다.

4.5 대격형 재귀용법

일반적으로 동사가 나타내는 의미를 넘어선 다른 의미를 나타내
기 위해서는 의미를 변화시킬 만한 어떠한 환경의 변화가 요구된
다. 동작주 자기 자신으로 향하는 작용이라는 재귀적 의미를 나
타내기 위해서 대상으로써 신체명사가 취해지는 경우가 있는데, 이
것이 대격형 재귀용법이다. 대격과의 조합으로 타동성을 나타내는
것도, 동작이 향하는 장소를 나타내는 여격에 신체명사 또는 동작
주와 소유관계에 있는 명사가 취해지면 재귀적 의미가 된다. 재귀
성의 실현 요인으로써 방향성이 구심적(求心的)이라는 점을 언급하

였는데, 그 방향성을 원심적(遠心的)인 것에서 구심적인 것으로, 즉 환경을 바꿈으로써 재귀적인 의미가 실현되는 타이프는 여격형 재귀용법이다.

대격형 재귀용법이란 동사와 대상과의 조합에 의해 재귀적 의미를 실현시키는 구문을 가리킨다. 기존의 재귀용법의 정의에 관한 규정은 이 타이프에 한정된다. 앞에서 서술한 바와 같이, 재귀동사의 대격보어도 타동사의 경우와 비교해보면 독립성이 낮고, 재귀용법의 대격보어와 연속적으로 파악할 수 있다. 즉 재귀용법의 대격보어가 참여자로써 문의 표층에 나타나기는 하나 의미적으로는 동작주와 일체화(一体化)되듯이, 재귀동사의 대격보어도, 타동사와 비교하면, 동작 이전 단계에서는 타동사의 대격보어보다 독립성이 낮으며 동작 이후의 단계에서는 동작주와 일체화된다. 재귀용법이 「대격보어＋동사」라는 동사구 전체로써 기능하는 것처럼, 재귀동사의 경우에도 대격보어와의 연관성이 타동사보다 더 강하다고 할 수 있다.

이 절에서는 대격형 재귀용법을 앞 절에서 설명한 세 가지 요인에 따라 구조화되는 계층의 가장 하위 유형에 관하여 고찰하고자 한다. 대격형 재귀용법은 가시적인가 그렇지 않은가, 또한 접촉적 동작인가 그렇지 않은가에 따라 네 가지의 패턴으로 나뉜다. 또한 그 각각의 패턴이 결과의 종류에 따라 세 가지 유형으로 나뉜다.

[1] ⟨a⟩그룹

    au 타이프 : [＋가시, ＋접촉, ＋결과(복원 불가능)]

    ar 타이프 : [＋가시, ＋접촉, ＋결과(복원 가능]

    aø 타이프 : [＋가시, ＋접촉, －결과][35]

---

35 약어는 다음과 같은 의미로 사용되고 있다.
    'u' : unrecoverble, 복원 불가능한 결과를 나타내는 타이프

[2] 〈b〉타이프

　　bu 타이프 : [+가시, −접촉, +결과(복원 불가능)]

　　br 타이프 : [+가시, −접촉, +결과(복원 가능)]

　　bø 타이프: [+가시, −접촉, −결과]

[3] 〈c〉그룹

　*cu 타이프: ø

　*cr 타이프 : ø

　　cø 타이프 : [−가시, +접촉, −결과][36]

[4] 〈d〉그룹

　*du타이프 : ø

　*dr 타이프 : ø

　　dø 타이프 : [−가시, −접촉, −결과][37]

결과성이라는 소성(素性)은 우선 [+결과]와 [−결과]로 나뉘고 [+결과]는 또한 복원 불가능(unrecoverable) 결과와 복원 가능(recoverable) 결과를 나타내는 것으로 나뉜다. 결과를 함의하는 것을 두 종류로 나누는 것은 동사 또는 동사구가 결과를 함의하는가 그렇지 않은가, 또 어떠한 종류의 결과인가에 관한 것이 각각의 동사가 함의하

'r' : recoverble, 복원 가능한 결과를 나타내는 타이프

'ø' : 결과를 함의하지 않는 타이프

36 　* 표지의 경우는 존재하지 않는 유형임을 나타낸다. 왜냐하면 [−가시]의 상위 레벨의 성질이 [−結果]의 성질을 이끌기 때문에, 하위레벨의 [+결과]를 함의하는 유형은 소거된다.

37 　〈c〉와〈d〉그룹을 특징짓는 의미소성 중 [−가시]는 재귀성의 의미소성으로써 제시한 가시성과 모순되는 것처럼 보일지도 모르나, 재귀용법의 경우 대격보어가 구체적인 신체명사인 경우에도 동사구 전체로는 비유적인 의미가 되는 경우가 많다. 이들은 형태상으로는 재귀용법, 의미는 인식·감정동사가 되는 그룹이다. 따라서 이러한 유형의 존재는 재귀동사와 인식·감정동사의 접점을 나타내는 증거가 되는 언어사실로 해석할 수 있다.

는 어휘 소성의 문제이며 재귀동사에 항상 갖춰져 있는 소성은 아
니기 때문이다.

4.5.1 〈a〉그룹 [＋가시성, ＋접촉성]

　대격형의 재귀용법 중 첫 번째 그룹은 가시적 동작을 나타내며
타자와의 접촉성을 갖는 경우이다. 대격보어에 오는 것으로는 구
체적인 신체부위, 즉 동작주와 분리 불가능한 소유관계에 있는 것
이외에도 동작주의 소유물, 정신작용 등이 있지만, 이들을 포괄하
는 개념은 소유성이다. 또한 이러한 유형은 결과의 종류에 따라
세 가지 유형으로 나뉜다. 복원 불가능한 결과를 함의하는 〈au〉타
이프, 복원 가능한 결과를 함의하는 〈ar〉타이프, 또 결과를 함의하
지 않는 〈aø〉타이프가 존재한다. 우선 복원 불가능한 결과를 함의
하는 〈au〉타이프를 분석해보자. 다음과 같은 예가 이 타이프에 속
한다.

　(24) しばらく歩いた後で俺たちは夏草がきれいに生え揃ったなだらかな斜面
　　　 に腰を下ろして、気持ちのよい風に吹かれて<u>体の汗を拭いた</u>。

　　　　　　　　　　　　　　　　　　　　　　　　　　　　(風、p114)

　　　 잠시 걷고 난 후에 우리들은 여름풀이 아름답고 가지런하게 자
　　　 라나 있는 완만한 경사면에 앉아, 기분 좋은 바람을 맞으며 몸
　　　 에 난 땀을 식혔다.

　(25) ジェイは<u>煙草を消して</u>仕事に戻った。　　　　(風、p125)

　　　 제이는 담배를 끄고는 일을 다시 시작했다.

　(26) いまどきめずらしい長髪に、<u>不精髭を伸ばして</u>いる。　(赤(下)、p52)

　　　 요즘 같은 시대에는 드문 장발에 터부룩한 수염을 기르고 있다.

(27) 僕は山の手特有の曲がりくねった道をしばらく回ってから、川に沿って
   海に下り、川口近くで車を降りて川で足を冷やした。   (風、p101)
   나는 야마노테 특유의 구불구불한 길을 따라 한동안 돌고 난 후,
   강을 따라 바다로 내려가 강어귀에서 차를 내려, 강물로 발을
   식혔다.

예 (24)(25)에서 동작 이전의 동작주의 상태는 동작주의 의지에 의
해 초래될 수 없는 상태이고, 또한 이러한 동사들은 상태변화를 일
으키는 힘을 갖고 있다. 즉 동사의 타이프로써 타동성이 강한 동사
가 다수 보인다. 한편 어떤 의미로는 단순 타동사보다 타동성이 강
하다고 할 수 있는 사역동사를 취하는 경우가 (26)(27)이다. 가시적
이라는 점에서 재귀용법의 의미 확장은 보이지 않고, 말 그대로 구
체적 동작만을 나타내는 것이라고 할 수 있다.
  다음으로 복원 가능한 결과를 함의하는 〈ar〉타이프에는 다음과
같은 것이 있다.

(28) 彼女はラコステのピンクのポロシャツと白い綿のミニ・スカートをはき、髪
   を後ろで束ねて眼鏡をかけていた。   (風、p125)
   그녀는 라코스테의 핑크색 폴로셔츠와 하얀 면 미니스커트를
   입고, 머리를 뒤로 묶은 채 안경을 쓰고 있었다.
(29) 僕は溜息をついてネクタイをゆるめ、上着を後ろの座席に放り投げてか
   ら煙草に火を点けた。   (風、p102)
   나는 한숨을 내쉬고는 넥타이를 느슨하게 하고, 상의를 뒷좌석
   에 던져둔 후 담배에 불을 붙였다.

(28)은 안경을 벗는 동작에 의해 동작 이전의 상태로 돌아갈 수 있

으며, (29)도 넥타이를 매는 동작에 의해 복원 가능한 결과를 나타
내고 있다. 「サス(sasu)」형 사역동사를 동반하는 경우는 거의 보이
지 않는데, 이는 사역동사가 대격으로 나타내어지는 동작을 받는
이의 도움을 필요로 하는 성질의 동사이며 이른바 대상의 내적 상
태를 변화시키는 성질의 동사이기 때문인 것으로 보인다.

〈a〉그룹의 마지막 유형은 가시적 동작이고 접촉적 동작인 동시에
결과를 함의하지 않는 〈aø〉타이프이다. 다음 예문을 살펴보자.

(30) 女はそう言うと軽く笑って、しばらく憂鬱そうに目の縁を押さえた。

(風、p127)

여자는 그렇게 말하며 가볍게 웃고는 한동안 우울한 듯이 눈가
를 눌렀다.

(31) 彼女は煙草を持っていない方の手でこめかみをこすった。

(ノル、p221)

그녀는 담배를 들고 있지 않은 쪽 손으로 관자놀이를 문질렀다.

(32) 僕はプール通いですっかり赤く焼けた顔を、カーマイン・ローションで冷
やしている最中だった。 (風、p83)

나는 수영장을 다닌 탓에 완전히 빨갛게 탄 얼굴을 카마인 로션
으로 한창 식히고 있는 중이었다.

(33) 緑はブレスレットをじゃらじゃらと鳴らしてウェイターを呼び、トム・コリンズ
のおかわりとピスタチオの皿を頼んだ。 (ノル、p137)

미도리는 팔찌를 짤랑짤랑 울리며 웨이터를 불러서, 톰 콜린즈
새 잔과 피스타치오를 부탁했다.

(30)(31)은 동사가 가진 소성(素姓)에 의한 재귀용법으로 결과까지는
함의하지 않는 경우이다. (32)(33)은 「サス(sasu)」형 사역동사와의

조합으로 이 경우에는 동사구 단독으로써가 아닌 다른 요소에 의해 진행 중임이 나타내어지고 있다. (32)의 경우 「最中 (막 ~하는 중이다)」, (33)의 경우에는 「じゃらじゃらと (짤랑짤랑)」와 같은 부사 성분에 의해 본래의 의미에 변화가 일어나고 있는 것으로 생각된다.

4.5.2 〈b〉그룹 [＋가시성, －접촉성]

구체적인 동작 즉 가시적 동작이면서 동작주 이외의 타자의 관여가 필요하지 않은 동작, 즉 자동적 동작을 나타내는 재귀용법 그룹이다. 또한 이 그룹은 결과성의 의미소성에 따라 복원 불가능한 결과를 함의하는 〈bu〉타이프, 복원 가능한 결과를 함의하는 〈br〉타이프, 또 결과를 함의하지 않는 〈bø〉타이프로 나뉜다. 우선 복원 불가능한 결과를 나타내는 〈bu〉타이프부터 보기로 하자.

(34) 「危ない!」森川が衣子を抱きかかえるようにして身を投げ出した。

(さびし、p31)

"위험해!" 모리카와가 기누코를 끌어안다시피 하며 몸을 던졌다.

(35) 女は一気に飛びかかって来た。そしてリノリウムの床に足を滑らせたのか、一瞬のバランスを崩して、泳ぐような姿勢で泉に抱きついて來た。

(セーラー、p300)

여자는 단숨에 덤벼들었다. 그리고는 리놀륨 바닥에 발이 미끄러졌는지 한순간 균형을 잃고, 헤엄치는 듯한 자세로 이즈미에게 안겨왔다.

(36) 夏枝は額に汗をにじませていた。　　　　(氷点(下)、p142)

나츠에는 이마에 땀이 배어 있었다.

자동적 즉 동작주에 머무르는 동작이면서 동시에 복원 불가능한 결과를 나타내는 동작은 드물다. (35)(36)과 같이 「サセル (saseru)」형과의 조합에 의해 나타낼 수 있다.

다음으로 복원가능한 결과를 나타내는 〈br〉타이프에는 다음과 같은 것이 있다.

(37) 直子は両脚をソファーの上にのせ、折りまげてその上に顎をのせた。

(ノル、p203)

나오코는 두 다리를 소파 위에 올리고는 무릎을 끌어안듯이 구부린 후 그 위에 턱을 얹었다.

(38) 「いろいろさ。でも忘れたよ。たいしたことじゃない。」

彼女は目を閉じたまま喉の奥で呻った。 (風、p37)

"여러가지 일이 있었지. 그치만 잊어버렸어, 별 거 아니야."

그녀는 눈을 감은 채 목 안 쪽에서 신음하듯 말했다.

(39) レイコさんは顔中のしわをやさしく曲げて笑った。 (ノル、p179)

레이코씨는 얼굴 주름을 부드럽게 접으며 웃었다.

(40) 彼女たちは僕の隣りに腰を下ろし、小さな謎に充ちた言葉を語り続けた。

(カンガルー、p116)

그녀들은 내 옆에 앉더니, 작은 수수께끼로 가득 찬 말을 계속했다.

(41) 風見は、落ちついて靴を拾おうと身を屈めた。 (死、p269)

가자미는 침착하게 신발을 주우려고 몸을 숙였다.

(42) 「動かないで!」と叫んだ。 雄司はギクリとして足を止める。

(さびし、p102)

"움직이지 마!" 라고 소리쳤다. 유지는 흠칫 놀라며 발을 멈춘다.

(37)부터 (39)까지는 동일한 의미의 자동사 표현은 없지만, (40)부터 (42)까지는 순서대로 「座る (앉다), 屈む (굽히다), 止まる (멈추다)」와 같은 동일한 의미의 자동사를 갖는다. 또 다음 예는 구체적인 동작만을 직접적으로 나타내는 것이 아니라 관용적으로 심리를 묘사하고 있으며, 이 때 가시성은 줄어든다.

(43) 彼女はしばらく不思議そうに<u>目を細めて</u>微笑みながら僕を見ていた。

(ダンス、p279)

그녀는 한동안 이상하다는 듯이 눈을 가늘게 뜨고 미소지으면서 나를 바라보고 있었다.

(44) 交番を出ながら、田島は、何度も<u>くびをひねった</u>。　　(ド、p25)

파출소를 나서면서, 다지마는 몇 번이고 고개를 갸웃거렸다.

(45) 「それが嫌なら、ちゃんと質問に答えてもらおう」武夫はがっくりと<u>肩を落として</u>、「分かったよ」と、息をついた。　　(さびし、p52)

"그게 싫다면 제대로 질문에 대답해." 타케오는 어깨를 푹 늘어뜨리면서, "알았어."라고 대답하며 한숨을 쉬었다.

　마지막으로 결과를 함의하지 않는 〈bø〉타이프에는 다음과 같은 것이 있다.

(46) 部屋を出てホテルのドアを飛び出す竜郎に窓から<u>手を振った</u>。

(アムリタ、p8)

방을 나가 호텔 문을 뛰어나가는 다츠로에게, 창문너머 손을 흔들었다.

(47) 「たしかに少しは退屈かもしれない。でも退屈だって言うのはそんなに重い罪じゃないわ。そうでしょう?」僕は<u>首を振った</u>。「罪じゃないよ」

(カンガルー、p33)

"확실히 조금은 지루했을지도 몰라. 그치만 지루하다고 말하는
건 그렇게 무거운 죄가 아니야. 그렇죠?" 나는 고개를 저었다.
"죄가 아니지."

(48) 内弟子が二人電蓄のそばにきちんと正座して、辰子の動きにつれて<u>首
を動かしていた</u>。   (氷点 (上)、p256)

집에서 함께 생활하는 제자 둘이 전축 옆에서 제대로 정좌하고,
다츠코의 움직임에 따라 고개를 움직이고 있었다.

(49) 彼女は素早く器用に<u>体を動かし</u>ながら、一度に四つくらいの料理のプロ
セスをこなしていた。   (ノル、p124)

그녀는 재빠르고 능숙하게 몸을 움직이면서, 한 번에 네 가지
정도의 요리 프로세스를 처리하고 있었다.

(50) そしてくずれるように椅子に座ったかと思うと、<u>肩をふるわせて泣きだし</u>
た。   (氷点(上)、p278)

그리고 무너질 듯이 의자에 앉았는가 했더니, 어깨를 들썩이며
울기 시작했다.

상기 예 중에 동작 그 자체에 관하여 언급하고 있는 것은 (46)이고,
(47)은 「否定する (부정하다)」의 의미를 나타내고 있다. (48)부터
(50)에서 볼 수 있는 것처럼, 「サス (sasu)·サセル (saseru)」형과 조합
되는 경우도 있다.

4.5.3 〈c〉그룹 [−가시성, −접촉성]

이 그룹의 경우 시각적인 동작을 나타내지 않기 때문에 동작주 이
외의 참여자와의 시각적인 접촉을 나타내는 경우는 없으나, 예 (51)

과 같이 표현으로써 구체적인 신체부분이 대격보어로 취해져 동사
구 전체의 의미가 비구체적인 행위를 나타내는 경우는 존재한다. 그
러나 외부 참여자와의 접촉이라기보다 동작주 자신의 내부에 존재
하는 또 하나의 동작주 혹은 자율신경과 같은 참여자와의 접촉이 이
루어진다. 따라서 (52) 이하와 같이 「サス(sasu)」형과 조합되는 경우
가 있다. 또 (54)의 「息(숨)」은 동작주가 호흡기관이라는 참여자에게
작용하여 그 도움을 받아 비로소 「息を切らす(숨을 헐떡이다)」라는
상태가 나타나게 되는 것이라고 할 수 있다. 또한 이 그룹에서는 눈
에 보이지 않는 행위이므로, 결과에 관해서는 모두 결과를 함의하지
않는다. 따라서 〈cø〉타입만이 존재하게 된다.

(51) 「御免なさい。」彼女は顔を赤らめて気を取り直したように手を膝の上に
戻した。   (風、p133)
"죄송합니다." 그녀는 얼굴을 붉히며 기분을 바꾼 듯 무릎 위에
손을 다시 올렸다.

(52) 彼女の手紙の一行一行を思い出してそれについて僕なりに思いをめぐ
らしながら、僕は町の通りから通りをさまよった。   (ノル、p166)
그녀의 편지 한 줄 한 줄을 떠올리며 그 편지에 대한 나름대로
의 생각을 하면서, 나는 마을 길 여기저기를 떠돌아 다녔다.

(53) きみには悪いと思ったが、ぼくはどうしても姿をくらまさなければならな
かった。   (赤(上)、p181)
너한테는 미안했지만, 나는 어떡하든 자취를 감추어야만 했어.

(54) 「お姉ちゃん。一大丈夫?」と、夕里子が雪をはね飛ばしながら駆けていく。
「うん。一ああ、くたびれた!」綾子は、ハアハア息を切らしている。

(三姉妹、p86)
"언니, -괜찮아?" 유리코가 눈을 헤치면서 달려간다.

"응. −아아, 피곤해!" 아야코는 헉헉대면서 숨을 헐떡거리고 있다.

4.5.4 〈d〉그룹 [−가시성, −접촉성]

이 타이프는 동작이 비구체적이면서 또 타자와의 접촉도 없는 경우이다. 실제로 취해지는 명사가 구체적인 신체부위의 경우에도, 동사구 전체로써는 비유적인 표현이 된다. 이 그룹도 비가시적 동작이기 때문에 전부 「−결과」이며, 따라서 〈dø〉타이프만이 가능하다.

(55) 俊一「どうして、男と女はへんなことになっちゃうんだろ」/ヒロミツ「ばかだな、男と女がいるからだろ」/俊一「そりゃ、そうだけど…」マサル「それは……(と、いいかけて<u>口をつぐんだ</u>)」   (白い手、p197)
　　 슌이치 "어째서 남자와 여자는 이상하게 되어버리는 걸까." /히로미츠 "바보냐, 남자와 여자가 있기 때문이겠지." /슌이치 "그건 그렇지만…" /마사루 "그건… (이라고 말하고는 입을 다물었다)"

(56) 沢木は、バーを出ると、そのスーパーマーケットに<u>足を向けた</u>。
                                                  (ドライバー、p142)
　　 사와키는 바를 나오자 그 슈퍼마켓으로 향했다.

(57) だからもし誰かがそのことで私たちを非難したとしたら、私きっとびっくりするか<u>腹を立てた</u>と思うわ。   (ノル、p235)
　　 그러니까 만약에 누군가가 그 일로 우리들을 비난했다면, 나는 분명 놀라거나 화를 냈을 거라고 생각해.

(58) 僕が手をのばして彼女に触れようとすると、直子はすっとうしろに<u>身を引いた</u>。   (ノル、p240)
　　 내가 손을 뻗어 그녀를 만지려 하자, 나오코는 슥 하고 뒤로 물러섰다.

(59) 校舎にはつたが絡まり、はりだしには何羽か鳩がとまって<u>羽をやすめて</u>
いた。 (ノル、p111)
교사에는 담쟁이덩굴이 얽혀 있고, 바깥으로 난 부분은 비둘기
몇 마리가 앉아 쉬고 있었다.

(60) 十律川が、優しくいうと、麻理は、急に、肩を落として、深い<u>溜息をつ</u>
<u>いた</u>。 (EF、p186)
도츠카와가 상냥하게 말하자, 마리는 갑자기 어깨를 축 늘어뜨
리면서 깊은 한숨을 쉬었다.

지금까지는 단순동사와의 조합인 경우였으나, 다음과 같이 「サ
セル (saseru)」형과 조합되는 경우도 있다.

(61) 泉は健次の遺体の前に立つと、そっと両手を合わせ、それからためら
わずに、顔を覆ったハンカチを取った。はっと喉をつまらせ、顔をそむ
ける。 (セーラー、p144)
이즈미는 겐지의 유체 앞에 서자 가만히 두 손을 모으고는 망설
이지 않고 얼굴을 덮고 있던 천을 걷어냈다. 덜컥 목이 메어서,
얼굴을 돌렸다.

4.5.5 대격형 재귀용법의 계층구조

지금까지 재귀용법으로써 하나로 정리되어 왔던 대격형의 재귀
용법은 위에서 고찰한 대로 계층적인 구조로 분석할 수 있다. 다음
과 같이 정리할 수 있다.

〈그림 3〉 대격형 재귀용법의 계층도

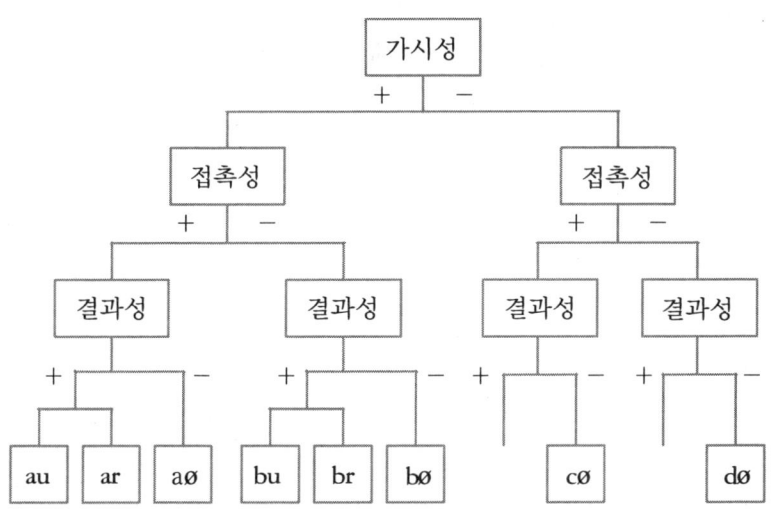

注 : u (unrecoverable result) : 복원 불가능한 결과
　　r (recoverable result) : 복원 가능한 결과
　　ø (non-result) : 결과를 함의하지 않는 타이프

　오른쪽 방향 즉 [−가시]로 나아갈수록 형식상으로는 재귀용법
의 형태라고 해도 비유적인 의미를 나타내며, 인식·감정동사로 연
속되어 간다.

4.6 여격형 재귀용법

　재귀성을 성립시키는 가장 중요한 요인은 구심적 동작이다. 이
는 동사구의 의미가 동작이 도달하는 장소를 나타내는 명사구의
성질에 좌우된다는 것을 의미한다. 본장에서는 여격보어의 위치에
구체명사를 비롯한 동작주와 소유관계에 있는 명사가 취해짐으로

써 재귀적 의미를 나타내는 구문을 독자적으로 여격형 재귀용법이라 명명하고자 한다. 4.4절에서 제시한 바와 같이, 여격형에는 대격형과 같은 다양성은 보이지 않는데, 그 이유로는 개별 동사가 갖는 다양성이 대격과 여격보어의 조합에 의해 배제되기 때문이라고 생각된다. X, Y의 두 가지 타이프가 인정된다.

4.6.1 X타이프 [+가시, +접촉, +결과]

X타이프는 동작의 도달점을 나타내는 여격이 포함되는데, 동작의 도달점을 나타내는 여격을 함의한다는 것은 결과를 포함한다는 것을 의미한다. 가시적이고 접촉적인 동작에 의해 초래되는 결과는 복원 가능한 성질의 것이라고 할 수 있다. 그 이유는 도달점에 부착시키는 일이 가능하다는 것은 그것을 다시 제거하는 일도 가능하다는 것을 함의하기 때문이다. 다음의 구체적인 예를 보도록 하자.

(62) やっと、二人も駆けつけてきた。まず敦子。—ロープを腰に巻いて、車から押し出されて來ると、国友や夕里子たちが一斉に、全力で引っ張り上げる。　　　　　　　　　　　　　　　　　　（三姉妹、p111）
　　　이윽고 두 사람도 도착했다. 우선 아츠코. —로프를 허리에 감고, 차에서 밀려나오자, 구니토모나 유리코 일동이 일제히 전력으로 끌어올린다.

(63) 僕は首に巻いたタオルでひりひりする顔を拭った。　　（風、p83）
　　　나는 목에 두른 수건으로 얼얼한 얼굴을 닦았다.

(64) 鼠は裸の胸に吊るしたケネデイー・コインのペンダントをしばらくいじくりまわしていた。　　　　　　　　　　　　　　　　　　　（風、p114）

네즈미는 벌거벗은 가슴에 매단 케네디·코인 펜던트를 한동안 이리저리 만지작거리고 있었다.

(65) ビールを飲んで、シートに寝ていた。真っ黒になりたくて<u>オイルを塗って</u>。　　　　　　　　　　　　　　　　　　　　(アムリタ(下)、p22)

맥주를 마시고, 시트에서 자고 있었다. 새까맣게 타고 싶어서 오일을 바르고서.

(66) 「<u>顔を見たでしょう?</u>」「<u>タバコに火をつけて</u>いたもんで、見なかったんですよ。」　　　　　　　　　　　　　　　　　(さびし、p11-8)

"얼굴을 봤잖아요?" "담배에 불을 붙이고 있어서, 보지 않았습니다."

(67) 検事長は話を中断して<u>太い葉巻</u>を口にくわえ、<u>それに火をつけた</u>。

　　　　　　　　　　　　　　　　　　　　　(天使(上)、p19)

검사장은 이야기를 중단하고는 두꺼운 잎담배를 입에 물고 불을 붙였다.

(68) さばさばと歩くといちいちぐにゃぐにゃとナマコを踏んでしまう。(中略) はじめはひー、とかきゃー、とか言っていたけれどもやがて慣れて、ぐんにゃりと<u>手に取ったり</u>するようになった。　　　　(アムリタ (下)、p20)

저벅저벅 걷자 하나하나 물컹물컹하고 해삼을 밟고 만다. (중략) 처음에는 힉, 하거나 꺄악, 이라고 외쳤지만 이윽고 익숙해져서, 흐물흐물하게 손에 잡아보기도 하게 되었다.

(62)부터 (65)까지는 구체적인 동작이 향하는 도달점이 신체명사인 경우이고, (66)(67)은 소유물로 인정되는 경우이다. (68)은 재귀동사인 「持つ (잡다)」와 거의 동일한 의미라고 할 수 있으나, 도달점을 명시하는 재귀용법을 사용함으로써 동작주에게 있어서의 수영성(受影性)이 드러나게 되는 것이라고 할 수 있다. 이 밖에도 「구체명

사 ニ (ni)＋スル (suru)」형이 다음과 같은 재귀동사에 대응하는 경우
가 존재한다.

> (69) 妹の美樹だけが、半ばひやかすように、半ば梶井を非難するように、
>   ときおり梶井に関する自分の考えを<u>口にした</u>。　　(ここ(下)、p262)
>   여동생인 미키만이 절반은 놀리듯이, 절반은 가지이를 비난하
>   듯이, 이따금씩 가지이에 관한 자신의 생각을 말했다.
> (70) 「だって私のは軽症なのよ。重症の、もう何年も入院してる患者の厄介
>   な結核菌なんかうつされたくないわ」と答えている江崎万里の言葉を<u>耳</u>
>   <u>にした</u>のだった。　　　　　　　　　　　　　(ここ(上)、p144)
>   "그치만 내 병은 가벼운 거야. 중증의, 이미 몇 년이나 입원하고
>   있는 환자의 성가신 결핵균 같은 거 옮고 싶지 않아." 라고 대답
>   하는 에자키마리의 말을 들었던 것이다.
> (71) 食べる/口にする、見る/目にする 等
>   먹다/입에 담다(먹다), 보다/눈에 담다(보다) 등

(69)는 「しゃべる, 話す (말하다)」와, (70)은 「聞く (듣다)」와 거의 같은
의미라고 할 수 있는데, 재귀동사에는 없는 동작주에 남는 결과성
이 나타낸다. 이 밖에도 (71)과 같은 대응관계도 생각해볼 수 있다.
결과성의 함의에 대해서는 「テイル (teiru)」형식으로 확인할 수 있
다. 예를 들어 「見ている (보고 있다)」가 '동작의 계속'의 의미가 강
한 것에 반해, 「目にしている (보았다)」는 동작지속이 아닌 결과지속
만을 나타내고 있다.[38] 짧은 형태를 사용하지 않고 의도적으로 긴

---

38 구체적인 결과는 아니기 때문에, 엄밀하게 보자면 완료라고도 말해야 할 것이
    다. 결과에 관한 두 가지 아스펙트 형식을 가진 한국어에서 시험해보면 그 차이
    를 명백하게 알 수 있다. 즉 「見ている」의 경우에는 동작의 계속을 나타내는 「－고

형식 즉 유표한 형태를 선택한 것에는 짧은 형태가 갖고 있는 어의 (語義)에 부가적 의미의 관여가 이루어지고 있는 것으로 생각할 수 있다. 즉 「見る」는 보고 있는 동작의 측면을 주로 나타내는 것에 비 해 「目にする (보다)」의 경우에는 동작의 도달점을 나타내는 여격을 나타냄으로써, 보는 행위에 의해 초래된 결과도 나타내고 있는 것 이다. 즉 「見る (보다)」에는 함의되어 있지 않은 주체변화의 의미가 「目にする (보다)」에는 부가되어 있는 것이라고 할 수 있다.

4.6.2 Y타이프 [－가시, ＋접촉, －결과]

여격형 재귀용법의 경우 동작의 도달점을 명시하기 때문에 주체 에 대한 결과가 함의되는 것으로 생각할 수 있으나, 이 타이프의 경 우에는 상위 레벨의 [－가시]라는 성질 때문에 [－결과]를 나타낸 다. 비가시적인 동작이므로 다음과 같이 동사구 전체로 인식동사 의 의미를 나타낸다.

(72) そこには宇宙の観念が欠如しており、そのために作品は実にちぐはぐ な印像を私に与える。 (風、p119)
거기에는 우주의 관념이 결여되어 있고, 그로 인해 작품은 실로 엉망이라는 인상을 내게 준다.

(73) 頭に詰め込む。心にひそめる。
머리에 주입하다. 마음속에 숨기다.

이처럼 여격형의 경우, 가시적 동작의 경우에는 재귀적 의미를 나

있다」와 완료를 나타내는 단순과거텐스 형식과 동일한 형태인 「－았다」모두 취 할 수 있다. 이에 반해 「目にしている」는 완료형인 「－았다」만이 가능하다.

타내고, 비가시적 동작은 인식동사와 같은 의미를 나타낸다고 할
수 있다. 이와 같은 여격형 재귀용법의 의미분석을 통해 재귀동사
와 인식동사 사이의 연속적 모습을 발견할 수 있다.

4.6.3 여격형 재귀용법의 계층구조

여격형 재귀용법은 대격형 재귀용법과 비교해보면 하위 타이프
의 종류가 적으나, 이는 의미소성의 조합과 여격을 포함하는 문이
함의하는 의미가 모순되는 경우가 배제되기 때문이다. 그림으로
나타내면 다음과 같다.

〈그림 4〉 여격형 재귀용법의 계층도[39]

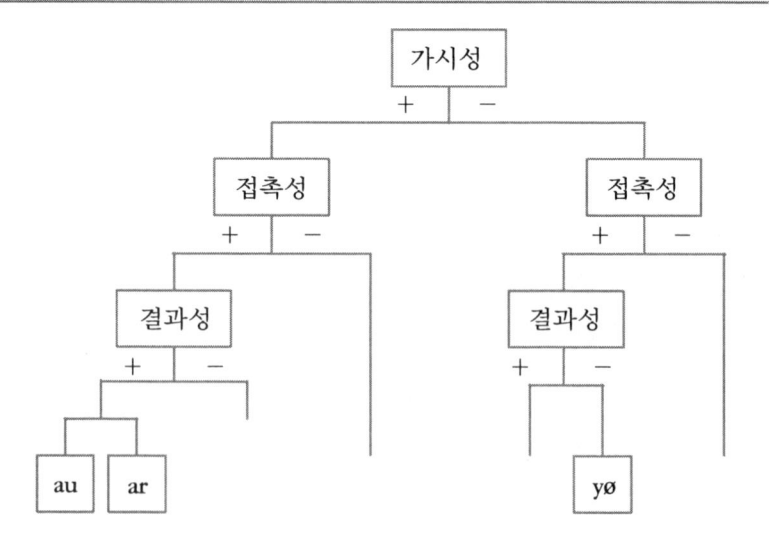

---

39 약자는 다음과 같은 의미로 사용한다.
      u (unrecoverable result) : 복원 불가능한 결과
      r (recoverable result) : 복원 가능한 결과
      ø (non‑‑result) : 결과를 함의하지 않는 타이프

위 그림에서 [−가시]의 의미소성을 가진 오른쪽 방향은 형식상으로는 재귀용법의 형태이면서 비유적인 의미를 나타내기 때문에 인식·감정동사로 연속해간다.

재귀성과 보이스체계

―日・韓 對照研究―

제5장 |

재귀성과 통어현상 - 개략

5.1 들어가기

동작의 방향성, 동작의 종착점이라는 점에서 타동성과 대립하는 의미적 개념인 재귀성은 보이스의 교체 현상 등에서 타동성과는 다른 양상을 보인다. 이하 두 언어에서 재귀성 동사가 어떠한 특이한 보이스 현상을 보이는 지에 대하여 분석하겠다. 구체적으로는 사역동사의 파생 양상, 직접수동의 성립 양상, 그리고 자·타 대립에 미치는 영향이라는 세 가지 관점에서 타동성과는 다른 양상을 보이고 있음을 검증해 나가겠다. 모든 통어현상에 있어서 한국어와 비교 대조함으로써 새로운 관점이 생겨나게 되고 일본어의 통어현상 분석에도 유효한 시사점을 얻을 수 있다. 본격적인 보이스 체계와 재귀성과의 관계에 관한 분석은 다음의 제 3부에서 하기로 하고, 여기에서는 재귀성과 통어현상 간의 연속성에 관하여 설명해 두자.

5.2 사역동사의 파생과 재귀성

사역동사란 예를 들어 「着せる (입히다), 見せる (보이다), 聞かす (들려주다)」등의 동사를 가리킨다. 일본어학에서는 이러한 종류의 동사에 대해 이미 복합타동사(楊(1989)) 또는 사역=타동동사(仁田 (1982))와 같은 명명이 이루어졌다. 이러한 명칭에서도 엿볼 수 있 듯이, 이러한 동사들은 타동사와 사역의 두 가지 범주의 성질을 가 지고 있는 동사로 인정되어왔다. 이러한 기존의 관점에서는 한정 된 특수한 동사로 보고 있다는 인상이 강하다. 그러나 이러한 종류 의 동사는 「サセル (saseru)」형의 사역보다는 넓은 범위에 미치지 않 지만, 동사의 의미가 반영되어 생산적으로 파생되는 동사라는 것 을 알 수 있다. 이 점에 대해서 앞으로 논의를 전개해가고자 한다. 또한 일본어에서는 「サス (sasu)·セル (seru)」형의 파생을 보이지만 편의상 「サス (sasu)」형이라고 표기한다. 한편 한국어에서는 일본어 의 「サス (sasu)」형과 평행적인 기능을 갖는 「이(i)」형의 파생을 보이 는데, 이 둘을 아울러 사역동사로 명명하고 독립된 카테고리로 칭 하기로 한다.

5.2.1 한국어의 사역동사 「이」형

재귀성 부분에서도 간단하게 소개했던 것처럼, 한국어의 사역은 형식이 다른 두 형태가 존재한다. 우언적(迂言的, periphrastic)인 「게하 다」형이 간접사역의 의미를, 「이」형이 직접사역의 의미를 나타낸 다. 전자는 모든 동사에서 파생되는 것과는 대조적으로, 후자의 「이」형은 한정된 동사에서만 파생된다. 이 한정된 동사란 타자에 대한 작용성이 결여되어 있고 동작주에 관하여 언급되는 성질, 즉 재귀성을 갖는 동사를 말한다. 기본동사에는 없는 타자에 대한 작용 사태를 「이」형 사역동사가 나타내고 직접적인 사역의 의미를 나타낸다. 즉 「이」형 사역은 기본동사가 재귀성을 나타내는 경우에 생산적으로 파생되고, 의미적으로도 사역주의 사역행위의 성질이 간접사역과는 다른 사태를 나타낸다. 또한 단순동사 그 자체가 타자에 대한 작용을 나타내는 타동사와 비교해보면, 타동사의 경우에는 대상, 「이」사역의 경우에는 피사역자의 성질에서 다른 사태를 나타낸다. 요컨대 「이」사역형이 타동사문과도 「게하다」형의 간접사역과도 다른 의미범주를 나타내며, 이것이 형태적으로도 특별한 형태로 마크되고 있는 것이다.

5.2.2 일본어의 사역동사 「サス(sasu)」형

일본어의 사역형 「サセル (saseru)」는 의미적으로 직접사역과 간접사역의 두 가지 의미를 나타낼 수 있다. 예를 들어 예(1)의 「着る (입다)」는 (b)와 같이 사역주의 직접적 작용을 나타내는 「着せる (입히다)」와 (c)와 같이 간접적 작용을 나타내는 「着させる (입게하다)」의 두 가지 사역을 나타낸다. (2)의 「飮む (마시다)」의 경우, 기본적으로 (c)의 「飮ませる (마시게하다)」로 직접·간접의 두 가지 사역 의미를 나타내지만, 그 중에서 직접사역을 나타낼 경우에는 (b)의 사역동사 「飮ます (먹이다)」로도 나타낼 수 있다. 「飮ます (먹이다)」로 나타내어질 때에는 「お母さんがコップを持って飮ませてあげる (어머니가 컵을 잡고 먹여주다)」와 같은 문맥이 생각될 수 있다. 자동사인 (3)의 경우도 마찬가지로, 직접사역인 (b)의 경우, 「お母さんが支えながら歩かせる (어머니가 잡아주면서 걸리다)」와 같은 문맥을 생각해 볼 수 있을 것이다. 이에 반해 기본동사가 타자에 대한 작용을 나타내는 타동성을 띠는 동사인 경우, 재귀성 동사와는 달리 사역주의 간접적 작용을 나타내는 간접사역만이 파생된다. 예를 들어 (4)의 「捨てる(버리다)」는 의미적으로도 형태적으로도 (c)의 간접사역만이 가능하다.

(1) a. 花子が服を着る。

하나코가 옷을 입다.

b. お母さんが花子に服を着せた。

어머니가 하나코에게 옷을 입혔다.

c. お母さんが花子に服を着させた。

어머니가 하나코에게 옷을 입게 했다.

(2) a. 花子が水を飲む。

하나코가 물을 마시다.

b. お母さんが花子に水を飲ましている。 40

어머니가 하나코에게 물을 먹이고 있다.

c. お母さんが花子に水を飲ませた。

어머니가 하나코에게 물을 마시게 했다.

(3) a. 花子が歩く。

하나코가 걷다.

b. お母さんが花子を歩かしている。

어머니가 하나코를 걸리고 있다.

c. お母さんが花子を一人で歩かせた。

---

40 위의 예문 (b)가 「テイル (teiru)」형이 아닌 것에 비해 이 경우 「テイル (teiru)」형으로 한 것은 일본어의 음성적인 이유에 따른 것이다. 즉 일본어의 「タ (ta)」 앞에 오는 「セ (se)」와 「シ (si)」는 발음상 애매해지기 때문에, 이러한 애매함을 배제하기 위해 「テイル (teiru)」형을 취하도록 하였다.

어머니가 하나코를 혼자서 걷게 했다.

(4) a. 花子が花瓶を<u>捨てる</u>。

하나코가 꽃병을 버리다.

b. *お母さんが花子に花瓶を<u>捨てさした</u>。

c. お母さんが花子に花瓶を<u>捨てさせた</u>。

어머니가 하나코에게 꽃병을 버리게 했다.

한국어의 사역동사 「이」형이 본래의 동사가 갖는 의미에만 반응하는 것이 아니라, 본래의 동사가 타동성인 경우에도, 예를 들어 대격에 신체명사를 취하는 등의 수단에 의해 문의 의미가 재귀적으로 변하게 되면 「이」형 사역의 파생이 가능해지게 되는 사실을 지적했는데, 일본어에서도 동일한 현상이 보인다. 예(5)의 기본동사 「切る (자르다)」는 보통 간접사역인 「サセル (saseru)」형만 성립되는 동사이나, 신체명사에 상당하는 「息 (숨)」를 대격보어로 취하면 「サス (sasu)」형 사역동사를 파생시킬수 있게 된다.[41]

(5) 「うん。―ああ、くたびれた!」綾子は、ハアハア<u>息を切らしている</u>。

(三姉妹、p86)

"응. ―아아, 피곤해!" 아야코는 헉헉대면서 숨을 헐떡이고 있다.

(6) 彼女の手紙の一行一行を思い出してそれについて僕なりに<u>思いをめぐらし</u>ながら、(省略)。 (ノル、p166)

그녀의 편지 한 줄 한 줄을 떠올리며 그 일에 관해 나름대로의 생각을 하면서, (생략).

---

41 「息を切らす」는 「息を切らせる」라고도 말할 수 있다는 모어화자의 지적이 있었으나, 여기에서는 「切らす」라는 사역동사의 형태가 파생 가능하다는 점을 중시하고자 한다.

한국어가 직접·간접사역의 의미 차이를 서로 다른 형태로 나타낼 수 있다는 특징을 갖는데 반해, 일본어의 경우에는 간접사역도 직접사역도 모두 「サセル (saseru)」형으로 나타낼 수 있다. 그러나 두 가지 의미의 사역 파생이 가능한 동사에는 일관된 성질이 인정되는데, 즉 타자에 대한 사역행위를 나타내지 않고 동작주에 대한 언급이라는 재귀성을 갖고 있음을 알 수 있다. 즉 이러한 동사들로부터 만들어지는 「サセル (saseru)」의 의미 중 하나인 사역주의 직접적인 작용을 나타내는 사태의 경우에는 「サス (sasu)」형으로도 나타낼 수 있다는 것이다.

5.2.3 사역동사문의 특징

한국어의 경우 직접사역을 나타내는 사역동사문이 간접사역을 나타내는 마커(marker)와는 다른 형태로 마크된다. 또한 사역동사문과 타자에 대한 작용성이라는 점에서 공통점을 갖는 타동문과도 다른 사태를 나타낸다. 일본어를 예로 들어, 이 세 가지 유형의 구문을 비교분석하고자 한다.[42] 작용성의 성질과 동작주의 성격이라는 두 가지 측면에서, 사역동사의 카테고리와 이와 인접하고 있는 동사 카테고리인 타동사와 사역의 전형 「サセル (saseru)」형과의 관계를 나타내면 다음과 같다.

[타동사문 / 사역동사문(직접적 사역) / 전형적 사역문(간접적 사역)]

---

42 여기에서는 사역동사문의 의미적인 특징 에 관해서만 언급하기로 하며, 통어적인 특징에 관해서는 6장을 참고하기 바란다.

(7)　花子が花瓶を壊した。〈타동문〉

　　　하나코가 꽃병을 깨트렸다.

　　　(동작주의 직접적 행위, 무의지의 대상)

(8)　花子が赤ちゃんにミルクを飲ました。〈직접적 사역＝사역동사문〉

　　　하나코가 아기에게 우유를 먹였다.

　　　(사역주: 주된 동작주로서의 직접적 사역행위,

　　　피사역자: 동작의 행위자로서의 소극적 행위)

(9)　花子が子供に牛乳を飲ませた。〈간접적 사역〉

　　　하나코가 아이에게 우유를 먹게 했다.

　　　(사역주의 간접적 사역행위, 피사역자＝동작주로서의 행위)

우선 타동문 (7)은 동작주의 직접적 행위와 의지를 갖지 않는 대상 (対象, accusative)을 포함하는 사태를 나타낸다. 다음으로 (9)는 간접적 사역행위의 문맥을 상정하고 있지만, 이러한 간접적 사역문은 사역주의 간접적 사역행위와 피사역자(동작주)의 동작에 의해 성립되는 사태를 나타낸다. 이 두 가지의 중간적 의미를 담당하는 형태가 사역동사인 「サス (sasu)」형이다. 예 (8)은 사역주(주된 동작주)의 직접적 사역행위와 피사역자(동작의 행위자)의 소극적 행위를 포함하는 사태를 나타낸다. 한국어에서도 동일한 내용을 말할 수 있다. 한국어의 경우에는 의미적 범주와 이를 담당하는 형태가 안정적으로 대응하고 있다고 할 수 있으나, 일본어의 경우 그러한 대응이 불안정하다고 하는 언어 간의 차이가 보이지만, 기본적으로는 평행성을 보이고 있다고 볼 수 있을 것이다.

　타동문 중에서도 사역동사문과 구문적으로 유사한, 여격보어를 취하는 3항(項)문과 사역동사문을 비교해보면 3항동사문은 여격(与格)보어의 참여자의 주체적인 참여자가 없어도 동작이 성립하는 반

면, 사역동사문의 경우에는 여격보어, 즉 피사역자의 어떠한 동작
을 필요로 한다.

> (10) 太郎が母に花束を送った。
>
>   타로가 어머니에게 꽃다발을 보냈다.
>
> (11) お母さんが尚子に服を着せた。
>
>   어머니가 나오코에게 옷을 입혔다.

(10)의 「花束を送る (꽃다발을 보내다)」라는 행위는 여격에 오는 존
재의 행위와는 상관없이 성립하지만, (11)의 「服を着せる (옷을 입히
다)」라는 동작은 일반적으로는 피사역자의 동작을 필요로 한다.[43]
이처럼 「サス (sasu)」형 사역문의 사역주의 사역행위는 동작주로서
의 직접적인 사역행위를 나타낸다는 점에서는 타동사에 근접해가
고, 유생존재로서의 피사역자의 동작을 필요로 한다는 점에서는
「サセル (saseru)」타이프의 성격을 유지하고 있다. 두 언어에서 사역
동사문은 사역주의 직접적 동작과 피사역자의 주체적 동작의 측면
을 함께 갖추고 있는 구문인 것이다. 즉 사역동사문은 타동문과 전
형적 사역문의 중간에 위치하면서도 파생의 생산성, 담당하는 의
미 영역이라는 점에서 고유한 특징을 갖는 하나의 카테고리로 인
정할 수 있을 것이다.

---

43 「服を着せる」의 경우, 피사역자의 동작주로서의 움직임이 없다고 해도 「着せる」
    라는 동작이 성립하는 경우인 것으로 보인다. 그러나 동작주성을 가지지 않는
    '마네킹' 등을 피사역자로서 취하는 경우보다, 동작주성을 가진 참여자를 취하
    는 경우가 「着せる」라는 동사의 일반적인 의미인 것으로 생각된다.

5.3 직접수동의 불성립

문의 표층체제로써 2항을 취하는 타동사는 대개의 경우 그 대상을 주어에 두는 직접수동화가 가능하다고 알려져 있다. 그러나 2항동사이면서 타동사로 여겨지는 동사 중에는 수동문이 만들어지지 않는 경우가 있다. 이 현상에 대한 논의는 연구자에 따라 다양하지만, 기존의 설명만으로는 충분히 설명할 수 없는 부분이 있다. 다음 절에서는 일본어를 대상으로 지금까지의 논의에 의거하여 보충할 만한 점을 지적하고자 한다. 또한 새로운 관점으로써 재귀성과의 관련성에서 이 현상을 재검토하겠다. 또 한국어에서 직접 수동이 성립하지 않는 현상에 대해서도 서술하기로 하겠다.

5.3.1 일본어의 직접수동

2항동사가 직접수동을 만들지 않는 원인에 대한 설명으로 仁田(1982)에서는 타자에 대한 행위성의 결여를 들고 있다. 재귀동사의 경우, 다음의 (12)가 나타내는 것처럼 이와 같은 설명으로 충분하다.

> (12) a. 太郎が<u>帽子をかぶっている</u>。
>   타로가 모자를 쓰고 있다.
>   b.*<u>帽子が太郎にかぶられている</u>。
> (13) a. 太郎が<u>本を読んでいる</u>。
>   타로가 책을 읽고 있다.
>   b.*<u>本が太郎に読まれている</u>。

(14) a. 太郎が音樂を聞いている。

　　　 타로가 음악을 듣고 있다.

　　 b.＊音樂が太郎に聞かれている。

　그러나 재귀동사로 인정되지 않고 타동사에 속한 것으로 여겨지는 「読む (읽다), 見る (보다), 聞く (듣다), 食べる (먹다)」 등에 대해서는 언급되고 있지 않다. 그러나 위의 (13)(14)가 나타내는 것과 같이, 이러한 동사들에서도 직접수동문이 만들어지지 않는다.

　한편 수동문이 성립되지 않는 현상에 관해서 수영성(受影性, affectedness)을 통해 분석하는 경우가 있다.[44] 즉 대상이 수영되는 경우 그 대상을 주어로 하는 수동이 가능하지만, 대상이 수영되지 않는 경우에는 수동문이 파생되지 않는다는 것이다. 이 주장에 따른다면 「読む (읽다), 見る (보다), 聞く (듣다)」 등은 설명 가능하다. 즉 (13)(14)에 대해서 말한다면 「本 (책), 音樂 (음악)」 등이 수영되지 않기 때문에 수동이 파생되지 않는다고 하는 기존의 분석은 타당하다. 그러나 이 가설이 타당하다면 「食べる (먹다)」와 같이 대상이 수영된다고 보는 동사에서 수동문이 만들어져야 하는데, 「食べる (먹다)」는 다른 재귀동사와 마찬가지로 수동문이 만들어지지 않는다. 즉 수영성으로도 직접수동이 성립하지 않는 현상을 전부 설명할 수는 없는 것이다. 따라서 타동사에만 기대지 않는 다소 다른 관점에서의, 보다 더 설득력 있는 설명이 요구된다고 할 수 있다.

44　寺村(1982, pp.212-243)에서는 직접수동의 성립과 관련되어 수영성이라는 용어가 사용되고 있는 것은 아니지만 다음과 같은 분석을 제시하고 있다. 그 핵심을 인용하면 다음과 같다. '수영'受身이라는 것은 요컨대 동작·작용의 주체가 다른 어떤 것에 작용하는 경우에, 동작주 즉 <u>움직임이 발생하는 부분을 주역으로 삼는 것이 아니라 움직임을 받는 쪽, 움직임이 향하는 곳을 주역으로써 사태를 묘사하는 표현으로</u>… (생략) …' (밑줄은 필자)

기존의 논거 전체를 부정하는 것은 아니지만, 본고에서는 직접 수동이 성립하지 않는 현상에 작용하고 있는 요인으로써 재귀성을 제안하여 기존의 설명에서 부족했던 부분을 보충하고자 한다. 여기에서 말하는 재귀성은 仁田(1982)에서 말하는 것과 같은 '타자에 대한 행위성의 결여'라는 의미만을 나타내는 것은 아니다. 물론 타자에 대한 행위성의 결여가 재귀성이 갖는 첫 번째 요소라는 것은 분명하지만, 「食べる (먹다)」는 타자에 대한 작용이 결여되어 있음에도 불구하고 수동형이 만들어지지 않는다. 2.4절에서 규정한 재귀성이라는 성질을 갖는 동사는 표층의 동사체제가 2항인 경우에도 수동화가 불가능해진다, 라고 분석할 수 있다. 재귀성은 동작주의 타자에 대한 행위가 있어도, 그 행위에 의해 발생하는 결과가 동작주 자신에게 귀착(帰着)됨을 나타낸다. 즉 대상을 취하는 2항동사이면서 그 대상에 대한 행위가 존재한다고 해도, 동사의 의미로써는 대상에 남는 수영성을 인식하는 것이 아닌, 동작주에 대한 수영의 측면을 인식하는 것이 재귀성이라고 할 수 있다. 대상이 표층에서는 하나의 독립된 항으로 나타나 있다고 해도 그 부분에 초점이 맞춰져 있지 않은 것이다. 그러한 대상을 주어로 둘 수 없는 제한이 바로 앞에서 살펴본 동사들의 직접수동이 성립하지 않는 현상일 것이다. 다시 말하면 항으로써 의미적으로 독립성이 낮은 대상을 함의하는 것이 재귀성 동사이며, 그 항을 주어로 세울 수 없는 것이 직접 수동이 성립되지 않는 현상이라고 할 수 있다.

5.3.2 한국어의 수동문

다음으로 한국어의 경우를 살펴보면, 한국어에서도 수동문의 파생이라는 점에서 타동성과 재귀성의 차이가 명백하게 나타난다.

타동문에서 수동문을 만드는 형태는 「이」와 「지다」 두 가지 형태가
있다.

① 「이」형 수동 : 타동문의 대상을 주어로 하는 수동화 마커

우선 「이」형과 수동문의 관계부터 보면 예문 (15)의 「닫다」와
(16)의 「깔다」는 「이」형 수동문을 만든다.

> (15) a. 하나꼬가 문을 <u>닫았다</u>.
>
>   花子がドアを閉めた。
>
> b. 문이 <u>닫혀 있다</u>.
>
>   ドアが閉められている。
>
> (16) a. 하나꼬가 카페트를 <u>깔았다</u>.
>
>   花子がカーペットを敷いた。
>
> b. 카페트가 <u>깔려있다</u>.
>
>   カーペットが敷かれている。

여기에서 수동문의 사용에 관한 구분에 대해서 상세하게 기술할
여유는 없지만, 이와 같은 「이」형 수동문이 만들어지는 동사는 한
정되어 있다. 다음 동사들에서는 「이」형 수동문이 만들어지지 않
는다.

> (17) a. 하나꼬가 옷을 <u>입었다</u>.
>
>   花子が服を着た。
>
> b.*옷이 <u>입혀 있다</u>.

(18) a. 하나꼬가 빵을 <u>먹었다</u>.

花子がパンを食べた。

b.*빵이 <u>먹혀 있다</u>.

예문 (17)(18)과 같이 재귀성을 띠는 문에서는 「이」형 수동문을 만들 수 없다.

② 「지다」형 수동

　i) 타동문을 수동화하는 마커 : 대상의 상태

　ii) 재귀성의 동사에 붙는 경우는 동작주의 가능한 상태 : 주체의 상태

②의 「지다」는 타동사 전반에 걸쳐 파생되는 형태로, 예를 들어 (19)의 「내리다 (下ろす)」와 (20)의 「깨다 (こわす)」는 「지다」형 수동문을 만든다.

(19) a. 하나꼬가 짐을 <u>내렸다</u>.

花子が荷物を下ろした。

b. 짐이 <u>내려졌다</u>.

荷物が下ろされた。

(20) a. 하나꼬가 컵을 <u>깼다</u>.

花子がコップを壊した。

b. 컵이 <u>깨졌다</u>.

コップが壊れた。

「이」형과 마찬가지로 재귀성 동사에서는 이와 같은 「지다」형의

수동문이 파생되지 않는다.

> (21) a. 하나꼬가 빵을 <u>먹었다</u>.
>
>   花子がパンを食べた。
>
> b. *빵이 <u>먹어졌다</u>.
>
> (22) a. 하나꼬가 책을 <u>읽었다</u>.
>
>   花子が本を読んだ。
>
> b. *책이 <u>읽어졌다</u>.

예(21)의 「먹다」는 '빵'을 주어로 하는 수동형 「먹어지다」형이 성립되지 않는다. (22)에서도 수동형 「읽어지다」형은 불가능하다. 이와 같이 한국어의 수동형 「이」형과 「지다」형은 타동성을 나타내는 동사에서만 파생되는 것으로 생각할 수 있다. 두 가지 형태가 상보적인지 그렇지 않은지, 만약 상보적이라고 한다면 그 쓰임에 어떠한 구분이 있는지에 관한 논의는 9절로 넘기고자 하나, 여기에서 말할 수 있는 것은 두 형태 모두 재귀동사에서는 파생되지 않는다는 것이다. 다시금 말하자면 재귀성을 띠는 동작의 성립에는 표층상의 대상을 필요로 하는 경우가 있는데, 대상에 대한 행위를 나타내는 것이 아니라 주체에 미치는 사태를 나타내기 때문에, 그 표층상의 대상을 주어로 하는 수동문은 성립하지 않게 되는 것이라고 설명할 수 있다.

5.4 유대·무대타동사

일본어 타동사 중에는 동일 어근에서 파생된 무생주어 자동사(이하, 자발형) 짝을 갖는 것과 대응하는 자동사 짝을 갖지 않은 것이 있다. 甫律(1989)에서는 유대(有対)·무대(無対)라는 용어가 사용되고 있다. 이에 따르면 무대타동사는 행위의 과정 양태에 주목하는 동사이고, 유대타동사는 행위의 결과 양태에 주목하는 동사라는 견해가 제시되어 있다. 이와 같은 경향은 일본어라는 개별언어의 경향으로써 인정되는 것이라고 할 수 있다. 그러나 보충해야할 부분으로써, 재귀동사가 동작주의 작용과 결과의 상태에 주목하는 동사로써 인식되면서 그 짝을 갖지 않는다는 점에 대한 설명은 불가능하다고 할 수 있다.

또한 한국어에서는 일본어의 무대타동사가 아래 예문에서처럼 유대인 경우가 있다.[45] 동작주와 대상을 포함하는 사태라는 것은 잠재적으로는 동작의 측면과 동작에 의한 결과의 측면을 함의하는 것이며, 그 결과의 측면을 인식하는가의 여부는 개별동사의 의미 범위의 문제라고 할 수 있다. 또 언어 간에는 유사한 동작이라고 해도 대상의 결과까지 함의하는 동사로 나타나는 경우와 그렇지 않은 경우가 있다. 즉 일본어의 무대타동사가 한국어에서도 무대동사가 되는 것은 아니다.

干す　－ ø　　널다　－ 널-리-다
支える－ ø　　괴다　　－ 괴-이-다
押す　－ ø　　누르다 － 눌-리-다
抜く　－ ø　　뽑다　－ 뽑-히-다

甫律(1989)에서는 타동사에만 주목하고 있는데, 자발 자동사 즉 무생주어 자동사 외에 유생주어의 자동사에 대한 언급이 없다. 이

---

45 일본어 예는 甫律(1989)에 언급되어 있는 것을 그대로 게시한 것이다.

것이 동사 체계 전체를 폭넓게 조명하는 관점에서의 고찰이라고 한다면, 이러한 점도 고려해야할 부분일 것이다. 유생주어 자동사 즉 재귀동사도 대응하는 짝을 갖고 있지 않다. 표층의 동사체제로써 대상을 요구하는가 그렇지 않은가, 즉 표층상 자·타동사 중 어느 쪽인가의 여부와는 상관없이, 주체에만 그 영향이 미친다는 재귀동사의 성질로 인하여 대응하는 자·타동사를 갖지 않는다고 보는 것이 근본적인 분석이 될 것이다. 본고의 주장대로 주체에 대한 언급이라는 재귀성의 성질을 고려한다면, 재귀성을 띠는 동사가 무대동사의 대표라고 할 수 있는 것은 아닐까.

5.5 결론

이상으로 기술한 바와 같이, 재귀성이 사역문, 수동문, 자·타동사 등의 통어현상을 분석하는 데에 중요한 개념이라는 사실을 볼 수 있었다. 이어서 제3부에서는 보이스에 초점을 맞춰 보다 더 상세하게 고찰하기로 하겠다.

제Ⅲ부
보이스 체계에서의 재귀성

제6장

사역동사문과 재귀성

6.1 서론

일반적으로 한국어의 사역문은 두 가지 형태가 인정된다. 하나는「이」라는 접사를 붙여서 만드는 것이고, 또 다른 하나는「게하다」로 접사와 형식동사가 결합된 형식으로 만드는 것이다. 그러나 이 두 형태의 사역문의 존재 근거와 각각의 구문 특징에 대해 고찰한 선행연구는 거의 찾아보기 어렵다. 본장에서는「이」형 사역문의 파생이 어떠한 규칙 하에 파생되는지를 논증하고, 한국어「이」형 사역과 일본어「サス (sasu)」형 사역의 평행성을 검증하겠다.[46] 또한 두 언어에서 사역동사문과 전형적 사역문은 의미적·통어적으로 구별되는 고유한 영역을 갖는 것임을 논해 나가기로 한다. 본론에 들어가기에 앞서 우선 한국어 사역문의 두 가지 형식에 대해 간단히 살펴보도록 하자.

---

46 간략하게 서술하기 위해「サス (sasu)」라고 표기하였지만「サス (sasu)·セル (seru)」를 의미하는 것이다.

6.2 한국어 사역문의 두 가지 형태

일반동사의 사역형에는 「이」사역과 「게하다」사역이 있다.[47] 같은 동사에서 두 형식의 사역문이 파생됨을 예문(1)을 통하여 보도록 하자.

(1) a. 하나꼬가 딸에게 옷을 <u>입히고 있다</u>.
        花子が娘に服を着せている。

     b. 하나꼬가 딸에게 옷을 <u>입게 했다</u>.
        花子は娘に服を着させた。

예문 (a)가 「이」형 사역문이고 (b)가 「게하다」형 사역문이다. 그러나 모든 동사가 두 가지 형식의 사역문을 파생시키는 것은 아니다. 다음의 예 (2)(3)을 보도록 하자.

(2) a. 하나꼬가 아기를 <u>재우고 있다</u>.
        花子は赤ちゃんを寝かしている。

     b. 하나꼬는 아이를 혼자서 <u>자게 했다</u>.
        花子は子供を一人で寝させた。

(3) a.*하나꼬는 아이에게 상자를 <u>부수이었다</u>.
        *花子は子供に箱をつぶさした。

     b. 하나꼬는 아이에게 상자를 <u>부수게 했다</u>.
        花子は子供に箱をつぶさせた。

---

47 그 밖에 한어동사는 「시키다」타이프의 사역형이 파생되므로 한어동사의 사역에도 하위분류를 인정하지 않을 수 없고, 따라서 더 많은 고찰이 필요하지만 본서의 범위를 넘는 것으로 본다.

예문(1)(2)의 경우, 「이」사역 (a)와 「게하다」사역 (b)가 모두 적합한
문이다. 반면에 전형적 타동사인 (3)의 경우에는 「이」사역문은 비
문(非文)이 되는데, 어떠한 요인이 이와 같은 차이를 초래하는 것일
까. 여기에서 (1)의 동사 「입다」가 재귀동사라는 점이 어떠한 영향
을 미치고 있는 것으로 생각되는데,[48] 이를 뒷받침하는 언어 사실
로는 다음과 같은 것이 있다.

(4) a. 아이가 <u>손을</u> 씻는다.

　　　　子供が手を洗っている。

　　 b. 하나꼬가 <u>아이 손을 씻기</u>고 있다.

　　　　花子が子供の手を洗ってあげている。

(5) a. 아이가 <u>야채를</u> 씻는다.

　　　　子供が野菜を洗っている。

　　 b.*하나꼬가 <u>아이에게 야채를 씻기</u>었다.

　　　　*花子が子供に野菜を洗わした。

예문(4a)와 같이 동작주의 신체부위를 대격(対格)으로 취하는 「手を
洗う (손을 씻다)」의 경우에는 (b)와 같은 「이」형 사역문이 만들어지
지만, (5a)의 「野菜を洗う (야채를 씻다)」와 같이 동작주의 신체부위
가 아닌 사물이 대격(対格)보어로 취해지면 (b)의 「이」형 사역문은
파생되지 않는다. 이것은 「이」사역문의 파생에 〈재귀성〉이 관련되
어 있음을 시사하는 것이라고 할 수 있다. (4b)의 일본어 역은 「洗っ
てあげる (씻어주다)」와 같이 수익문(受益文, benefactive)의 형태를 취하
여 사역형을 만들 수 없는데, 한국어에서는 사역형을 취한다. 상대

48　(2)의 「자다」는 전형적 재귀동사는 아니지만 재귀성을 띠는 동사로 간주한다.
　　자세한 것은 6.3 절에서 다루기로 한다.

의 신체에 대한 동작은 신체 소유자의 허가라는 최소한의 동작주
가 요구되기 때문에, 한국어에서는 사역동사문이 되는 것으로 분
석할 수 있다.

지금까지의 검토를 바탕으로, 한국어의 「이」형 사역문을 만드
는 동사에는 넓은 의미로써의 재귀성을 인정할 수 있을 것이다. 이
러한 사실은 일본어의 사역문 연구에도 시사하는 바가 크다할 수
있다.

6.3 한국어의 「이」사역의 분포와 재귀성

여기에서는 한국어의 「이」형 사역문과 밀접하게 관련되어 있는
것으로 보이는 재귀성에 대해 간략하게 서술하기로 한다. 이에 앞
서 「이」형의 사역동사의 분포를 나타내면 다음과 같다.[49]

> [A] 입히다(着せる), 쓰이다(かぶせる), 신기다(履かせる), 안기다
> (抱かせる), 업히다(おんぶさせる), 지우다(背負わす), 메이다
> (担がす), 잡히다(掴ます), 지우다(握らす), 들리다(持たす), 벗
> 기다(脱がす) 등
> [B] 먹이다(食べさす), 맡기다(嗅がせる), 빨리다(吸わす), 깍기다
> (髭・髪を刈ってあげる), 감기다(髪を洗ってあげる), 보이다(見せ
> る), 듣기다(聞く), 읽히다(読ます), 쓰이다(書かす) 등
> [C] 앉히다(座らす), 세우다(立たす), 눕히다(寝かす) 등

---

49 여기에 제시한 사역동사는 3.4.1에서 인정한 재귀동사에서 파생한 사역동사이
다. 또한 마지막의 [E]그룹은 모든 재귀용법을 망라하고 있지는 않지만, 재귀용
법에서 파생된 사역동사이다.

[D] 재우다(眠らす), 걷다(歩く), 놀다(遊ぶ), 울다(泣かす), 웃기다
(笑わす) 등

[E] 손을 씻기다(手を洗ってあげる), 얼굴을 닦기다(顔を拭いてあげ
る), 눈을 감기다(目をつむらせる), 입을 다물리다(口をつぐませ
る) 등

[A]는 착탈 동작을 나타내는 재귀동사에서 파생된 것이고, [B]
는 신체의 손질과 흡수 동작을 나타내는 재귀동사에서 파생된 것
이다. [C]는 자세변화를 나타내는 재귀동사에서 파생된 것이고,
[D]는 비전송동작과 자동적 운동을 나타내는 재귀동사에서 파생
된 것이다. 마지막으로 [E]는 재귀용법에서 파생된 「이」형 사역동
사이다.

위 동사가 「재귀동사/사역동사/사역형」, 예를 들어 「입다(着る)/
입히다(着せる)/입게하다(着させる)」와 같은 체계를 이루는 것에 비
해, 일반적 타동사는 「타동사/ ø /사역형」, 예를 들어 「부수다(つぶ
す)/ ø /부수게하다(つぶさせる)」와 같은 체계를 이룬다. 그 원인에
대해서 생각해보도록 하자. 6.2절에서 다루었던 것처럼 한국어의
「이」형 사역동사를 파생하는 동사는 재귀동사이다. 재귀동사는 동
작주 자신에게 향하는 동작을 나타내기 때문에 타자에 대한 행위
가 존재하지 않는다. 따라서 재귀동사가 나타내는 행위를 타자에
대해 행하기 위해서는 다른 형식을 필요로 하게 되고, 이 형식이 바
로 위에서 제시한 사역동사인 것이다. 예를 들어 재귀동사 「입다」는
타동사가 나타내는 타인에 대한 행위 사태를 나타낼 수 없기 때문
에 사역동사가 이 역할을 담당하게 된다. 즉 「재귀동사/사역동사[50]/

---

50 본고에서의 사역동사는 의미적 사역동사, 즉 단독동사 레벨의 것을 제외하고 기
본동사에서 파생된 것만을 가리킨다.

전형적 사역문」이라는 체계를 이루고 있는 것이다.

6.4 일본어의 사역동사

여기에서는 전절에서 논의한 한국어의 언어 사실을 바탕으로 일본어의 사역문에 대하여 검토하기로 하겠다. 일본어에서도 「サセル (saseru)」형 이외에 「サス (sasu)」형 사역문이 존재한다.[51] 예를 들어 「着せる, 浴びせる」와 같은 동사는 仁田(1982)에서도 사역＝타동동사로 보고 있는 것처럼, 사역의 의미와 타동의 의미를 함께 갖고 있는 동사이다. 이와 같은 종류의 동사는 이른바 전형적 재귀동사에서만 파생되는 것은 아니다. 일본어의 경우도 한국어와 마찬가지로 재귀성 동사에서 사역동사가 파생된다고 할 수 있다. 그러나 일본어에서는 한국어와 다소 사정이 다르다.

---

51 관서사투리에서의 「サス (sasu)」형은 이른바 「サセル (saseru)」형에 대응하는 것으로 생각된다. 관서사투리 화자에게 확인해 본 결과, 모든 동사에 「サス (sasu)」형이 인정되며 「サセル (saseru)」와의 차이는 없다(정확하게 말하자면 차이를 느끼지 못한다)라는 응답을 얻을 수 있었다. 그러나 전형적 사역과 사역동사의 의미상의 차이는 인정되는데, 재귀성을 갖는 동사만이 두 의미를 모두 나타낼 수 있다. 관서사투리 화자가 「サセル (saseru)」형을 사용하는 경우는 타 지역 출신자와의 회화 또는 공식적인 장소라는 조건 하에서 이루어진다고 한다. 즉 관서사투리에서의 「サセル (saseru)」형과 「サス (sasu)」형의 구분은 문법상의 제한에 의한 것이 아니라 사회적이라고도 할 수 있는 어용론적인 제약이 작용하고 있는 것으로 해석할 수 있다. 또한 관서사투리만이 아닌 구어에서도 「サス (sasu)」형의 사역동사의 사용이 나타나는 경우가 있다. 그러나 이러한 경우에서도 「サス (sasu)」형이 되는 경우와 그렇지 않은 경우가 있으며, 재귀적 의미를 나타내는 경우에 「サス (sasu)」형이 허용되는 것으로 생각된다. 본문에서도 언급되는 것이지만, 예를 들어 일반적으로는 사역동사가 되지 않는 「つくる (만들다)」가 「肩をつくる (어깨를 만들다)」와 같이 재귀성을 띠게 되면 「肩をつくらす (어깨를 만들다)」라는 사역동사문을 만드는 실제 예를 찾아볼 수 있다.

(6)　花子が赤ちゃんに離乳食を食べさせている。

　　하나코가 아기에게 이유식을 먹이고 있다.

(7)　花子が太郎に手を洗ってからご飯を食べさせた。

　　하나코가 타로에게 손을 씻은 후에 밥을 먹게 했다.

예 (6)의 「花子 (하나코)」의 행위는 직접적인 동작에 의한 것이고, (7)의 「太郎 (타로)」에 대한 「花子 (하나코)」의 행위는 언어수단 등에 의한 간접적인 것이다. 이와 같이 일본어에서도 「サセル (saseru)」형 사역문이 사역주의 간접적·직접적 작용의 두 가지 의미를 모두 나타낼 수 있다. 또한 재귀동사에서는 「サセル (saseru)」형 이외에 「サス (sasu)」형, 즉 「飲ます (먹이다), 握らす (잡히다), 寝かす (눕히다), 聞かす (들려주다), 抱かす (안기다), 泣かす (울리다)」등의 사역동사가 파생되는데, 이는 한국어의 「이」형에 거의 대응하고 있는 것으로 볼 수 있어 매우 흥미로운 부분이다. 반면에 다음 (8)(9)에서 알 수 있는 바와 같이, 전형적인 타동사에서 만들어진 사역문은 사역주의 직접적인 작용을 나타낼 수 없을 뿐만 아니라 「サス (sasu)」형 사역동사의 파생도 불가능함을 알 수 있다.

(8)　太郎が次郎にパンを作らせた。(*作らす)

　　타로가 지로에게 빵을 만들게 했다.

(9)　太郎が次郎に花子を殴らせた。(*殴らす)

　　타로가 지로에게 하나코를 때리게 했다.

　즉 일본어에서도 한국어의 경우와 마찬가지로, 재귀성 동사는 두 가지 형식의 사역문을 파생할 수 있지만, 타동사는 「サセル (saseru)」형 사역문만을 만들 수 있는 것이다. 따라서 일본어도 한국어처럼

전형적 사역문과 사역동사의 파생에 기본동사의 성질이 관여하고 있는 것은 아닌가 하는 예측이 가능하다. 일본어의 사역동사에는 다음과 같은 것들이 있는데, 모두 한국어의 「이」형 사역동사와 마찬가지로 재귀성과 밀접하게 연관되어 있는 것들이다.

[A'] 着せる(입히다), かぶせる(씌우다), 羽織らす(걸쳐주다), 履かす(신기다), 握らす(쥐여 주다), 掴ます(쥐여 주다), 担がす(지어 주다), 背負わす(메어주다), 抱かす(안겨주다), 脱がす(벗기다) 등

[B'] 剃らす(깍이다), 拭わす(닦이다), 浴びせる(뒤집어 씌우다), 食べさす(먹이다), 飲ます(먹이다), 嗅がす(맡겨주다), 吸わす(마시게 해주다), 読ます(읽히다), 書かす(쓰게 해주다), 見せる(보이다), 聞かす(들려주다) 등

[C'] 座らす(앉히다), 立たす(세우다), 寝かす(재우다), 起こす(일으키다) 등

[D'] 歩かす(걸리다), 走らす(달리게하다), 遊ばす(놀게하다), 泣かす(울리다), 笑わす(웃기다) 등

[E'] *息を切らす(숨을 헐떡이다), *肩を慣らす(어깨를 떨다), *思いをめぐらす(생각을 굴리다), *姿をくらます(모습을 감추다), *気を利かす(배려하다), 目を反らす(눈을 피하다), 足を冷やす(발이 시리다), 髭(背筋)を伸ばす(수염을 기르다), 喉(鼻, 指)を鳴らす(목청을 떨다), 目を覚ます(눈을 뜨다) 등[52]

한국어 [E]그룹의 경우 「신체명사＋사역동사」의 조합으로 사역

---

52 본고에 있어서의 신체명사란, 구체적인 신체부위와 생리적 작용에 의한 생산물과 정신적인 생산물을 포함하는 것이다.

의 의미를 나타내는 것과는 대조적으로, 일본어의 [E']그룹의 경우에는 「신체명사+사역동사」의 조합으로 재귀적 의미를 나타낸다고 하는 큰 차이가 있다. 사역동사의 분포에 이러한 종류의 동사를 포함시키는 것은 단순히 형식적으로 사역동사의 파생이 가능하다는 점을 중시했기 때문이다. 형식적인 파생에 관련된 흥미로운 사실은 일본어의 경우, *표시가 붙은 동사는 신체명사와 공기(共起)하는 경우에 한하여 사역동사가 파생된다는 것이다. 다음의 예문을 살펴보도록 하자.

(10) a. 미라 동생이 <u>머리를 감았다</u>.

ミラの妹が髪を洗った。

   b. 미라가 동생 <u>머리를 감겼다</u>.

ミラが妹の髪を洗ってあげた。

(11) a. 花子が<u>髪を切った</u>。

하나코가 머리를 잘랐다.

   b.*直子が花子の<u>髪を切らした</u>。

   c. 直子が花子の<u>髪を切ってあげた</u>。

나오코가 하나코의 머리를 잘라주었다.

(12) a.*花子が<u>息を切った</u>。

   b. 花子が<u>息を切らして</u>いる。

하나코가 숨을 헐떡이고 있다.

(13) a. 花子が<u>紐を切った</u>。

하나코가 끈을 잘랐다.

   b.*直子が花子に<u>紐を切らした</u>。

(10)과 같이 한국어의 경우 (a)의 재귀용법문에서 (b)의 「이」사역동

사가 파생된다. 대조적으로 예(11)의 일본어의 경우에는 (a)의 재귀
용법문에서 (b)의 사역동사가 파생되지 않는다. 두 언어에서 이와
같은 차이가 나타나는 것은 타자의 신체명사에 대한 행위를 어떻
게 파악할 것인가, 라는 다소 언어 외적인 요인이 영향을 미치고 있
는 것으로 생각된다. 즉 한국어는 타자와 분리 불가능한 신체명사
를 소유자에게 소속된 존재로서 파악하고 있기 때문에, 사역동사
문에 그 소유자에 대한 행위라는 함의가 있는 것이다. 반면에 일본
어의 경우, 신체명사가 소유자와 분리 불가능한 관계에 있는 경우
라 하더라도 마치 독립된 존재인 것처럼 파악하기 때문에, 개체로
써의 신체부위에 대해 타동적인 행위가 가능해진다. 이로써 소유
자가 어떠한 영향을 입는다는 것은 수익문(受益文)으로 표현된다. 이
와 같은 현상은 신체명사라고 해도 가시적인 것에 한하여 일어난
다. (12)의 「息 (숨)」과 같이 타자의 직접적인 동작에 의해 컨트롤이
불가능한 신체명사를 취하는 경우에는 「髮を切ってあげる (머리를
잘라주다)」와 같은 문은 파생될 수 없다. 반면에 「息 (숨)」의 소유자
가 동작주로서 스스로에게 작용하는 「息を切らす (숨을 헐떡이다)」
가 파생되고 동사구 전체가 재귀적인 의미를 나타내게 된다. (13a)
와 같이 동작주와 소유관계를 갖지 않는 대격보어가 오면 「切らす
(끊게하다)」라는 사역동사는 파생 불가능하다.

일본어 사역동사의 파생으로 다시 돌아가서, [A']부터 [E']의 분
포에서 언급한 동사들의 구체적인 예를 들어보면 다음과 같다.

(14) そして落ちついてきたらまた汗を拭いて、寝巻きを着せて、寝かしつけ
たの。　　　　　　　　　　　　　　　　　　　　(ノル(下)、p 246)
　　그리고 진정되어 오자 다시 땀을 닦고, 잠옷을 입혀서 재웠어.

(15) 食べさしているぞ!……何かものを食べさしていましたね!

(92/12/19、フジテレビ)

먹이고 있어! 무언가를 먹이고 있었죠!

(16) こうなると、子供をどこに<u>遊ばし</u>ていいのかね。(子供の誘拐事件多発についての話題) (92/11/2、毎日テレビ)

이런 식이라면 아이를 어디에서 놀게 해야 되는 걸까요.

(17) ちびがぐずついているもんですから、<u>寝かし</u>つけてから來ます。

(93/8/19、朝日テレビ)

아이가 투덜대고 있어서요, 재우고 올게요.

(18) 小川さんのそのすてきな手<u>握らし</u>てくれないかな。(93/8/28、朝日テレビ)

오가와씨의 그 멋진 손, 잡아 보게 해 주지 않으려나.

(19) 彼がね、狂ってね、僕の顔を世界中に<u>知らす</u>って。

(93/8/20、読売テレビ)

그 사람이 말이죠, 미쳐서는 내 얼굴을 전 세계에 알리겠대요.

사역형「サセル (saseru)」는 전형적으로는 사역주의 간접적인 사역행위를 나타내지만, 기본동사가 재귀동사인 경우에는 직접적인 사역행위도 나타낼 수 있다. 게다가 직접적 사역행위는「サス (sasu)」형으로 나타내는 경우도 있다. 즉 재귀동사에서 한국어의「이」형과 같은 사역동사가 파생되는데, 예를 들어「着る/着せる/着させる」와 같은 체계를 이룬다.「着せる (입히다)」는 사역주의 타동적인 행위, 즉 직접적인 사역행위를 나타내고,「着させる (입게하다)」는 사역주의 간접적인 사역행위를 나타내어 구분된다. 이와 같은 현상은 이른바 전형적인 재귀동사만이 아니라 넓은 의미로써의 재귀동사에 공통적으로 나타나는 것으로, [B']와 같은 동사에서도 (15)에서 (19)와 같이「着せる (입히다)」와 같은 동사가 파생된다. 이러한 [B']류도 최종적으로 동작주 자신에게 돌아오는 동작을 나타낸다는 의미에서 전형적 재귀동사와 공통적이라고 할 수 있다. 전형적인 재귀동사만이 아니라 [B']류의 동사에서도, 이른바 대격(対格, accusative)을 동반하면서도 동작의 실현에 의해 그 대격의 명사가 동작주에게 어떠한 형태로든 종속된다. 즉 「服を着る (옷을 입다)」에서의 「服(옷)」이 갖는 대격으로써의 독립성의 정도와 「ご飯を食べる (밥을 먹다)」에서의 「ご飯 (밥)」이 갖는 대격으로써의 독립성의 정도에는 그다지 큰 차이가 없는 것으로 생각된다. 또한 [C']와 [D']그룹은 대격보어를 취하지는 않지만, 그 움직임 속에는 동작주의 신체부위가 함의되어 있어 대격보어의 독립성이 낮아지게 되는 연장선상에 있는 것으로써 파악된다. 「サス (sasu)」형은 전형적인 것을 제외하면 그 파생이 불안정한 것일지도 모른다. 그러나 재귀동사가 「サセル (saseru)」형을 취할 때에도 의미적으로는 사역주의 직접적인 작용도 나타낼 수 있다. 이와 같은 현상은 재귀성을 띠지 않는 동사의 사역문에서는 일어나지 않는다.

한국어에서는 타동성을 띠고 「이」형 사역동사가 파생되지 않는 동사라고 해도 신체부위를 대격보어로 취하는 재귀용법문이 되면 「이」형 사역동사가 파생되는 현상이 일어난다. 그러나 일본어에서는 일반적으로 타동성을 나타내는 동사가 재귀용법이 되었다고 해서 사역동사가 파생되는 현상은 보이지 않는다.

(20) 野菜を洗う / *野菜を洗わす / 野菜を洗わせる
    야채를 씻다 /   − 　　 / 야채를 씻게하다
(21) 手を洗う / *手を洗わす / 手を洗わせる
    손을 씻다 /   − 　 / 손을 씻게하다

이상으로 6.3절에서 살펴본 한국어 「이」형 사역동사문과 마찬가

지로, 일본어의 「サス (sasu)」형은 재귀용법에서 차이가 나타나기는 하지만, 재귀동사에서 파생된다고 하는 점에서는 공통적이며, 사역주의 직접적인 사역행위를 나타낸다는 점에 있어서도 유사성을 보인다.

6.5 재귀동사와 타동사의 동사 체계

재귀동사가 사역동사, 사역형의 대응을 보이는 반면, 타동사는 한 쪽에서는 대응하는 자발형 자동사를 가지면서, 또 다른 한 쪽에서는 사역동사의 파생은 없고 사역형 「サセル (saseru)·게하다」의 파생만을 갖는다. 이해를 돕기위하여 대응표로 나타내보면 다음과 같다.

6.5.1 일본어의 경우

동사가 갖는 재귀성이 원인이 되어 사역동사가 파생된다는 것은 반복적으로 기술되고 있는데, 표로 정리하면 다음과 같이 제시할 수 있다. 우선 재귀동사의 대응표는 다음과 같다.

〈표 2〉 재귀성 동사

재귀동사(1항)	재귀동사(2항)	사역동사	사역형
	着る	着せる	着させる
	履く	履かす	履かせる
	脱ぐ	脱がす	脱がせる
	羽織る	羽織らす	羽織らせる
	浴びる	浴びせる	浴びさせる
	食べる	食べさす	食べさせる
	食う	食わす	食わせる
	飲む	飲ます	飲ませる
	握る	握らす	握らせる
	持つ	持たす	持たせる
	取る	取らす	取らせる
	抱く	抱かす	抱かせる
	背負う	背負わす	背負わせる
	担ぐ	担がす	担がせる
	掴む	掴ます	掴ませる
	見る	見せる	見させる
	聞く	聞かす	聞かせる
	読む	読ます	読ませる
	書く	書かす	書かせる
座る		座らす	座らせる
立つ		立たす	立たせる
寝る		寝かす	寝らせる
遊ぶ		遊ばす	遊ばせる
走る		走らす	走らせる
泳ぐ		泳がす	泳がせる
行く		行かす	行かせる
來る		來さす	來させる

타동사의 경우는 사역동사가 파생되지 않으므로 다음과 같은 체
계가 된다.

〈표 3-1〉 타동성 동사

자발형	타동사	사역동사	사역형
倒れる	倒す		倒させる
曲がる	曲げる		曲げさせる
伸びる	伸ばす		伸ばさせる
回る	回す		回させる
掛かる	掛ける		掛けさせる
埋まる	埋める		埋めさせる
はずれる	はずす		はずさせる
離れる	離す		離させる
折れる	折る		折らせる
割れる	割る		割らせる
切れる	切る		切らせる
崩れる	崩す		崩させる
潰れる	潰す		潰させる
固まる	固める		固めさせる
広がる	広げる		広げさせる
締まる	締める		締めさせる
暖まる	暖める		暖めさせる
縮まる	縮める		縮めさせる
燃える	燃やす		燃やさせる
沸く	沸かす		沸かさせる
冷える	冷やす		冷やさせる
乾く	乾かす		乾かさせる
濡れる	濡らす		濡らさせる
こぼれる	こぼす		こぼさせる
汚れる	汚す		汚させる
荒れる	荒らす		荒らさせる
乱れる	乱す		乱させる
まとまる	まとめる		まとめさせる
治る	治す		治させる
育つ	育てる		育てさせる
貯まる	貯める		貯めさせる
残る	残す		残させる

〈표 3-2〉 타동성 동사

자발형	타동사	사역동사	사역형
向く	向ける		向けさせる
開く	開ける		開けさせる
閉まる	閉める		閉めさせる
倒れる	倒す		倒させる
反れる	反らす		反らさせる
揺れる	揺らす		揺らさせる
壊れる	壊す		壊させる
決まる	決める		決めさせる
破れる	破る		破らせる
焼ける	焼く		焼かせる
焦げる	焦がす		焦がせる
煮える	煮る		煮らせる
冷める	冷ます		冷まさせる
整う	整える		整えさせる
片づく	片づける		片づけさせる
	話す		話させる
	捜す		捜させる
	作る		作らせる
	投げる		投げさせる
	調べる		調べさせる

6.5.2 한국어의 경우

한국어에서의 타동사, 사역동사, 사역형의 체계는 다음과 같다. 우선 〈표 4〉은 재귀동사의 경우이다.

〈표 4〉 재귀성 동사

재귀동사(1항)	재귀동사(2항)	사역동사	사역형
	입다	입히다	입게하다
	신다	신기다	신게하다
	벗다	벗기다	벗게하다
	쓰다	씌우다	쓰게하다
	감다	감기다	감게하다
	빗다	빗기다	빗게하다
	차다	채우다	차게하다
	꼽다	꼽히다	꼽게하다
	먹다	먹이다	먹게하다
	잡다	잡히다	잡게하다
	들다	들리다	들게하다
	안다	안기다	안게하다
	업다	업히다	업게하다
	쥐다	쥐이다	쥐게하다
	보다	보이다	보게하다
	듣다	들리다	듣게하다
	읽다	읽히다	읽게하다
	쓰다	쓰이다	쓰게하다
	씻다	씻기다	씻게하다
앉다		앉히다	앉게하다
서다		세우다	서게하다
걷다		걸리다	걷게하다
자다		재우다	자게하다
놀다		놀리다	놀게하다
울다		울리다	울게하다
웃다		웃기다	웃게하다

〈표 5〉는 타동사의 경우로, 자발형과 사역형인 두 방향으로의 파생을 표시한다.

〈표 5〉 타동사

자발형	타동사	사역동사	사역형
넘어 지다	넘어뜨리다		넘어뜨리게하다
밀리다	밀다		밀게하다
구부러지다	구부리다		구부리게하다
부서지다	부수다		부수게하다
늘어나다	늘어뜨리다		늘어 뜨리게하다
돌다	돌리다		돌리게하다
묻히다	묻다		묻게하다
패이다	파다		파게하다
끌러지다	끌르다		끌르게하다
떼어지다	떼다		떼게하다
부러지다	부러뜨리다		부러뜨리게하다
잘라지다	자르다		자르게하다
무너지다	무너뜨리다		무너뜨리게하다
찢어지다	찢다		찢게하다
망가지다	망가뜨리다		망가뜨리게하다
쌓이다	쌓다		쌓게하다
열리다	열다		열게하다
닫히다	닫다		닫게하다
흔들리다	흔들다		흔들게하다
구워지다	굽다		굽게하다

이상으로 「이」형과 「サス (sasu)」형 사역동사가 재귀성과 관련된 동사에서 파생된다는 것을 〈표 2〉에서 〈표 5〉를 통해 확인할 수 있었다. 재귀성 동사는 대응하는 자발형 동사를 갖고 있지 않고, 타동성 동사에 한하여 대응하는 자발형 자동사가 파생된다는 것이 두 언어에서 공통적으로 나타났다. 자발형 동사의 파생과 타동사의 관계에 관한 것은 10장에서 다루기로 한다.

6.6 사역동사문의 의미적 특징

두 언어의 사역동사문 「サス (sasu)」형과 「이」형은 단순동사의 타동사문, 또 각각의 「サセル (saseru)」형과 「게하다」형의 전형적 사역문과는 다른 고유의 의미영역을 공유하는 것으로 생각된다. 여기에서는 의미적 특징으로써 사역주의 사역행위의 성질과 피사역자의 동작의 성질에 대해 검토하기로 하겠다.

6.6.1 사역주의 사역행위의 성질

타동사문의 동작주는 스스로의 제어 하에서 대상에 대하여 동작을 행하고, 그 때 대상은 해당 사태에 대하여 유생·무생에 관계없이 동작주로서의 성질을 전혀 드러내지 않는다. 반면에 이른바 전형적 사역문의 경우, 사역주가 간접적인 사역행위를 함으로써 피사역자의 의지·주체성에 작용하여 해당 사태를 성립시킨다. 즉 실제 동작을 행하는 이는 사역주가 아닌 피사역자, 즉 동작주인 것이다. 이와 같은 타동사문과 전형적 사역문의 중간적인 존재가 사역동사문이라고 할 수 있다. 사역동사문의 사역주는 피사역자에 대하여 직접적·타동적인 동작을 행하지만, 그 동작의 완전한 성립은 최종적으로는 피사역자의 동작주로서의 기능에 의존하지 않을 수 없다. 이는 두 언어에 공통적인 것으로, 예를 들어 「입다 (着る)」의 경우 타인에게 직접 옷을 입혀준다고 하는 의미는 「입히다 (着せる)」이고, 또 타인에게 간접적으로 작용하여 옷을 입도록 할 때에는 「입게하다 (着させる)」가 된다. 「이」형 사역은 타인에게 직접적으로 옷을 입혀주는 사태를 나타내며 이른바 타동사문적인 성질을 띤다. 다음의 예문에서도 이와 같은 사실을 볼 수 있다.

(22)   참으로 어울리는 <u>가발을 씌워</u> 주었다. (살아, 9)
        よく似合うかつらをかぶらしてくれた。

(23)   바람이 차거우므로 아이에게 <u>모자를 쓰게</u> 했다.
        風が冷たいので子供に帽子をかぶらせた。

예 (22)는 「쓰다」의 「이」형 사역으로, 사역주의 사역행위가 직접적
이다. (23)은 아이에게 명령하여 모자를 쓰게 한다는 의미로 사역
행위가 간접적이다. 이는 다음 예 (24)(25)와 같이 전형적 재귀동사
만이 아니라 재귀성을 띠는 다른 동사에서도 보이는 현상이다.

(24)   하나꼬를 의자에 앉히고 <u>밥을 먹이었다</u>.
        花子を椅子に座らし、ご飯を食べさせた。

(25)   손을 씻은 후 <u>점심을 먹게 했다</u>.
        手を洗ってからお昼を食べさせた。

이상의 검토를 통해서 「게하다」형 사역은 사역주의 사역행위가
간접적인 반면, 「이」형 사역은 직접적인 사역행위를 나타낸다는
것을 알 수 있었다. 일본어에서도 다음과 같이 (26)은 간접적인 사
역행위를 나타내고, (27)은 직접적인 사역행위를 나타낸다.

(26) 「わるかったわ。でしゃばって」と椅子にすわるなり辰子がわびた。
     "미안해, 주제넘게 참견해서." 의자에 앉자마자 다츠코가 사과
     했다.
     「何がですか」
     "뭘 말입니까?"
     「徹くんにさかなをひとりで食べさせたりしてさ。」   (氷点(上)、166)

"데츠군에게 생선을 혼자 먹게 해서 말이에요."

(27) 食べさしているぞ!……何かものを食べさしていましたね!(参加者の行動
についての司会者の発言)　　　　　　　　　(92,12/19、フジテレビ)

먹이고 있어! 무언가를 먹이고 있었죠!

또한 타동사문과 「サス (sasu)」형 사역과의 대조에 관해서 여기에
서는 일본어로 설명하고 있는데 한국어에서도 사정은 같다. 전형
적인 타동성을 나타내는 타동사문과 사역동사문은 동작주(動作主,
[+agent])인 주어를 취한다는 점에서 공통적이며, 동작주에 의한 힘
의 이동, 즉 대상에 대한 사역행위가 존재한다. 타동사문 중에서도
사역동사문과 구문적으로 유사한 3항 동사문을 비교해보면, 사역
동사문의 경우에는 여격보어에 오는 존재, 즉 피사역자의 어떠한
동작을 필요로 한다.

(28) 太郎が母に花束を送った。

타로가 어머니에게 꽃다발을 보냈다.

(29) お母さんが尚子に服を着せた。

어머니가 나오코에게 옷을 입혔다.

예 (28)의 「花束を送る (꽃다발을 보내다)」라는 행위는 여격보어의
동작과는 상관없이 성립하지만, (29)의 「服を着せる (옷을 입히다)」
라는 동작은 일반적으로는 피사역자의 어떠한 동작을 필요로 한다.
이처럼 「サス (sasu)」형 사역문의 사역주의 사역행위는 동작주로서
의 직접적인 행위를 나타낸다는 점에서는 타동사에 근접해가면서,
유생 존재로서의 피사역자의 어떠한 동작을 필요로 한다는 점에서
는 사역 본래의 성격을 유지하고 있다. 다시금 말하자면 두 언어에

서의 사역동사문은 사역주의 직접적 동작과 피사역자의 주체적 동작의 두 가지 측면을 모두 갖추고 있는 구문이라고 할 수 있다.

6.6.2 피사역자의 동작의 성질

사역주의 사역행위의 형태가 「サセル (saseru)」·「게하다」형 사역문과 「サス (sasu)」·「이」형 사역문이 다르다고 한다면, 그 움직임을 받는 피사역자의 움직임의 형태에도 차이를 보일 것이다. 「サセル (saseru)」·「게하다」형 사역의 경우, 피사역자는 사역주의 간접적인 사역행위를 받아 스스로의 의지에 따라서 동작을 행하는 [+agent] 성을 함의하고 있다. 반면 「サス (sasu)」·「이」형 사역은 사역주에게 강한 [+agent]성이 요구되고, 피사역자에게는 사역주의 사역행위를 받으면서 해당 사태의 성립을 위한 주체적인 존재로서의 최소한의 동작이 요구된다. 또한 피사역자의 성질은 동사에 따라 단계적이며, 사역주의 직접적인 사역행위를 받으면서도 「サセル (saseru)」·「게하다」형 사역의 동작주에 가까운 성질을 갖는 경우(「読ます (읽히다)」등) 부터, 동작주로서의 성격을 거의 잃은 타동사문의 대상에 가까운 경우(「寝かす (눕히다), 立たす (세우다)」등)까지 다양하게 존재한다. 다음 예문을 살펴보도록 하자.

(30) 花子が舞子に靴を自分ではかせた。

하나코가 마이코에게 신발을 스스로 신게 했다.

(31) 花子が舞子にミルクを飲ました。

하나코가 마이코에게 우유를 먹였다.

(32) 花子がマネキンに服を着せた。

하나코가 마네킹에게 옷을 입혔다.

예 (30)의 피사역자는 동작주의 성질을 갖고 있고, (31)의 경우에도 최소한의 동작주성을 가지고 있다고 할 수 있다. 이에 반해 (32)의 경우는 이미 동작주의 주체적인 움직임이 아니라 모두 사역주의 직접적인 사역행위에 의해 동작이 실행되고 있어 타동사문에 가깝다. 그러나 「着せる (입히다)」라는 사역동사는 보통 여격보어에 「마네킹」이 아닌 의지적인 존재를 취하는 것으로, 그 때에는 (31)과 같이 동작주의 움직임이 요구된다. 오히려 (32)의 경우가 특수하다고 할 수 있을 것이다. 즉 사역주의 동작에 의한 사역행위를 받으면서 주체적인 움직임도 필요로 하는 것이 「サス (sasu)」・「이」형 사역문에서의 피사역자가 갖는 전형적인 모습이라고 할 수 있다.

사역동사문의 의미적인 특징에 관해서 덧붙이고 싶은 것은 「サセル (saseru)」・「게하다」형 사역문이 다른 여러 요인과의 연관 속에서 다양한 의미·용법을 나타낼 수 있는 반면, 「サス (sasu)」・「이」형 사역문은 오로지 사역주의 직접적인 사역행위만을 나타낼 수 있다는 점이다.[53] 전형적 사역문에서 피사역자는 본래 사역주의 사역행위를 받으면서 전면적으로 동작주로서의 스스로의 의지를 가지고 행동하는 존재이다. 이에 반해 피사역자가 유생의 존재로서 최저한의 성질만을 유지하고 있는 사역동사문의 의미는 일반적인 타동사문에 매우 근접해 간다.

6.7 사역동사문의 통어적 특징

사역동사문이 갖는 의미적인 요인과 관련된 통어상의 현상에는

---

53 사역주와 피사역자의 관계, 두 사태의 선행, 후행 관계 등에 의해, 지시, 허가, 방임, 방치 등의 의미를 나타낼 수 있다. 자세한 것은 8장에서 고찰하고 있다.

어떠한 것이 있을까. 이하에서는 재귀대명사와 공기하는 경우의
해석에 관한 문제, 부사구의 해석의 문제, 이중사역의 문제를 중심
으로 검토하고자 한다.

6.7.1 구문 패턴의 차이

다음과 같은 사역문을 나타낼 수 있는 구문 패턴 중에서 「サセル
(saseru)」·「게하다」형 사역문은 모든 구문패턴으로 나타내어 지지
만, 「サス (sasu)」·「이」형 사역문은 선택적이다.

[a] 人ガ   人ニ   人ヲ   Vサセル。
    (사람이   사람에게   사람을   V게하다)

[b] 人ガ   人ニ   物ヲ   Vサセル/セル。
    (사람이   사람에게   사물을   V게하다/이)

[c] 人ガ   人ヲ(ニ) V(サ)セル。
    (사람이   사람을   V게하다/이)

[e] 物ガ   人ニ   物/人ヲ   Vサセル。
    (사물이   사람에게   사물/사람을   V게하다)

[f] 物ガ   物ヲ   Vサセル。
    (사물이   사물을   V게하다)

「サス (sasu)」·「이」형 사역문이 취하는 구문 패턴을 보면 우선 사
역주가 사물인 경우가 제외되고 피사역자=동작주로서의 사물도
취하지 않는다. 즉 「サス (sasu)」·「이」형 사역문은 패턴 [b]와 [c] 이
외의 것은 취하기 어려운 것으로 보인다. 동작주로서 사람이 나타
나지 않는 것은 「サス (sasu)」·「이」형 사역을 파생시키는 재귀동사

가 [+animate]라는 의미소성을 갖는 동작주를 취하는 것에 따른 당연한 귀결이라고 할 수 있다. 「サス (sasu)」·「이」형 사역문의 사역주의 사역행위는 항상 직접적인 것이고, 그러한 동작을 할 수 있는 것은 [+animate], 특히 [+human]이기 때문에 사역주는 사람에 한정된다. 이와 같은 점에서는 두 언어 간의 차이가 보이지 않는다.

6.7.2 재귀대명사의 해석과 문제

「サセル (saseru)」·「게하다」형이 사역문의 전형에서 벗어나 타동사문과의 중간에 위치하게 된다는 것은 다음과 같은 재귀대명사 (「自分」·「자기」)가 공기할 경우의 해석 차이에서도 확인된다.[54]

(33) a. 하나꼬는 타로에게 자기(하나꼬/타로)방에서 옷을 입게 했다.
   b. 花子は太郎に自分(花子/太郎)の部屋で服を着させた。

(34) a. 하나꼬는 타로에게 자기(하나꼬/?타로)방에서 옷을 입혔다.
   b. 花子は太郎に自分(花子/?太郎)の部屋で服を着せた。

(35) a. 하나꼬는 타로를 자기(하나꼬/*타로)방에서 때렸다.
   b. 花子は太郎を自分(花子/*太郎)の部屋でぶった。

예 (33)의 「サセル (saseru)」·「게하다」형 사역문의 「自分」·「자기」는 사역주와 동작주 모두를 지시할 수 있지만, 타동사문 (35)의 「自分」·「자기」는 주어로 해석하는 경우만이 가능하다. 사역동사문 (34)의 경우, 「サス (sasu)」·「이」형 사역문의 「自分」·「자기」는 「花子 (하나

---

54 다음 예문의 3행에 나와 있는 일본어는 한국어역이 아닌 두 언어를 비교하기 위한 일본어의 예로 다루는 것이므로, 인용부로 나타내지 않았다. 이후 인용부로 나타나있지 않은 경우는 예로써 다루고 있음을 의미하고, 따라서 문법적인 용인성을 나타내는 기호를 붙이는 경우도 있다.

코)」로 해석하는 것이 더 우선적이기는 하나 피사역자인 「太郎
(타로)」의 해석도 불가능하다고는 단정 짓기 어렵다. 각각의 구문
의 차이가 재귀대명사의 해석에 반영되고 있다고 할 수 있고, 이 점
에 한해서 두 언어 간의 차이는 보이지 않는다.

6.7.3 부사구 해석의 문제

재귀대명사에 관한 해석의 차이와 같은 문제가 시간부사구가 부
가된 경우에서도 나타난다. 결론부터 말하자면, 전형적 사역문이
두 가지 사태로 이루어진 것과는 대조적으로, 사역동사문은 타동
사문에 가깝고 하나의 사태를 나타내기 때문에 일어나는 현상이라
고 할 수 있다.[55]

> (36) 하나꼬는 타로에게 <u>3시에</u> 약을 <u>먹게 했다</u>.
> 花子は太郎に<u>3時に</u>薬を<u>飲ませた</u>。
> (37) 하나꼬는 타로에게 <u>3시에</u> 약을 <u>먹이었다</u>.
> 花子は太郎に<u>3時に</u>薬を<u>飲ました</u>。

예 (36)의 「3時に (3시에)」는 하나코가 타로에게 명령한 시간이 3시
라는 해석과 타로가 약을 먹은 시간이 3시라는 해석 모두 가능하
다. 이에 반해 (37)b사역동사문의 「3時に (3시에)」에는 이와 같은
두 가지의 해석은 불가능하고, 「花子 (하나코)」가 동작을 행한 시간
만을 가리킨다.

---

55 사역문이 내포문(埋め込み文) 구조이며 두 가지 사태로 이루어져 있다는 것은 일
  반적인 견해이나, 본고에서 말하는 사역동사문의 경우는 단문구조이며 하나의
  사태를 나타내는 것으로 생각된다.

또한 「빨리 (はやく)」라는 부사구가 공기하는 경우의 해석에서도 이러한 차이가 보인다.

> (38) 하나꼬는 타로에게 **빨리** 밥을 <u>먹게 했다</u>.
>   花子は太郎には<u>やく</u>ご飯を<u>食べさせた</u>。
> (39) 하나꼬는 타로에게 **빨리** 밥을 <u>먹이었다</u>.
>   花子は太郎には<u>やく</u>ご飯を<u>食べさした</u>。

예 (38)의 경우, 「花子は太郎にはやい時間にご飯を食べさせた (하나코는 타로에게 이른 시간에 밥을 먹게 했다)」라는 시간부사구의 해석과 「花子は太郎に食べる速度をはやくするように命じた (하나코는 타로에게 먹는 속도를 빨리 하도록 명령했다)」라는 양태부사구의 해석이 가능하다. 그러나 (39)에서는 사역주인 하나코의 행위의 양태만을 수식하고 있다. 반복되는 내용이기는 하나 「게하다」·「サセル (saseru)」형 사역문이 하나코의 타로에 대한 사역행위와 타로의 행위, 두 가지 사태를 나타내는 내포문(埋め込み文)인 것과는 대조적으로, 「이」·「サス (sasu)」형 사역문은 하나코의 행위라는 하나의 사태를 나타내는 단문구조의 사역동사문이라는 점이 이러한 부사구의 해석에 관한 차이를 초래하는 것으로 생각된다.[56]

6.7.4 동작주 표시 수동문의 용인성

사역동사문과 전형적 사역문를 수동화하여 동작주의 표시에 관

---

[56] 엄밀하게는 타동사문이 하나의 사태를 나타내는 것에 비해 사역동사문은 피사역자의 동작주적인 성질이 요구된다는 점에서 완전히 하나의 사태라고는 단정 지을 수 없다. 그러나 「サセル (saseru)」형과의 명백한 차이가 인정된다.

해 비교·검토해보도록 하자.

(40) a. 花子は太郎に薬を飲ました。 / 太郎が(?花子に)薬を飲まされた。

  　 b. 花子は太郎に薬を飲ませた。 / 太郎が花子に薬を飲ませられた。

(41) a. 花子は太郎に荷物を持たした。 / 太郎が(?花子に)荷物を持たされた。

  　 b. 花子は太郎に荷物を持たした。 / 太郎が花子に荷物を持たせられた。

각각의 (a) 「サス (sasu)」형 사역문의 수동문은 기본문의 동작주를 배경으로 물러나게 하지 않으면 부자연스러운 문이 되는 데 반해, (b) 「サセル (saseru)」형 사역문의 수동문은 기본문의 사역주를 표시하지 않는 것이 오히려 부자연스럽게 느껴진다. 일반적으로 타동사의 수동문은 동작을 받는 이를 주격에 위치시키므로 동작주의 존재를 배경으로 물러나게 하는 기능을 갖고 있다. 사역동사문도 이와 같은 제한에 영향을 받고 있는 것은 아닐까. 바꿔 말하면 사역동사문이 타동사문의 성격을 공유하고 있기 때문에 나타나는 현상이라고도 할 수 있을 것이다. 다음과 같은 사역동사문의 경우, 동작주가 배경화되고 있다는 것을 확인할 수 있다.

(42) ぼくは睡眠薬を<u>飲まされ</u>、海に沈められることになっていたが、……。

(赤(上)、 p182)

  나는 수면제를 억지로 먹고 바다에 가라앉히는 걸로 되어 있었지만 ……

(43) その子のつくり話を半年間山ほど<u>聞かされて</u>、一度も疑わなかったのよ。

(ノル、 p225)

  그 아이가 지어낸 이야기를 반년 동안 수도 없이 들었는데, 한 번도 의심하지 않았어.

(44) そのときになってようやく自分がベッドに<u>寝かされて</u>いることに気がついた。 (赤(上)、p149)

그 때가 되어서야 겨우 자신이 침대에 눕혀져 있다는 걸 깨달았다.

타동사문의 동작주는 수동문이 되면 배경화되는 경향이 있고, 전형적 사역문의 사역주는 배경화되지 않는 경향이 있다고 할 수 있다. 바꿔 말하면 「サス (sasu)」형 사역동사문이 타동사문적인 성격을 갖고 있기 때문에 상기와 같은 현상이 나타나는 것이라고 볼 수 있지 않을까 생각된다. 이상으로 「サス (sasu)」형 사역문과 「サセル (saseru)」형 사역문의 수동문에서의 동작주 표시에 관한 문제를 통해 두 형식의 사역문이 서로 다른 현상을 보인다는 점이 검증되었다.

6.7.5 이중사역의 성립

이중사역 성립의 가능 여부에 관해서는 일본어와 한국어가 차이를 보인다. 위에서 서술한대로 한국어의 두 사역은 파생 방식이 서로 다르다. 「이」형 사역은 동사의 어간에 사역접사 「이」를 붙여서 파생시키지만, 「게하다」형 사역은 「동사 (형용사)의 어간＋게＋하다」라는 조합으로써 사역문을 파생시킨다.[57] 한국어에서는 「이」형의 파생동사가 또한 「게하다」의 사역화의 대상이 될 수 있고, 따라서 다음과 같이 이중사역이라고도 할 수 있는 문이 존재한다.[58]

---

57 「게」는 용언의 어간에 붙는 접속어미로 「(する)ように」와 같은 의미이다. 「하다」는 형식동사로 「漢語＋하다」와 같이 한어동사로 만드는 기능을 가지고 있다. 일본어의 「スル (suru)」에 거의 대응한다.

58 한국의 국어학에서 이중사역이라는 용어가 확립되어 있는 것은 아니나 편의상 이 용어를 사용하기로 한다. 이 경우의 사역동사란 의미적인 사역동사가 아닌 단순동사에 사역접사 「이」를 붙여서 파생시킨 동사를 가리킨다.

(45) 어머니가 영희에게 동생 옷을 <u>입히게 했다</u>.

　　お母さんがヨンヒに弟の服を<u>着させた</u>。(着せるように指示した)

(46) 하나꼬가 파출부를 불러 아기에게 우유를 <u>먹이게 했다</u>.

　　花子が家政婦を呼び、赤ちゃんにミルクを<u>飲ませた</u>。(飲ませるように命じた)

　한국어에서 이중사역이 성립하는 것은 「이」형 사역동사의 파생이 안정적이며 파생된 「이」형이 단순동사로써 인식되는 경향이 있기 때문에 일어나는 현상이라고 할 수 있다. 이러한 현상이 일본어에서는 나타나지 않는 것은 「サス (sasu)」형과 「サセル (saseru)」형이 「동사의 어간＋ (s)asu, (s)aseru」와 같이 동일한 파생 방법을 취하기 때문인 것으로 생각된다. 한국어의 「입히게 하다」구조는 「着せ・させる」에 해당하고, 이러한 이중사역문은 일본어에서는 「着させる」가 담당하고 있다.

6.8 결론

　이상으로 한국어의 「이」형 사역동사문과 동일한 일본어의 「サス (sasu)」형 사역동사문이 재귀동사에서 파생되고, 전형적 사역문 및 타동사문과도 다른 의미를 나타내며 사역동사문으로써 고유한 카테고리를 갖고 있다는 것을 밝혔다. 두 언어의 사역문의 틀 속에서, 또한 타동사문과의 비교를 통해서 「サス (sasu)」형과 「이」형 사역동사문의 의미·통어적인 특징에 대해 논하였는데, 여기에서 미처 다 기술하지 못한 것들은 이후의 고찰로 넘기고자 한다.

제7장

사역문과 재귀성(1)
– 동작주 마커와 동작 실행 함의

7.1 들어가기

6장에서는 직접사역을 나타내는 「サス (sasu)」·「이」형의 사역동사문을 생산적인 문법 카테고리로써 인정하고, 다양한 관점에서 「サセル (saseru)」·「게하다」형 사역문과 비교하였다. 본장에서는 「サセル (saseru) 」·「게하다」형으로 대표되는 전형적인 사역문을 중심으로 대조적인 관점에 의거하여, 기본동사의 재귀성과 관련된 사역 현상을 분석하고자 한다. 구문론적인 관점에서는 동작주 마커에 관한 문제를 언급한다. 또한 사역형 동사는 사역이라는 중심적인 의미 외에 어떠한 의미를 함의하고 있는지 라는 관점에서 사역문에서의 동작주의 동작 실현의 함의에 관한 문제를 다룬다.

7.2 동작주 마커

사역에 관하여 논할 때, 종종 피사역자(=동작주)를 표시하는 격

조사가 문제가 된다. 통상적으로 「ニ (ni)사역」, 「ヲ (wo)사역」이라고 일컬어지는 경우가 있지만, 「行く (가다), 来る (오다)」와 같은 이동 동사에 한정된 논의가 이루어져 왔고 다른 동사의 경우에 대한 논의는 찾아보기 어렵다. 사역문의 동작주격의 문제가 일부 동사에 한정된 문제라면, 타동사문을 기본문으로 하는 사역문이 이 논의의 대상이 되지 않는 점에 대해 설명해야만 할 것이다. 본 절에서는 이러한 관점에서 동사 유형별로 동작주격에 관한 문제를 다루기로 한다.

사역문에서의 동작주 마커(agent marker)란 피사역자를 표시하는 격(格, case)을 가리킨다.[59] 일본어에서는 「ニ (ni)」·「ヲ (wo)」격이, 한국어에서는 「에게」·「을/를」격이 사용되고 있다.[60] 일본어에서는 기본문에 「ヲ (wo)」격이 있는 사역문에서는 동작주 마커로써 「ニ (ni)」격이 취해진다. 그러나 한국어의 경우 기본문에서도 이중 대격문이 허용되기 쉽고, 기본문에 「을/를」을 갖는 문이 사역문이 될 때에도 동작주격으로써 「을」이 사용되는 경우가 있다. 이하에서는 언어 별로 각각의 동사 유형별로 고찰을 진행해 나가겠다.

결론을 먼저 말하자면, 동작주 마커에 관해서는 이중대격의 허용성에 관하여 한국어와 일본어 양 언어 간에 차이가 나타난다. 일본어의 경우 이 제한이 엄격하기 때문에 대격을 동반하는 기본문의 사역문은 동작주 마커로써 「ヲ (wo)」를 취하기 어렵다. 대조적으로 한국어의 경우에는 대격을 동반하는 문의 사역문에서도 조건이

59 감정·인식동사 사역의 경우, 피사역자는 경험주로 동사의 성질이나 사역주의 작용의 성질 등에 의해 그 동작주성은 단계적이나 하나로 묶어 〈동작주〉로 본다.
60 두 언어에서는 「ヲ (wo)」격은 「ヲ/을」과 같이 대응하고, 「ニ格」격은 「ニ/에게」와 같이 대응한다. 또한 일본어의 「ヲ (wo)」에 대응하는 한국어의 격조사는 형태로써는 「을」과 「를」두 가지가 있으나 동일한 기능을 하는 것이다. 「을」로 대표하여 표기하기로 한다.

충족된다면 동작주 마커로써 「을」이 허용되는 경우가 존재한다. 기본문이 대격을 동반하는 문에서 사역의 동작주 마커로써 대격을 허용하는 조건 중의 하나는 기본동사가 재귀성을 띠는 경우이다. 즉 한국어의 사역문에서의 동작주 마커는 「에게」와 함께 자·타동사에 관계없이 「을」도 사용되지만, 일본어의 경우 대격을 동반하는 문의 사역은 동작주 마커로써의 「ヲ (wo)」를 동반하기 어렵고 「ニ (ni)」격만이 채용된다. 이하에서는 타동사와 재귀성 동사의 의미 차이 및 동작주격의 관계, 그리고 일본어와 한국어 두 언어 간의 차이에 대해서 좀 더 고찰하기로 하겠다.

7.2.1 기본동사가 타동성인 경우

전형적인 타동성을 나타내는 기본문에서 파생된 사역문의 경우, 동작주 마커는 「ニ (ni)」격 만이 선택된다. 일본어와 한국어로 나누어 기술하고 있는데, 타동성을 나타내는 경우에는 두 언어 간의 차이가 보이지 않는다.

가) 일본어의 경우
일본어의 경우, 하나의 문 속에 대격보어가 두개 나타나는 경우는 드물고 이중대격 제한이 엄격한 것으로 알려져 있다. 다음의 예문을 보도록 하자.

(1) 花子が*太郎を/太郎に手紙を送る。
하나코가 *타로를/타로에게 편지를 보내다.
(2) 花子が*太郎を/太郎にパンをあげる。
하나코가 *타로를/타로에게 빵을 주다.

(3) a. 花子が*太郎を/太郎に花瓶を壊させる。

　　　하나코가 *타로를/타로에게 꽃병을 깨트리게하다.

　　b. 太郎が花瓶を壊す。

　　　타로가 꽃병을 깨트리다.

(4) a. 花子が*太郎を/太郎に次郎のことを調べさせる。

　　　하나코가 *타로를/타로에게 지로에 대한 것을 조사하게하다.

　　b. 太郎が次郎のことを調べる。

　　　타로가 지로에 대한 것을 조사하다.

(5) a. 花子が*太郎を/太郎に植木を運ばせる。

　　　하나코가 *타로를/타로에게 화분을 옮기게하다.

　　b. 太郎が植木を運ぶ。

　　　타로가 화분을 옮기다.

예 (1)과 (2)는 보어를 두 개 취하는 타동사문으로, 「太郎を (타로를)」
는 용인될 수 없고 여격보어를 표시하는 것은 「二 (ni)」격이다. 이와
같은 제한은 사역문에서도 마찬가지이다. (3) 이하는 각각의 (b)의
타동사를 기본동사로 하는 사역문으로, 동작주 마커로써 대격은
용인될 수 없다. 여기에는 다양한 요인이 얽혀있다고 생각되는데,
우선 다음의 두 가지 요인에 대해 생각해보고자 한다. 첫 번째 요인
으로는 대격보어가 연속됨으로써 부자연스러운 문이 된다는 점을
들 수 있고, 두 번째 요인으로는 「太郎が花瓶を壊す (타로가 꽃병을
깨다)」라는 기본문에서 동작주인 「太郎 (타로)」와 대상인 「花瓶 (꽃
병)」의 개체성이 높다는 점을 들 수 있다. 즉 기본문의 대상인 대격
보어가 대격으로써 확립되기 위해서 다른 문법성분에 대격을 허용
하지 않는 것으로 생각된다. 마찬가지로 사역문에서도 기본문이
개체성이 높은 대격보어를 포함하고 있는 타동문의 경우에는 피사

역자인 동작주격으로써 대격이 선택될 수 없는 것이라고 할 수 있을 것이다. 실제 예문을 살펴보도록 하자.

(6) これ以上、<u>夏枝に陽子を育てさせる</u>のはむごいような気がした。

(氷点(下)、 p244)

더 이상 나츠에게 요코를 키우게 하는 것은 잔혹한 듯한 기분이 들었다.

(7) <u>甥に食料品の勘定払わせた</u>なんてわかったら、私は親戚中の笑いものだわよ。 (ノル(下)、 p248)

조카에게 식료품비를 내게 한다는 걸 알았다면, 나는 친척들에게 비웃음거리가 될 거야.

(8) いまもあれこれ関係者をたどって、片桐がモスクワのどこにいるのか、それを<u>探らせ</u>いるところです。 (赤(上)、 p200)

지금도 여기저기 관계자들을 찾아가서 가타기리가 모스크바의 어디에 있는지, 그걸 찾아내게 하고 있는 참입니다.

예를 들어 (6)의 「夏枝が陽子を育てる (나츠에가 요코를 키우다)」라는 기본문에서, 대격인 명사는 사람이며 일반적으로 사물보다 개체성이 높은 것으로 여겨진다. 이 문을 사역문으로 할 경우, 동작주격으로써의 「ヲ(wo)」를 허용하지 않게 된다. 다른 예문에서도 기본문이 대격으로써의 대격보어를 포함하고 있으므로 사역문의 동작주격으로써는 「ニ(ni)」만이 허용된다. 일본어에서 대격의 기본적인 기능이 대격보어를 표시하는 것이라는 사실을 생각한다면, 기본문에 포함된 대격보어가 대격으로써의 자격을 충분히 가지고 있는 타동문의 경우 다른 보어가 대격을 취하기 어렵다는 것은 당연한 일이라고 할 수 있을 것이다.

나) 한국어의 경우

일본어의 경우, 타동성을 나타내는 문의 사역문에서는 동작주 마커로써 대격의 사용이 제한되며 「二(ni)격」이 채용된다. 한국어의 경우에는 이중대격이 일본어에 비해 비교적 용인되기 쉬운 것으로 알려져 있는데, 그 용인도에는 동사에 따라 차이를 보인다. 타동성의 경우 한국어에서도 기본적으로는 이중대격의 제한이 있기는 하나, 다음의 예문을 통해서도 알 수 있듯이 일본어보다는 다소 용인되기 쉽다고 할 수 있다.

> (9)　a.　하나꼬가 <u>나오꼬를</u> 선물을 주었다.
> 　　　　花子が直子をプレゼントをあげた。
> 　　b.　하나꼬가 <u>나오꼬에게</u> 선물을 주었다.
> 　　　　花子が直子にプレゼントをあげた。
> (10)　a.　하나꼬가 *<u>나오꼬를</u> 타로를 때리게 했다.
> 　　　　*花子が直子を太郎を殴らせた。
> 　　b.　하나꼬가 <u>나오꼬에게</u> 타로를 때리게 했다.
> 　　　　花子が直子に太郎を殴らせた。

예 (9a)는 자연스러운 문이라고 할 수는 없지만 문법성 판단으로써 완전한 비문(非文)이라고는 하기 어렵다. 일본어의 (2)와 비교해보면 두 언어 간의 차이를 인정할 수 있다. 이처럼 타동사의 사역문의 경우에는 동작주 마커로써 대격을 용인하지 않는다. 즉 타동문에서는 용인될 가능성을 가지고 있음에도 불구하고 사역문이 되면 일본어와 마찬가지로 여격(与格, dative)인 「에게」만이 용인된다. 이러한 차이는 어디에서 오는 것일까. 한국어 대격의 적용 범위에 관한 재고를 통하여 그 단서를 찾아보기로 하자.

(11) a. 「아주머니 이거 선물로 드릴게요.」

　　　おばさん、これ、おみやげにあげるよ。

　　 b. 「<u>나를</u> 준다고요 ?」

　　　私ヲくれるって ?（私にくれるって ?）

(12) a. 「이 일은 미라한테 시키자.」

　　　このことはミラにやらせよう。

　　 b. 「<u>미라를</u> 시킨다고 ?」

　　　ミラヲさせるって ?（ミラにさせるって ?）

상기 예문은 (b)가 (a)에 대한 대답, 이라는 구성으로 되어 있다. (b)의 대격 마커가 취해져 있는 부분을 주목해보면, 일본어역을 통해서도 알 수 있듯이 일반적으로는 여격인 「에게」가 되어야 할 부분이다. 그러나 대격을 표시하는 「을」이 취해져 있고, 이는 일본어에서는 허용되지 않는다. (11)은 통상적인 문이라면 동작을 받는 이를 나타내는 여격으로써 「에게」가 채용된다. 여격 「에게」 대신 채용된 대격 「을」을 분석해보면, 해당 문 속에서 주제(主題 topic)의 기능을 담당하고 있다는 것을 알 수 있다. 한국어의 「을」격에 주제의 마커로써의 기능이 있다고 한다면, 위의 문이 성립되는 이유가 설명된다. 주제를 표시하는 대격이 존재한다는 것은 이중대격을 허용하는 현상과 직접적으로는 관련되어 있지 않을 수도 있으나, 한국어의 대격이 대상만을 표시하는 것이 아니라 다소 넓은 범위에 걸쳐져 있는 것이라는 사실을 알 수 있다. 물론 다음 절에서 서술할, 재귀성의 기본동사에서 파생된 사역문에서 동작주 마커로써 대격이 채용되기 쉬운 현상과는 다소 그 취지가 다르다. 여기에서 강조해두고자 하는 것은 한국어의 대격에 해당하는 「을」이 넓은 수비범위를 가지고 있다는 점이다.

7.2.2 기본문이 재귀성을 나타내는 경우

우선 기본문이 재귀성을 나타내는 경우이면서 보어를 취하는 타이프, 즉 2항 체제부터 살펴보기로 하고, 다음으로는 1항 체제의 재귀문을 기본문으로 하는 사역문을 분석하기로 하자. 재귀문에 포함되는 대격보어가 동작주와 소유관계를 나타내는 등 개체성(個體性)이 낮기 때문에 사역문의 동작주 마커로써 대격이 채용될 가능성이 타동문보다 높아지게 된다는 예측이 가능할 것이다.

가) 일본어의 경우

일본어의 경우, 타동성인 기본문에서 파생된 사역문에서는 피사역자(=동작주) 마커로써 대격이 허용되지 않았다. 그러나 재귀동사인 경우는 다소 제한이 완화되어, 동작주를 대격으로 표시하는 문을 비문(非文)이라고 단정 짓기는 불가능하다. 다음 예문을 살펴보자.

(13) a. 花子が<u>尚子に</u>服を着させた。

　　　하나코가 나오코에게 옷을 입게 했다.

　　b.*花子が<u>尚子を</u>服を着させた。[61]

(14) a. そのために<u>私に</u>水を浴びさせたの?

　　　그래서 나한테 물을 뒤집어쓰게 한 거야?

　　b.*そのために<u>私を</u>水を浴びさせたの?

61　(b)는 모국어 화자의 판단을 바탕으로 비문 표시인 「＊」를 붙인 것이다. 그러나 문법적 판단으로써는 비문이나 타동사문에 비해 그 용인도가 높아진다고 하는 의견이 있었다. 일본어의 경우 이중대격이 허용되지 않는 기본적 제한이 있는 반면, 타동사와 재귀동사 사이에 차이가 나타나는 것도 사실이다.

(15) a. 花子が尚子にご飯を食べさせている。

　　　　　하나코가 나오코에게 밥을 먹게 하고 있다.

　　　b.*花子が尚子をご飯を食べさせている。

(16) a. 花子が尚子に本を読ませている。

　　　　　하나코가 나오코에게 책을 읽게 하고 있다.

　　　b.*花子が尚子を本を読ませている。

일본어의 경우, 타동사와 마찬가지로 기본문에 대격을 동반하는 전형적 재귀동사와 재귀타동사의 사역문의 동작주 마커는 「ヲ(wo)」격이 채용되지 않는 경향이 있다. 그러나 상기 예문의 (b)와 같이, 타동사에 비해서는 그 용인도가 약간 올라간다. 그 원인은 「服(옷), ご飯(밥)」등의 대격보어가 「花瓶を壊す(꽃병을 깨다)」의 「花瓶(꽃병)」에 비해 동작주와 소유관계에 있고, 따라서 항(項)으로써의 독립성이 낮기 때문인 것으로 보인다. 또한 다음의 구체적인 예를 통해서 알 수 있듯이, 동일한 동사에서도 (15b)는 용인도가 낮지만 (17)처럼 다른 문법성문이 중간에 들어가게 되면 용인도가 올라간다.

(17)?食欲をなくした太郎を、母は好物をこしらえ、たっぷり食べさせた。

　　　어머니는 타로가 좋아하는 음식을 만들어서, 식욕을 잃은 타로를 잔뜩 먹게 했다.

　지금까지의 고찰을 바탕으로, 이중대격에 관련된 요인으로 두 가지를 생각해볼 수 있다. 첫 번째 요인으로 생각해볼 수 있는 것은 동사가 함의하는 대격보어의 성질로, 동작주와 명확하게 구별되는 명사의 경우 항으로써 독립해 있고, 따라서 다른 보어에 「ヲ(wo)」격은 허용되지 않는다. 대격보어의 항으로써의 독립성이 낮아지면 낮아질수록, 다른 보어의 격조사로써 「ヲ(wo)」격을 용인하는 정도가 높아지는 것으로 생각된다. 또 다른 요인으로는 대격이 연속해서 나타나지 않는다면 다소 수용되기 쉬운 것으로 생각된다. 어느 쪽이든 일본어에서는 이중대격의 제한이 엄격하고, 다음과 같이 실제 예에서는 찾아볼 수 없다.

(18) 夏枝は、ひざまずいて、いつものように<u>啓造に靴下を履かせた</u>。

(氷点(上)、 p 186)

나츠에는 무릎을 꿇고, 늘 그랬던 것처럼 게이조에게 신발을 신게 했다.

(19) どんなことがあっても、<u>答辞を読ませてはならない</u>。(<u>陽子に</u>)

(氷点(下)、 p 342)

무슨 일이 있어도 답사를 읽게 해서는 안 된다.

(20) <u>ユキにちゃんと飯を食わせて</u>くれればそれでよろしい。

(ダンス(下)、 p 42)

유키에게 제대로 밥을 먹게 해 준다면 그걸로 괜찮아.

(21) 誰が、<u>自分の娘を殺した人間の子</u>に、着物を着せ、<u>食べさせ</u>、学校にやって二十年近くも同じ屋根の下で暮らすことができるでしょう。

(氷点(下)、 p 342)

어느 누가 자신의 딸을 죽인 사람의 아이에게 옷을 입히고 먹이고 학교에 보내면서 이십년 가까이 같은 지붕 아래에서 살 수 있을까요.

(22) ぼくは睡眠薬を飲まされ、海に沈められることになっていたんだが、そのことに気がついて、ジュースのコップをすり替え、逆に<u>その男に睡眠薬を飲ませた</u>。

(赤(下)、 p 182)

나는 수면제를 먹고 바다에 가라앉혀질 처지였지만, 그 사실을 알아 차려 주스가 담긴 컵을 바꿔치기해서, 오히려 그 남자에게 수면제를 먹게 했다.

(23) 三十分ばかり火を燃やしていたのだけれども、どうしても卵は燃えないので、子供たちに卵を火の中から拾わせて、梅の木の下に埋めさせ、私は小石を集めて墓標を作ってやった。　　　　　　　(斜陽、p 12)

30분 정도 불을 지피고 있었지만 아무리 기다려도 알은 타지 않았기 때문에, 아이들에게 알을 불 속에서 줍게 해서 매화나무 아래에 묻게 하고, 나는 작은 돌을 모아서 묘비를 만들어 주었다.

(24) そんなに時間はとらせません。(あなたに)　　　(ダンス(下)、p 240)

그렇게나 시간을 들이게 할 수는 없습니다. (당신에게)

(25) そして僕にウサギを抱かせてくれた。(ノル(上)、p 246)

그리고 내게 토끼를 껴안게 해 주었다.

(26) そして女たちには鍋をもたせ、すりこぎで力いっぱい叩かせた。

　　　　　　　　　　　　　　　　　　　　　　(羊(下)、p77)

그리고 여자들에게 냄비를 들게 해서, 나무공이로 있는 힘껏 두드리게 했다.

예문 (18)에서 (21)까지는 전형적 재귀동사의 사역문이고 (22)부터 (26)까지는 재귀타동사의 사역문으로, 동작주격으로써 「二 (ni)」격이 사용되고 있다. 실제적인 사용에서는 역시 문으로써의 자연스러움이 요구되기 때문에, 대격의 중복은 허용되지 않는 것으로 생각된다. 동일하게 재귀타동사로 분류되는 「待つ (기다리다)」라는 동사는 다음과 같은 사역문의 경우에는 동작주격으로써 「ヲ (wo)」격을 취한다.

(27) あんたみたいな美人をこんなところで待たせるなんて、ずいぶん羨ましい人だって、みんなそう話していたんだ。　　　　　　(赤(上)、p33)

당신 같은 미인을 이런 곳에게 기다리게하다니 꽤나 부러운 사람이네, 라고 모두들 얘기하고 있었어.

(28) 次子たちが帰ってくるまで、村井を待たせておこうかと思った。

　　　　　　　　　　　　　　　　　　　　　　　(氷点(上)、p111)

츠기코 들이 돌아올 때까지 무라이를 기다리게 할까 생각했다.

「待つ」라는 동사는 대격보어를 포함하는 동사이나, 그 의미를 생각해보면 대격보어가 항으로써의 독립성이 낮고 자동사에 가까운 의미를 나타내고 있는 것으로 생각된다. 그렇기 때문에 사역문의 피사역자(동작주) 마커로써 대격이 채용되고 있는 것으로 보인다. 또한 대격을 취하는 동사이면서 문에서 실제적으로는 대격이 나타나 있지 않기 때문에, 동작주격으로써 대격이 채용될 가능성도 있는 것으로 생각된다. 실제 문에서 생략되기 쉽다고 하는 점은 대격이 전형적인 대격이 아니기 때문인 것으로 생각해볼 수 있고, 두 가지 설명이 모순된다고는 할 수 없다.

　나) 한국어의 경우

　한국어의 경우에는 일본어보다 재귀성을 나타내는 기본문에서 파생된 사역문에서 이중대격이 용인되기 쉬울 것으로 예측해볼 수 있다. 예문을 살펴보도록 하자.

(29)?나미가 친구를 구두를 신게 했다.

　　ナミが友達を(に)靴を履かせた。

(30) a.?엄마가 <u>아기를</u> 우유를 먹게했다.

　　　　お母さんが赤ちゃんを(に)ミルクを飲ませた。

　　b. 엄마가 <u>아기를</u> 우유를 먹이었다.

　　　　お母さんが赤ちゃんを(に)ミルクを飲ました。

예 (29)의 재귀동사에서 파생된 사역문은 타동사의 경우보다는 피
사역자(=동작주) 마커로써 대격을 용인하는 정도가 높아진다. 또
한 사역주와 피사역자(=동작주)가 소유관계, 예를 들어 (30a)와 같
이 부모 자식 관계인 경우에는 한층 더 이중대격을 포함하는 문이
자연스러워진다. 또 소유관계를 나타내는 경우, 간접사역인 (a)의
「게하다」형 사역문 보다 (b)의「이」형 직접사역문에서 이중대격의
용인도가 높아지고, 거의 적격문인 것으로 판단할 수 있다. 이는 피
사역자의 의지에 작용해서 사역 사태를 수행시키는 간접사역문보
다, 피사역자의 동작주성이 낮고 사역주의 지배력이 강한 직접사
역문의 경우가 보다 더 피사역자를 대격으로 표시하기 쉽다는 사
실을 말해 주고 있다.

　한국어에서 나타나는 이중대격의 용인도의 단계성에는 기본문
의 성질의 차이, 즉 타동성과 재귀성이 관여하는 것으로 생각된다.
또한 이와 더불어 사역문의 경우, 사역주와 피사역자(=동작주)의
관계도 관련되어 있을 것으로 보인다. 하나의 기본동사에서 파생
된 사역문이면서 사역주와 피사역자의 관계에 차이가 인정되는 문
을 살펴보면서 이러한 예측의 진위를 확인해보고자 한다.

(31) a. 어머니가 <u>아들에게</u> 아침을 먹게 했다.

　　　　お母さんが息子に朝ご飯を食べさせた。

　　b. 어머니가 <u>아들을</u> 아침을 먹게 했다.

お母さんが息子を(に)朝ご飯を食べさせた。

(32) a. 어머니가 <u>손님에게</u> 아침을 먹게 했다.

お母さんがお客に朝ご飯を食べさせた。

b.?어머니가 <u>손님을</u> 아침을 먹게 했다.

お母さんがお客を(に)朝ご飯を食べさせた。

예 (31)과 같이 사역주의 지배력이 강한 경우에는 동작주 마커로써 「에게」와 「을」이 모두 수용되지만, 후자는 동작주에 대한 지배력이 강하게 느껴지고, 이러한 경우 대격이 서로 인접해 있어도 문으로 써 자연스럽다. 이와 같은 점에서 한국어는 일본어와 차이를 보인 다. 이에 비해 (32)와 같이 주인과 손님이라는 관계인 경우 「을」을 사용하기는 어렵다.

7.2.3 기본문이 1항(項)문인 경우

사역은 구문적으로 항(項)을 하나 증가시키는 기능을 가지고 있 다. 기본문이 대격을 포함하고 있는 경우 사역문의 동작주 마커로 써 「ヲ (wo)격」이 용인되기 어렵다는 것을 앞에서 살펴보았는데, 기 본적으로 대격보어를 취하지 않는 재귀문에서 파생된 사역문에서 는 동작주 마커가 「ニ (ni)」와 「ヲ (wo)」모두 사용된다. 기본문이 대 격보어를 포함하지 않기 때문에, 사역문의 피사역자(동작주)를 나 타내는 항이 「ヲ (wo)」를 취할 수 있게 되는 것이다. 단 「ニ (ni)」를 취하는 경우와 「ヲ (wo)」를 취하는 경우는 의미적으로 분명한 차이 를 보인다. 예를 들어 「ヲ (wo)」타이프인 경우에는 사역주의 피사역 자에 대한 강제의 정도가 강하게 느껴지고 동작주의 의지를 고려 하지 않는 표현인 데 비해, 「ニ (ni)」타이프인 경우는 사역주가 강제하는 정도가 약하고 동작주의 의지를 존중하는 표현이 된다. 이 점에 관해서는 青木(1977), 楊(1989) 등의 연구 성과가 있다. 동작주의 의지를 무시한 경우에 동작주 마커로써 「ヲ (wo)」가 사용된다는 것은 타동사문에 가까운 표현이라는 것을 시사하고 있다고 할 수 있다. 예를 들어 「太郎が次郎を殴る (타로가 지로를 때리다)」에서의 「次郎 (지로)」는 의지를 가진 동작주로서의 측면이 무시된 단순한 대상이며, 「太郎 (타로)」는 동작주로서 「次郎 (지로)」를 지배하고 있다. 「ヲ (wo)」타이프의 사역문은 이러한 타동사문과 같이, 동작주가 사역주에게 지배되는 대상으로써의 성격이 전면에 드러난 것이라고 할 수 있다.

가) 일본어의 경우

1항문 중에서도 동작주격으로써 무엇을 취하는가에 따라 차이를 보이는데, 그 하위분류 별로 설명하고자 한다. 우선 자세변화 동사인 「座る (앉다)」와 같은 종류의 경우 동작주 마커로써 「ヲ (wo)」격을 취하는 경향이 있으며, 자동적 운동을 나타내는 「歩く (걷다)」와 같은 종류의 동사도 「ヲ (wo)격」을 취하는 경우가 많으나 「ニ (ni)」격도 가능하다.

(33) そういう気構えで生きることは、いまの社会の実状では、娘にいばらの
道を歩かせることになるかも知れませんが...。 (寒、 p 109)
그런 마음가짐으로 산다는 것은 지금과 같은 사회에서는 딸에게 가시밭길을 걷게 하는 것이 될 지도 모릅니다만.

(34) 父親は息子を、不本意ながら、いばらの道を歩かせる結果になった。
아버지는 아들을 의도한 것은 아니나 가시밭길을 걷게 한 결과가 되었다.

(35) 僕は黙って<u>彼にしゃべらせておいた</u>。　　　　　(ダンス(下)、 p 241)

　　　나는 잠자코 그를 떠들게 내버려 두었다.

(36) それに、<u>君のような人間をしゃべらせる</u>方法は幾つかある。

　　　　　　　　　　　　　　　　　　　　　　　　(羊(上)、 p 174)

　　　게다가 자네와 같은 인간을 떠들게 하는 방법은 몇 가지 있지.

(37) <u>筑紫にほんとうのことを、しゃべらせたい</u>のに違いない。　(愛、 p 88)

　　　지쿠시바에게 사실을 말하게 하려는 것이 틀림 없다.

동작주 마커로써 「ヲ (wo)」격을 취할 것인지 「ニ (ni)」격을 취할 것
인지는 동사에 따라 차이가 나타난다. 상기 예문에 나온 동사들의
경우, 「ニ (ni)」격이 나타나는 경우는 (33)과 (35)와 같이 동작주의
의지를 존중한 표현이 되어 있고, (34)와 (36)과 같이 사역주가 피사
역자를 제어할 수 있는 관계에 있는 경우에는 동작주격으로써 「ヲ
(wo)」격이 용인되기 쉽다. 또한 (37)과 같이 동사의 보어로써 대격
이 문 속에 존재하는 경우에는 동작주격으로써 「ニ (ni)」격이 선택
된다.

　다음으로 「行く (가다), 来る (오다)」를 기본 동사로 하는 사역문의
동작주 마커는 어떠한지 살펴보도록 하자.

(38) それでは、<u>事務所の若い者を</u>何人が一緒に<u>行かせ</u>ましょう。

　　　　　　　　　　　　　　　　　　　　　　　　(青春、 p 77)

　　　그럼 사무소의 젊은이들을 몇 명 같이 보낼까요.

(39) <u>佐伯を行かせた</u>から、何かわかるはずだ。　　　(ドライバー、 p 53)

　　　사에키를 보냈으니까 뭔가 알 수 있을거야.

(40) 今回の現地調査は、やり手の<u>新人に行かせる</u>そうだ。

　　　이번 현지조사는 수완가인 신입에게 가게 한다고 한다.

(41) なぜって、重夫さんは、ふだんから、私のやることはなんでも正しいと
思っていて、すぐ真似しちゃうの。病気だってそうよ。だから、<u>家へ来</u>
<u>させないで</u>...。   (寒、p72)
왜냐니, 시게오씨는 평소부터 내가 하는 일은 뭐든지 옳다고 생
각하고 있어서 바로 따라 하잖아. 아픈 것만 해도 그래. 그러니
까 집에 오게 하지 마.

(42) それで、ぼくがモスクワ・マフィアのことを探りに、ソ連に飛んだのを知っ
て、いわばぼくを誘き出すおとりとして、<u>きみをソ連に来させたんだ</u>。
                                                          (赤(下)、p182)
그래서, 내가 모스크바 마피아에 대해 조사하러 소련으로 건너
간 것을 알고, 이른바 나를 꾀어내기 위한 미끼로 너를 소련에
오게 한 거야.

「行く (가다), 来る (오다)」의 경우도 피사역자(동작주)의 의지를 존
중한 표현에서는 「ニ (ni)」격을, 동작주의 의지를 고려하지 않는, 그
작용이 강제적인 경우에는 「ヲ (wo)」격을 취한다. 즉 「ヲ (wo)」사역
은 타동사문적이며 「ニ (ni)」사역은 사역문적이라고 할 수 있을 것
이다. 물론 「ヲ (wo)」사역의 경우에도 동작주의 내면적 기능에 의존
하지 않고서는 성립하지 않는 동작이므로, 타동사문과는 주어의
성격 및 대격보어의 성격이 다르다. 「ヲ (wo)」사역과 「ニ (ni)」사역
의 차이는 자동사를 원래의 동사로 하는 사역의 경우에서 서로 다
른 의미 영역을 맡고 있는 하나의 수단으로써 사용되고 있다.

나) 한국어의 경우

자동사의 사역문의 동작주 마커는 실제 예문에서는 「을」이 더
많이 사용되는 경향을 보이는데, 완전히 「에게」가 사용되지 않는

것은 아니다. 다음의 예문을 살펴보자.

(43) 그는 복학생들을 제외한 <u>신입생들을</u> 자리에 <u>앉게 한</u> 뒤 일장연
설을 하기 시작했다.   (혼자, p17)
彼は復学生を除外した<u>新入生たちを</u>席に<u>座らせた</u>あと一席演説を始め
た。

(44) 수니가 살고 싶어 한다면 나는 <u>그녀를 살게 해야 한다</u>.
                                                     (이별, p36)
スニが生きることを臨むならば、私は<u>彼女を生きさせ</u>なければならない。

　실제 예에서 피사역자를 표시하는 것은 「을」격이다. 그러나 다음과 같이 「에게」격으로 바꾸는 것도 가능하다.

(45) a. <u>너를</u> 쉬게 하고 싶을 뿐이야
       あなたを休ませたいだけなんだよ。
    b. <u>너에게</u> 쉬고 하고 싶을 뿐이야.
       あなたに休んでほしいだけなんだよ。

(46) a. <u>남자를</u> 걸어 나가게 했다.
       夫を出て行かせた。
    b. <u>남자에게</u> 걸어 나가게 했다.
       夫に出て行かせた。

예 (45)와 (46)의 경우 (b)와 같이 「에게」로 바꾸는 것이 가능하다. 의미적으로는 「에게」가 보다 더 피사역자(=동작주)의 의지를 존중한 표현으로, 이 점에서는 일본어와 공통적이라고 할 수 있다.

7.2.4 요약

동작주 마커에 관해서는 이중대격의 허용성을 둘러싼 한국어와 일본어간의 차이가 보인다. 일본어의 경우 이 제한이 엄격하기 때문에, 대격을 동반하는 기본문의 사역문은 동작주 마커로써 「ヲ (wo)」격을 취하기 어렵다. 자동사문의 사역의 동작주 마커는 「ヲ (wo)」와 「ニ (ni)」가 구분되어 사용되는데, 「ヲ (wo)」의 경우에는 사역주의 피사역자에 대한 강제가 강하게 느껴지며 타동사문으로 근접해간다. 한편 「ニ (ni)」의 경우, 피사역자에 대한 강제성은 줄어든다. 한국어에서도 대격(対格, accusative)을 동반하지 않는 기본문의 사역문에 관해서는 동일하다고 할 수 있다. 대격을 동반하는 사역문에서도 다음의 두 가지 조건에 의해 동작주 마커로써 「을」이 허용되는 경우가 있다. 즉 기본문의 동사가 타동성이 낮은 재귀성 동사라는 것이 하나의 요인이 되고, 또 다른 요인으로는, 사역문에서의 문제는 아니나, 문 속의 두 참여자인 피사역자(동작주)와 대상이 소유관계에 있다는 점으로, 「을」이 연속해서 나타나도 부자연스러운 문이 되지는 않는다.

7.3 동작주의 동작 실행의 함의

타동문이 하나의 사태를 나타내는 데 비해, 전형적인 사역문은 동작주(=피사역자)의 동작 실행의 사태와 그 동작의 실행을 유도하는 사역주의 사역행위의 사태, 이 두 사태로 이루어져 있다. 타동문의 주어가 동작주의 동작 실행을 반드시 함의하는 것과는 대조적으로, 간접사역문의 경우 주어인 사역주는 동작 실행의 사태

를 일으키기 위한 어떠한 행위를 하지만 그 작용이 직접적으로 동작 실행까지 함의하는 것은 아니다. 피사역자에게 제어(制御, control)되는 동작 실행의 사태를 기동시키는 기능에 머무르는 것으로 생각된다. 이와는 달리 직접사역문은 타동문과 유사한 현상을 보이는 것으로 생각되는데, 동작주의 동작 실행의 함의라는 관점에서 두 사역문, 「サセル (saseru)·게하다」형의 간접사역문과 「サス (sasu)·이」형의 직접사역문(사역동사문)을 비교대조하며 살펴보고자 한다.

일본어와 한국어로 나누어 고찰하고, 언어 간의 유사점과 차이점을 검토해 나갈 것이다. 결론을 먼저 말하자면, 일본어의 사역은 「サス (sasu)」형식인 사역동사와 「サセル (saseru)」형식의 사역형 모두 동작주의 동작의 실행을 함의하는 것으로 생각된다. 그러나 사역형에서는 동작주의 동작의 실행까지 함의하지 않는 경우도 존재하는데, 이는 전형적 사역문에서의 사역행위의 간접성이 관여하고 있기 때문인 것으로 보인다. 한편 한국어의 경우 「이」형 사역동사는 동작주의 동작의 실행을 함의하고, 「게하다」형의 사역형은 동작의 실행을 함의하지 않는다. 즉 두 형식의 사역은 동작의 실행에 관해서 명백한 차이를 보인다.

7.3.1 일본어의 경우

대상변화 타동사는 동사가 대상의 변화까지 함의한다. 사역동사의 경우 사태의 실현까지 함의하는 대상변화성이 인정되지만, 사역 전반에 걸쳐서 대상변화성을 인정할 수 있는가의 문제에 대해서는 의문점이 남는다. 감정·인식동사의 사역, 사물을 사역주로 하는 경우, 또 재귀적 동사의 사역 중에서 직접적인 작용을 나타내는 경우에서는 대상변화성, 즉 동작주의 동작의 실현(사태의 성립)까지 함의하는 것으로 생각된다. 그러나 가장 전형적인 형태로써의 사역, 즉 사역주의 사태성립으로에 대한 사역행위가 간접적인 경우에도 대상변화성을 함의한다고 할 수 있는 것일까. 다음 예문을 살펴보자.

(47) 「ともかく、今日はもう遅いですからお帰りになっては？ 車で<u>送らせ</u>ますわ。」　　　　　　　　　　　　　　　　　　　　　　　　　　　(青春、p 239)

"어쨌든 오늘은 이만 늦었으니까 돌아가시지요? 차로 태워다 줄게요."

(48) 「ここのお勘定は<u>払わせ</u>て。四十分も遅れちゃったんだし。」

(羊(上)、p 163)

"여기 계산은 내가 하게 해 줘. 40분이나 늦기도 했고."

(49) まさか夫が、七年も前から自分を憎み、佐石の子供を<u>育てさせ</u>ているとは、思いもよらぬことであった。　　　　　　　　　　(氷点(上)、p 236)

설마 남편이 7년 전부터 자신을 미워하고, 사이시의 아이를 키우게 하고 있었다니, 생각지도 못한 일이었다.

(50) やっとの思いで声を出した松山の言葉を聞いて、勇は拍子抜けした。なんだか勇と松山の上に華やかな<u>スポットライト</u>を浴びせられ、何千人もの観客が周囲を取り巻いているような気がして、思わず後を振り返った。　　　　　　　　　　　　　　　　　　　　　　　　　　　　(九月、p 42)

가까스로 목소리를 낸 마츠야마의 말을 듣고, 이사오는 맥이 빠졌다. 어쩐지 이사오와 마츠야마에게 화려한 스포트라이트가 비춰지고, 몇 천명이나 되는 관객이 주변을 둘러싸고 있는 듯한 기분이 들어서, 자기도 모르게 뒤를 돌아보았다.

(51) 三月のクラス会で見た片桐は、完全な女になっていて、口紅を塗いた顔は、自分とは関係のない世界に棲息する女なのだと勇に<u>思わせ</u>た。

(九月、p 25)

3월의 학급회의에서 본 가타기리는 완전한 여자가 되어 있었고, 립스틱을 바른 얼굴은 이사오에게 자신과는 관련 없는 세계에 서식하고 있는 여자라는 생각이 들게 했다.

(52) 「いや、その、練習するのが日課になって、どうせなら、小林のいないうちに強くなって<u>驚かせ</u>てやろうと思ったんだ。」　　　(九月、p 11)

"아니, 그, 연습하는 게 일과가 되어서, 이왕이면 고바야시가 없는 사이에 강해져서 깜짝 놀라게 해 주려고 생각한 거야."

예 (47)에서 (49)까지는 타동사의 사역문, (51)은 인식동사의 사역문, (52)는 감정동사의 사역문이다. 이 중에서 대상변화성을 함의하고 있는 것은 감정·인식동사의 사역문이다. 타동사의 사역문을 포함한, 간접적인 사역행위을 나타내는 전형적인 사역문의 경우에는 동작주의 동작의 실현까지 함의하는가의 여부가 애매하다. 사역문은 동작주가 동작을 행하는 사태와 그 사태가 성립하도록 사역주의 동작주에 대한 사역행위의 사태, 두 가지의 사태를 내포하고 있다. 그 사역행위가 사태에 대한 행위인 동시에 실제로는 인간의 인간에 대한, 주로 언어활동에 의한 행위라고 할 수 있다. 이와 같은 사역에서의 「サセル (saseru)」형은 동작주가 행위의 실현으로 이행하는가 이행하지 않는가에 관한 것까지 함의하는 것일까. 仁田 (1992)에서의 사역문에 관한 기본적인 견해를 인용하면 다음과 같다.

사역이란 어떤 주체 (X)가 다른 주체 (Y)에게 행위나 작용을 미치게끔 하여, 그것이 기인이 되어, 다른 주체 (Y)가 움직임이나 변화를 일으키게 되는 것이다. 기인이 되는 움직임과 그에 따라 일어나게 되는 움직임, 이라는 두 가지 사태성이 범주적 의미로써 ―단순동사의 경우이든 파생동사의 경우이든 상관없이― 동사의 의미 안에 새겨져 있는 것이 사역이다. 따라서 기인적인 사태와 이로 인해 일어나는 사태가 표현되어 있다고 해도, 그것이 "아버지가 시켰기 때문에 아이가 심부름을 갔다"와 같은 복문(복수의 절로 이루어진 것)이나 "아이는 아버지의 명령으로 심부름을 갔다"와 같이 원인을 나타내는 부가적 성분으로써 표현되어 있는 것은 사역표현이 아니다. 앞에서 서술한 것과 같은 의미적 특징을 갖고 있는 동사를 사역동사라고 부르기로 한다면, 사역동사란 넓은 의미에서 대상변화 타동사라는 어휘―문법적 특성을 갖는 타이프의 동사이다.[62]   (번역은 필자)

仁田(1992)에서는 사역을 기인과 결과의 관계로써 파악하고 있다. 따라서 당연히 사역동사는 결과성, 즉 대상변화성을 함의하고 있는 셈이 된다. 그러나 사역주가 [+animate]이고 피사역자(=동작주)도 [+animate]이면서 동작주의 동작이 의지적인 경우, 사역주의 사역행위가 동작주의 동작의 실현까지 함의하고 있다고는 할 수 없다. 물론 사역주의 작용이 동작주에게 전달되어 동작주가 그것을 인식한 상태가 되는 것을 변화라고 파악한다면, 仁田(1992)의 견해와 부합할 것이다. 여러 동사로부터 만들어진 사역문을 통해서 살펴보도록 하자.

(53) a. ??太郎は<u>次郎に三郎を殴らせた</u>が、次郎は殴らなかった。

　　　　타로는 지로에게 사부로를 때리게 했지만, 지로는 때리지 않

---

62 밑줄은 필자에 의한 것이다.

았다.

b. 太郎は<u>次郎に三郎を殴るように頼んだ</u>が、次郎は殴らなかった。

타로는 지로에게 사부로를 때리도록 부탁했지만, 지로는 때리지 않았다.

(54) ??a. 太郎が<u>次郎に離れを壊させた</u>が、次郎は壊さなかった。

타로가 지로에게 별채를 부수게 했지만, 지로는 부수지 않았다.

b. 太郎が<u>次郎に離れを壊すように頼んだ</u>が、次郎は壊さなかった。

타로가 지로에게 별채를 부수도록 부탁했지만, 지로는 부수지 않았다.

(55) ??a. 花子が<u>尚子に帽子をかぶらせた</u>が、尚子はかぶらなかった。

하나코가 나오코에게 모자를 쓰게 했지만, 나오코는 쓰지 않았다.

*b. 花子が<u>尚子に帽子をかぶせた</u>が、尚子はかぶらなかった。

하나코가 나오코에게 모자를 씌웠지만, 나오코는 쓰지 않았다.

(56) ??a. 花子は<u>尚子にご飯を食べさせた</u>が、尚子は食べなかった。

하나코는 나오코에게 밥을 먹게 했지만, 나오코는 먹지 않았다.

b. 花子は<u>尚子にご飯を食べるように言った</u>が、尚子は食べなかった。

하나코는 나오코에게 밥을 먹으라고 말했지만, 나오코는 먹지 않았다.

*c. 花子は<u>尚子にご飯を食べさせてあげた</u>が、尚子は食べなかった。

하나코는 나오코에게 밥을 먹게 해 주었지만, 나오코는 먹지 않았다.

(57) *ユキは僕に<u>ある女の子を思い出させた</u>が、僕は思い出さなかった。

유키는 내게 어떤 여자아이를 떠오르게 했지만, 나는 떠올리지 않았다.

(58) *君の態度が<u>僕を落ち込ませた</u>が、僕は落ち込まなかった。

너의 태도가 나를 우울하게 만들었지만, 나는 우울해지지 않았다.

(59) *湯浅の言葉が英子を<u>安心させてくれたが</u>、英子は安心しなかった。

유센의 말이 에이코를 안심하게 해 주었지만, 에이코는 안심하지 않았다.

타동사의 사역문 (53)(54)와 재귀동사의 사역문 (55)(56)을 보면 사역형은 동작주의 동작의 실현까지 함의하는 것으로 생각되는데, 문법성의 판단에서 용인할 수 있는 경우도 있으며, 그러한 경우에는 (b)와 같이 「殴るように頼んだが (때리도록 부탁했지만)」과 같은 문맥을 떠올릴 수 있을 것이다. 사역주의 직접적인 사역행위를 나타내는 성분이 포함되어 있는 경우에는 대상변화성을 갖는다. 즉 사역동사에 의한 표현은 대상변화까지 포함하고 있는 것으로 생각된다. 또한 감정·인식동사의 사역은 대상변화까지 함의하기 때문에 (57)부터 (59)까지는 비문이 된다.

7.3.2 한국어의 경우

한국어의 사역에서, 재귀동사는 「이」사역과 「게하다」사역의 두 유형의 사역문을 파생하고, 그 이외의 동사는 「게하다」사역만을 파생시킨다는 사실은 이미 앞에서 기술하였다. 사역주의 사역행위를 받아 동작주가 동작을 행하는가 행하지 않는가 라는 동작 실현의 함의에 관해서, 한국어에서는 「이」형 사역과 「게하다」형 사역이 차이를 보이는데, 「게하다」형은 동작주의 동작 실현을 함의하지 않는다. 단 「게하다」형 중에서도 감정·인식동사의 사역문, 사물의 원인적 사태를 사역주로 하는 사역문은 동작의 실현을 함의한다. 이에 반해 「이」형 사역의 경우, 동작의 실현까지 함의한다. 사역동사문은 사역주의 직접적인 동작이 이루어지고 따라서 타동사문과 같은 대상변화성을 함의하기 때문이다. 다음의 예문을 살펴보자.

> (60) 신문을 <u>오리게 했으나</u>, 오리지 않았다.
>
>   新聞を切らせたが、切らなかった。
>
> (61)*찬비가 나를 <u>슬프게 했으나</u>, 나는 슬프지 않았다.
>
>   冷たい雨が私を悲しませたが、私は悲しくなかった。

예 (60)의 타동사와 (61)의 감정동사는 「게하다」형 사역만이 가능하다. (60)과 같이 타동사의 사역에서는 사역주의 사역행위는 동작주의 동작 실현까지는 함의하지 않는다. 한편 (61)과 같은 감정동사의 사역은 동작주의 동작 실현까지 함의한다. 그러나 재귀동사문에서는, 다음 예문을 통해서도 알 수 있듯이, 「이」형 사역은 동작주의 동작 실현까지 함의하고, 「게하다」형 사역문은 함의하지 않는다.

> (62) a.*신발을 <u>신기었으나</u>, 신지 않았다.
>
>   靴をはかしたが、はかなかった。
>
>   b. 신발을 <u>신게 했으나</u>, 신지 않았다.
>
>   靴をはかせたが、はかなかった。
>
> (63) a. 짐을 <u>들리었으나</u>, 들지 않았다.
>
>   荷物を持たしたが、持たなかった。
>
>   b. 짐을 <u>들게 했으나</u>, 들지 않았다.
>
>   荷物を持たせたが、持たなかった。
>
> (64) a.*우유를 <u>먹이었으나</u>, 먹지 않았다.
>
>   ミルクを飲ましたが、飲まなかった。
>
>   b. 우유를 <u>먹게 했으나</u>, 먹지 않았다.

　　　ミルクを飲ませたが、飲まなかった。

(65) a.*타로가 지로를 <u>앉히었으나</u>, 앉지 않았다.

　　　太郎が次郎を座らしたが、座らなかった。

　　b. 타로가 지로를 <u>앉게 했으나</u>, 앉지 않았다.

　　　太郎が次郎を座らせたが、座らなかった。

원인 사역을 제외한 「게하다」형 사역문이 동작주의 동작 실현까지 함의하지 않는 것은 「게하다」가 갖고 있는 어휘적 의미에서도 예측 가능하다. 일본어로 하면 「~ヲウニスル (하게하다)」와 같은 의미가 된다. 한국어의 경우 두 가지 사역의 파생 방식이 서로 다르기 때문에, 상기와 같은 차이를 보이는 것으로 생각된다.

7.3.3 요약

일본어의 「セル (seru)」형과 「サセル (saseru)」형 사역문의 파생은 양쪽 모두 보조동사에 의한 것이며 파생된 후에도 그 형태가 하나의 동사처럼 된다. 한국어의 경우, 「이」형은 접미사에 의한 것이지만 「게하다」형은 접속어미 「게」+형식명사 「하다」의 조합으로 사역형을 만든다. 이러한 파생 방식의 차이가 동작주의 동작 실현에 관해서 두 언어 간의 차이를 초래하는 것으로 생각된다. 일본어의 경우 「セル (seru)」형 사역이 동작의 실현까지 함의하고 「サセル (saseru)」형 사역은 대개의 경우 함의하는데, 상정 문맥의 차이에 따라 다소 불안정한 모습을 보인다. 한국어의 경우 「이」형 사역은 동작의 실현을 함의하지만, 「게하다」형 사역의 경우는, 감정·인식동사의 사역문에서는 함의하지만, 그 외에는 동작주의 동작 실현을 함의하지 않는다. 즉 대상변화에 관해서는 한국어 쪽이 의미적 차이를 달리하는 형식으로 나타나고 있다고 할 수 있다.

재귀성과 보이스체계

-日·韓 對照研究-

제8장 |

사역문과 재귀성(2)
– 의미·용법의 분류

8.1 들어가기

　본장은 일본어의 사역문을 대상으로, 사역사태의 관여자인 사역주와 동작주가 갖는 의미소성, 사역사태에 대한 의도성(意図性)의 소재 등을 기준으로 사역문의 의미·용법을 분류하는 것이 목적이다. 사역문이 다양한 의미 및 용법을 나타낼 수 있는 것은 유정물(有情物, [+animate])인 사역주와 동작주가 하나의 문 속에 포함되어 있다는 사실과 깊이 관련되어 있다. 사역문의 의미·용법을 분류함으로써 사역문을 정확하게 분석하고 동시에 타동사문과의 접점을 밝히고자 한다.

8.2 선행연구

　사역문이 기본적으로는 사역주를 중심으로 하는 「강제」「지시」의 의미를 나타내며 「허가」「방임」의 의미를 나타내는 경우도 있다는 것은 이미 알려져 있다. 그러나 각각의 의미의 파생에 관한 요인을 추출하고 의미·용법간의 관계를 명확하게 밝힌 연구는 필자가 아는 한 없는 것으로 생각되는데, 그 중에서도 仁田(1992)가 주목할 만하다. 의미적인 관점에서의 분류를 요약하면 다음과 같다.

(i) 간접적인 사역행위

사역주와 동작주는 모두 유정물이며, 사역행위도 실제적인 동작도 모두 의지적인 경우에 성립한다. 동작의 계기가 사역주에게 있는 경우는 「지시」, 동작주에게 달려 있는 경우는 「허가」, 동작이 사역행위 이전에 이미 존재하고 있는 경우는 「방임」의 의미로 하위분류할 수 있다고 하였다.

- 母は、言いつけて、子供たちに窓ガラスを洗わせた。(지시)
  어머니는 아이들에게 창문을 닦게 했다.
- 店主はときどき暇を与え、店員を遊びに行かせてやった。(허가)
  가게 주인은 가끔씩 쉬는 날을 만들어서 점원을 놀러가게 해 주었다.
- 先生は生徒たちをしゃべらせておいた。(방임)
  선생님은 학생들을 떠들도록 내버려 두었다.

(ii) 직접적인 사역행위

실제 동작주가 동작을 실현하는 데에 있어서, 그것을 일으키기 위한 직접적인 기인이 되는 행위를 사역주가 행하는 경우이다. 다음과 같이 하위분류할 수 있다고 하고 있다.

- 母はときどきおどけた所作をして父を笑わせた。(원인 제공)

어머니는 종종 익살스런 행동을 해서 아버지를 웃게 했다.
- 彼は椅子を一回転させ、こう言った。(조작)

  그는 의자를 한 바퀴 돌리고서는 이렇게 말했다.
- 娘の成功が父をとても喜ばせた。(원인)

  딸의 성공이 아버지를 매우 기쁘게 했다.

(ⅲ) 비사역행위

사역주가 사태 성립을 위해서 어떠한 사역행위도 하고 있지 않은 경우에 성립하는 것으로, 다음과 같은 경우이다.

- 彼は戦争で息子を3人も死なせた。

  그는 전쟁으로 아들을 세 명이나 잃었다.
- 酒ばかり飲んでいて、胃に穴を空かせてしまった。

  술만 먹다가 위에 구멍이 생기게 하고 말았다.

명쾌한 분류로 생각되나, 이것만으로는 사역동사를 포함한 사역표현 전반의 구조를 살펴보기에는 부족한 것으로 생각된다.

8.3 사역성에 관하여

본론에 들어가기에 앞서 사역문의 범주를 명확하게 하고, 사역성(使役性, causativity)이 무엇인지 그 정의에 대해 살펴보고자 한다. 사역성의 정의는 인접하는 개념인 타동성과 비교해가면서 전형적인 사역문이 갖는 특징을 추출함으로써 밝힐 수 있다. 우선 전형적 사역문의 문 구조에 대해서 언급하면, 「Xガ Yニ (Zヲ) Vサセル」라는 문은 「Xガ「Yガ (Zヲ) Vスル」サセル」라는 내포문구조로 파악된다. 사역문은 형식적으로는 사역주라는 주어를 중심으로 한 단문구조이나, 의미적으로는 사역주의 피사역자(=동작주)[63]에 대한 사역행위의 사태와 동작주의 동작 실현의 사태라는 두 가지 사태를 내포한 구조로 분석된다. 우선 다음과 같이 사역성의 원형을 규정하는 기준을 마련하고, 그 근거에 대해 기술하기로 한다.

　[사역성의 원형을 규정하는 기준]
　　(a) 2사태성(2事態性)
　　(b) 관여자의 성질 - [+animate]성과 [+agentivity]성 -
　　(c) 사역행위의 간접성
　　(d) 1항의 증가

　(a) 2사태성
　단문은 하나의 사태를 나타내는 것이 무표(無標, unmarked)한 현상이며, 두 가지 사태를 하나의 문으로 나타내기 위해서는 복문으로 나타낸다. 그러나 사역문은 두 가지 사태를 형식적으로는 단문으로 나타내게 되어 있다. 이 단문 속에 내포된 2사태성이 사역문을 특징짓는 기본적이며 중요한 요소인 동시에 다양한 의미·용법을 파생시키는 요인이 되기도 한다. 2사태성에 대해 덧붙이고자 하는 것은, 각각의 사태는 동작주를 함의하는 사태라는 점이다.

63　사역문에서의 관여자의 표기는 사역주, 피사역자는 전형적인 경우 [+animate]이며 [+agentivity]인 것으로 판단하며 동작주로 한다. 원인 사역에서의 피사역자는 경험자이지만, 사역문 전체에서의 피사역자의 총칭으로써는 동작주로 하는 경우가 있다.

(b) 관여자의 성질 - [+animate]성과 [+agentivity]성 -

사역문을 규정하는 또 다른 요소는 관여자가 갖는 [+animate]성
이라는 의미소성(意味素姓)이다. 사역문에서는 기본적으로는 사역주
가 주어의 자리에 위치하고 있으나, 동작 실현의 사태에서 동작주
가 [+animate]의 의미소성을 갖고 있는 한, 동작주는 사역사태에
있어서 어떠한 의지를 갖고 참가하고 있는 것이라고 할 수 있다.
[+animate]성을 갖고 있다는 것은 「太郎が次郎を殴る (타로가 지로
를 때리다)」에서의 「次郎 (지로)」가 갖는 [+animate]성과는 다른
의미에서의 [+animate]성으로, 스스로의 의지에 의해 행동할 수
있는 존재라는 의미에서의 동작주성(動作主性, agentivity)이다. 즉 사역
문의 관여자는 [+agentivity]인 [+animate]성을 갖고 있는 것이라
고 할 수 있다. 예를 들어 다음 예문에서는 관여자가 표면상으로는
사물이라고 해도 스스로의 힘(기능)으로 움직이는 존재로서 인식
되고 있고, 「サセル (saseru)」는 사물인 관여자에게 [+agentivity]성
을 부여하는 기능을 갖고 있는 것으로 생각된다.

(1) 太郎が車を<u>走らせた</u>。

타로가 차를 몰았다.

(2) ジェット推進力が飛行機を<u>飛ばせ</u>ている。

제트 추진력이 비행기를 날게 하고 있다.

(1)(2)의 피사역자 「車 (차)」와 「飛行機 (비행기)」는 [-animate]의
의미소성을 갖지만, 「サセル (saseru)」라는 동사의 영향을 받아 유정
물(동작주)적으로 표현되고 있다. 이러한 동작주성의 부여도 사역
성의 한 특징으로 들 수 있다.

(c) 사역행위의 간접성

사역성은 타동성과는 달리, 사태에 참여하게 되는 관여자에 대해 사역주의 직접적인 동작이 영향을 미치는 것은 아니다. 예를 들어 「太郎が次郎を殴った (타로가 지로를 때렸다)」와 같은 타동사문의 경우에서도 두 관여자는 모두 유정물이지만, 「次郎 (지로)」는 단순한 대상이며 타로의 동작은 지로의 의지를 무시한 직접적인 것이다. 이에 반해 사역문의 사역주는 주어로써의 주도권을 갖고 있으면서, 동시에 피사역자(=동작주)에 대하여 어디까지나 피사역자(=동작주)의 의지에 호소하는 사역행위를 행한다. 이와 같은 차이도 사역문과 타동사문을 구별하는 또 하나의 기준이 된다. 그러나 이러한 기준은 전형적인 사역문과 타동사문에 근접한 주변적인 사역문에서 차이를 보인다.

    (3)   お母さんが子供に服を着せている。

          어머니가 아이에게 옷을 입히고 있다.

    (4)   花子が赤ちゃんにミルクを飲ましている。

          하나코가 아기에게 우유를 먹이고 있다.

예를 들어 상기와 같은 사역동사에 의한 사역문의 사역주는 어떠한 직접적인 동작을 통해 사역사태를 성립시키고 있다.

(d) 1항의 증가

마지막으로 통어적인 특징을 보면, 사역문은 그 기본문보다 항상 1항(argument) 증가하는 현상을 보인다. 수동문은 1항 감소하는 경향이 있지만, 사역문의 경우에는 거의 의무적으로 1항이 증가하게 된다.

이상으로 사역성의 원형(原型, proto type)을 규정하는 요소를 설정하고 전형적인 사역문의 성격을 파악함으로써 사역문과 타동사문의 차이를 밝히고, 타동사문에 가까운 사역문의 성격을 정확하게 파악할 수 있었다. 다음 예문을 살펴보도록 하자.

(5) 太郎が花子に次郎を<u>殴らせた</u>。

　　타로가 하나코에게 지로를 때리게 했다.

(6) 太郎が花子にご飯を<u>食べさせた</u>。

　　타로가 하나코에게 밥을 먹게 했다.

(7) 太郎が車を<u>走らせた</u>。

　　타로가 차를 달리게 했다(＝운전했다).

(8) 太郎が車を<u>壊した</u>。

　　타로가 차를 부쉈다.

(5)(6)은 위에서 살펴본 사역성 원형의 모든 조건을 만족하고 있지만, (7)은 피사역자가 [−animate]로 조건(b)를 위반하고 있다. 그러나 「車(자동차)」그 자체가 가지고 있는 기능에 의해 움직이는 존재라는 점에서 최소한의 [+agentivity]성이 인정되며, 또한 (c)의 사역행위도 직접적이므로 타동사문에 근접해 있는 사역문이라고 할 수 있는데, (8)과 비교해보면 「車が走る(차가 달리다)」라는 사태와 타로의 사역행위의 사태인 2사태성이 유지되고 있다는 점에서 사역문으로 인정된다. 그러나 이러한 2사태성도 다음과 같은 문이 되면 더 애매해진다. 여기에서는 더 이상 언어사실적인 레벨이 아닌 인간의 인식 문제와 관련된 문제인 것으로 보인다. 다음 두 문에서의 논리적인 의미 차이는 거의 없다.

   (9) 花子がゼリーを冷蔵庫で<u>固めた</u>。

       하나코가 젤리를 냉장고에서 굳혔다.

  (10) 花子がゼリーを冷蔵庫で<u>固まらせた</u>。

       하나코가 젤리를 냉장고에서 굳게 했다.

이 경우에서 타동사문과 사역문을 구별하는 것은 사태에 대한 인간의 인식 문제와 관련되어, 「ゼリーが固まる (젤리가 굳다)」라는 현상을 하나의 사태로 인식하고 있는가 그렇지 않은가의 차이에 의해 구별된다고 할 수 있다.

8.4 사역문의 의미·용법

본절에서는 앞에서 살펴본 사역성의 원형 요소를 포함하는, 다음과 같은 기준에 의하여 사역문의 의미·용법을 분류하고, 각각의 의미·용법의 성립조건과 특징에 관하여 기술하기로 하겠다.

  [A] 사역성의 의미소성
  [B] 피사역자(=동작주)의 의미소성
  [C] 사역사태에 대한 의도성의 소재
  [D] 사역행위의 성질
  [E] 사태간의 계기관계
  [F] 기본동사의 성질

상기의 기준에 따라 사역문의 의미는 지시, 유도-이익 수수, 유도-이익 부여, 허가, 방임, 방치, 직접적 사역행위, 조작, 원인의 10

종류의 의미·용법이 파생된다. 구체적인 예는 다음과 같다.

(11) 左手の玄関近くには植木屋に運ばせたばかりでまだ支柱をはずせない松の木が、不安定に立って、さかんに雫を垂らしている。

(伸予、p52) (지시)

왼쪽의 현관 가까이에는 화초가게에 막 싣고 오게 한, 아직 버팀목도 떼어낼 수 없는 소나무가 불안정하게 서 있고, 쉴 새 없이 물방울을 떨어뜨리고 있었다.

(12) 僕は睡眠薬を飲まされ、海に沈められることになっていたんだが、そのことに気がついて、ジュースのコップをすり替え、逆にその男に睡眠薬を飲ませた。 (赤(上)、p182) (유도-이익 수수)

나는 수면제를 먹고 바다에 가라앉혀지도록 되어 있었지만, 그 사실을 깨닫고, 주스가 담긴 컵을 몰래 바꿔치기 해서, 오히려 그 남자에게 수면제를 먹게 했다.

(13) どこに美味しい店があるかとか、そういうことだけはよく知っているんだと僕は言った。そして美味しい物を食べさせる店を捜してまわる仕事の話をした。 (ダンス(上)、p215) (유도-이익 부여)

어디에 맛있는 가게가 있는지, 그러한 것들에 대해서만은 잘 알고 있다고 나는 말했다. 그리고 맛있는 음식을 먹게 해 주는 가게를 찾아다니는 일에 대해 이야기했다.

(14) 人にはさわらせないほどに後生大事にしている古い小さな写真を、善吉はメモでも見るように無造作に指先で爪んでいる。

(伸予、p62) (허가)

남에게는 만지지 못하게 할 정도로 소중히 여기고 있는 작고 오래된 사진을, 요시키치는 메모라도 보는 것처럼 아무렇게나 쥐고 있다.

(15) 僕は黙って彼に喋らせ<u>て</u>おいた。　　　　　（ダンス(下)、p241）（방임）

　　　나는 잠자코 그를 떠들게 내버려 두었다.

(16) 「いつまで<u>待たせる</u>つもりだったの、雪が降ってしまうわよ」

　　　　　　　　　　　　　　　　　　　　　　　（伸予、p76）（방치）

　　　"언제까지 기다리게 할 셈이었어? 눈이 내리고 말거야."

(17) そして落ちついてきたらまた汗を拭いて、<u>寝巻きを着せ</u>て、寝かしつけ

　　　たの。　　　　　　　　　　　　（ノル(下)、p246）（직접적 사역행위）

　　　그리고 진정되자 다시 땀을 닦아내고, 잠옷을 입혀서 재웠어.

(18) 穴をすっかり埋めてしまうと、僕はシャベルを車のトランクに入れ、高速

　　　道路にもどった。そしてまた音楽を聞きながら東京に向けて<u>車を走らせ</u>

　　　<u>た</u>。　　　　　　　　　　　　　（ダンス(上)、p37）（조작）

　　　구멍을 완전히 메워버리자, 나는 삽을 차 트렁크에 넣고 고속도

　　　로로 돌아왔다. 그리고 다시 음악을 들으면서 도쿄를 향해 차를

　　　몰았다.

(19) 僕は戦争で<u>息子を死なせた</u>。　　　　　　　（비사역행위）

　　　나는 전쟁으로 아들을 죽게 했다(=잃었다).

(20) 昭子は心臓が悪いのだ、美代子はそのことを思い出した。<u>興奮させて</u>

　　　<u>は</u>ならない。　　　　　　　　　　　（赤(上)、p192）（원인）

　　　쇼코는 심장이 좋지 않다, 미요코는 그 사실을 떠올렸다. 흥분하

　　　게 해서는 안된다.

(20)과 같이 사역주가 무정물인 경우는 원인사역이 된다. (11)부터
(16)의 예문처럼 사역주가 유정물이면서 피사역자(=동작주)도 유
정물인 경우에 한하여 지시사역 등 다양한 의미·용법이 나타난다.
이는 사역주 및 피사역자의 [+animate], 특히 [+human]이라는 의
미소성에 의해 전개되는 사역문의 다양한 의미라고 할 수 있다.

(17)은 사역주의 사역행위가 직접적이라는 점에서 상기의 문과 구별되고, 사역주는 동작주의 성격을 띤다. 그러나 피사역자의 동작은 사역주의 일방통행적인 사역행위를 강제적으로 받는 존재가 아니라, 사역주의 사역행위를 받으면서 동시에 스스로의 의지로 동작을 수행한다. 즉 사역주가 동작주적이라는 점에서는 타동사문과 통하고, 피사역자가 타동사문의 대상과는 달리 항상 [+animate]이며 동작주의 성격을 잃지 않고 갖고 있다는 점에서는 타동사문과 다르다.

다음으로 (18)은 구문적으로 타동사문에 근접해가고 있는 경우로, 그 이유는 공연성분(共演成分)을 두 개 취한다는 점과 차가 타동사문의 대상처럼 [-animate]라는 점을 들 수 있다.[64] 그렇다고 한다면 이러한 종류의 문을 사역문의 범주에 남게 하는 이유는 무엇일까. 의미소성이 무생의 경우에서도 차, 기계 등과 같이 어떤 기능을 갖추고 있는 경우에는 일반적으로 동작주성이 인정된다. 따라서 이와 같은 경우, 「車を走らせる (차를 몰다)」에서 차의 기능에 행위를 가하여 사태를 성립시킨다고 하는 사역성이 나타나게 된다. 이는 사역문의 기본이 2 사태성이라는 점과도 통하는 것으로, 「車が走る (차가 달리다)」라는 사태와 「車を走らせる (차를 몰다)」라는 사태의 두 사태가 인정되는 것이 바로 이러한 종류의 문을 사역문으로 다루는 이유이다. 즉 「車 (차)」에 동작주성(動作主性, [+agentivity])성을 인정한다는 것이고, 이와 같은 2 태성은 타동사문에는 인정되지 않는다. 여기에서는 간단히 개관하는 것으로 마치고, 다음 절에서 더 자세히 살펴보기로 한다.

---

64 공연성분 (共演成分)이란 문의 성립에 필요한 참여자 (participant)를 말하는데, 이는 仁田의 용어이다.

8.4.1 지시

지시, 유도, 허가, 방임·방치의 사역문과 직접적 사역행위의 사역문은 사역주와 동작주가 [+agentivity]이면서 [+animate]인 경우에 한정된 의미·용법이다. 사역주 및 동작주가 [+animate], 특히 [+human]인 경우에 한하여 스스로의 의지로 행동하는 것이 자연스럽고 또한 의지성을 함의하는 것으로 생각된다. 이와 같은 의지성은 사역문을 성립시키는 사역사태에 대한 의도성과는 별개의 것으로 생각하고, 사역문의 의미·용법 파생의 요인으로써 의도성 (意図性, intentionality)을 채용한다.

사역문은 기본적으로는 사역주를 주어에 위치시킨 사역주 중심의 표현으로, 사역주의 의도가 전면에 드러난 표현이다. 사역주가 동작주의 의지에 작용하여, 사역주가 의도하는 의도의 사태를 동작주에게 하게 하는 지시 사역문의 형식적 구조에 따른 기본적인 의미·용법인 것으로 생각된다. 구체적인 예를 보도록 하자.

(21) 日吉が現地の組織と手をむすんで物資を横流ししている、どうやら坂崎はそう疑っているようだ。盗聴しているのも日吉のさせていることだ、そんなふうに考えたくなるのもふしぎではなかった。　　　(赤(下)、p60)

히요시가 현지 조직과 손을 잡고 물자를 빼돌리고 있다, 아무래도 사카자키는 그렇게 의심하고 있는 듯하다. 도청하고 있는 것도 히요시가 시킨 일이다, 그런 식으로 생각하고 싶은 것도 이상한 일은 아니었다.

(22) もしかしたら、勝俣は検察の手入れがあるのをあらかじめ知っていて君恵に証券や株券などを持ち出させたのかも知れない。(赤(下)、p199)

어쩌면 혹시 가츠마타는 검찰 단속이 있는 것을 미리 알고 있어

서, 기미에에게 증권이나 주식 등을 가지고 나가게 한 것일지도
모른다.

(23) 島中捜して見つからないと分かれば、もう一度ここを<u>調べさせる</u>かもしれ
ない。   (青春、119)

섬 전체를 찾아도 찾지 못한다는 것을 알게 된다면, 한번 더 여
기를 조사하게 할 지도 모른다.

(24) 「わるかったわ。でしゃばって」と椅子にすわるなり辰子がわびた。
「何がですか」
「徹くんにさかなをひとりで<u>食べさせ</u>たりしてさ。」
「いや、ありがたいですよ。夏枝は甘いばっかりだから……」

                                                (永点(上)、p166)

"미안해, 주제넘게 나서서." 라고, 의자에 앉자마자 다츠코가 사
과했다.
"무슨 말입니까?"
"데츠군에게 생선을 혼자서 먹게 하기도 하고 그랬잖아."
"아니, 감사한 일입니다. 나츠에는 어리광 피우게 하기 일쑤니
까요 ……"

(25) 「朝起きて家事して子供の世話して、彼が帰ってきたらご飯<u>食べさせ</u>
て…、毎日毎日がそのくりかえし。」   (ノル(上)、p221)

"아침에 일어나서 집안일을 하고 애를 돌보고, 그가 돌아오면
저녁 먹이고, 매일매일 그런 일들의 반복이지."

(26) 「あなたはここの冬を知らないからそう言うのよ」とレイコさんは<u>僕の背中を</u>
<u>叩いて</u>ソファーに<u>座らせ</u>、自分もそのとなりに座った。(ノル(上)、p188)
"당신은 이 곳 겨울을 모르니까 그렇게 말하는 거야." 라고 레이
코씨는 내 등을 툭툭 쳐서 소파에 앉게 하고는 본인도 옆에 앉
았다.

모두 지시사역의 의미를 나타내고 있는데, 이러한 의미·용법은 사역주와 동작주가 유정물인 사역문에서 만들어진다. 사역행위는 주로 언어적인 수단에 의한 간접적인 것이며, 그 구체적인 형태는 나타나지 않는 경우가 많지만, (26)과 같이 문 속에 명기되는 경우도 있다.

8.4.2 유도-이익 수수와 이익 부여

지시사역과는 달리 사역주가 동작주에 대해 직접 지시하는 것이 아니라, 사역주가 의도하는 사역행위를 하도록 간접적으로 유도 경우가있다. 그 중에서 사역행위의 성립에 의해 사역주가 이익을 받는 경우 유도-이익 수수의 의미·용법이 된다. 구체적인 예를 보도록 하자.

(27) あのプライドが高く、容易に胸のうちを明かそうとしない坂崎を、そんなことを言わせるまでに追いつめてしまったのは、ほかの誰でもない、美代子に責任があった。　　　　　　　　　　　　　　　(赤(上)、p126)

그 프라이드 높고 간단히 속을 드러내지 않 는 사카자키를 그런 말을 하게 할 정도로 궁지에 몰아넣은 것은 다른 누구도 아닌 미요코에게 책임이 있었다.

(28) まさか夫が、七年も前から自分を憎み、佐石の子供を育てさせているとは、思いもよらぬことであった。　　　　　　　　(永点(上)、p236)

설마 남편이 무려 7년 전부터 자신을 미워해서 사이시의 아이를 키우게 하고 있을 거라고는 생각지도 못했다.

(30) 香子が進み出ようとすると、
「動かないで」と、辻井浜子の手にナイフがあった。

「これを使わせないでちょうだい」(青春 p268)

카나코가 앞으로 나아가려고 하자,

"움직이지 마." 라는 즈지이하마코 손에 칼이 있었다.

"내가 이걸 사용하지 않도록 해 줬으면 좋겠는데."

　다음의 경우와 같이 사역주가 주도권을 갖고 동작주를 제어하면서도 그 사역행위에 의해 동작주에게 이익을 주려고 하는 의도가 있다면, 유도-이익 부여가 된다. 즉 유도-이익 수수는 동작주의 행위의 실현에 의한 이익이 사역주에게 귀속되나, 그 이익이 동작주에게 귀속될 경우에는 유도-이익 부여의 의미를 나타낸다. 다음 예문을 살펴보자.

(30) よその子のわたしにごはんをたべさせたり、着物をきせたり、ありがたい
　　 ことだわ。　　　　　　　　　　　　　　　　　(永点(下)、p132)

　　 밖에서 데려온 자식인 나에게 밥을 먹이기도 하고 옷을 입히기
　　 도 하고, 감사한 일이지.

(31) どこに美味しい店があるかとか、そういうことだけはよく知っているんだと
　　 僕は言った。そして美味しい物を食べさせる店を捜してまわる仕事の話
　　 をした。　　　　　　　　　　　　　　　　　(ダンス(上)、p215)

　　 어디에 맛있는 가게가 있는지, 그러한 것들에 대해서만은 잘 알
　　 고 있다고 나는 말했다. 그리고 맛있는 음식을 먹게 해 주는 가
　　 게를 찾아다니는 일에 대해 이야기했다.

(32) 僕は明治神宮を出て、原宿の裏通りにある美味しいコーヒーを飲ませる
　　 店で熱くて濃いコーヒーを飲んだ。そしてのんびりと歩いて家に帰っ
　　 た。　　　　　　　　　　　　　　　　　　　(ダンス(下)、p160)

　　 나는 메이지 신궁을 나와 하라주쿠의 뒷골목에 있는 맛있는 커

피를 먹여 주는 가게에서 뜨겁고 진한 커피를 마셨다. 그리고 느긋하게 걸어서 집으로 돌아갔다.

(33) 「だからさ」と僕はベッドの上に腰を下ろして言った。「そこの部分だけを端折ってほしいんだよ。他のところは全部我慢するから。跳躍のところだけをやめて僕をぐっすり<u>眠らせてくれ</u>ないかな。」　　(ノル(上)、p33)

"그러니까." 나는 침대 위에 앉아서 말했다. "그 부분만을 생략해달라는 거야. 다른 부분은 전부 참을 테니까, 비약하는 부분만 건너 뛰어서 나를 푹 자게 해 줄 수 없을까?"

(34) 「—ママ、私を子供扱いしていたのね？」

「そうだよ。もう少しお前の身体や心が伸びるまで、ほんとの人生には触れさせたくなかったのさ。ふんわりした<u>夢や希望を抱か</u>せておきたかったのさ。」　　(寒、p80)

"엄마, 나를 어린애 취급 하고 있었지?"

"그래. 너의 몸이나 마음이 좀 더 자랄 때까지, 진짜 인생과는 만나게 하고 싶지 않았어. 포근한 꿈이나 희망을 안은 채로 있게 해 주고 싶어."

(35) 目が、火葬場の門のあたりを探した。もしかして、どこかで隠れて火葬を見ているのではないかと思ったのだ。もしそうなら、<u>お骨ぐらい拾わせ</u>てあげたい。きっと叔母は大騒ぎするだろうが。　　(セーラー、p18)

눈이 화장터의 문 근처를 찾았다. 어쩌면 어딘가에 숨어서 화장하는 것을 보고 있는 것은 아닌가 하는 생각이 들었기 때문이다. 만약 그렇다면 뼈 정도는 줍게 해 주고 싶다. 분명 숙모는 난리를 치겠지만.

(36) 「—よし、関根、お前、この線をたぐってみろ」

「巧くやったら、<u>ブツはお前に</u>扱わせてやる。」

「ありがとうございます！」　　(セーラー、p230)

"―좋아. 세키네, 너 이 선을 찾아봐라."

"잘만 한다면 물건은 네가 맡도록 해 주지."

"감사합니다!"

(37) 僕は彼女の肩を抱いて<u>泣きたいだけ泣か</u>せた。　　(ダンス(下)、p93)

　　　나는 그녀의 어깨를 끌어안고는 울고 싶은 만큼 울게 해 주었다.

(30)부터 (37)까지 모두 이익 부여라는 의미를 나타내고 있다. 이러한 의미를 발생시키는 요인은 기본동사가 갖고 있는 재귀성인 것으로 생각된다. 즉 「食べる (먹다), 飲む (마시다), 抱く (안다), 拾う (줍다), 扱う (취급하다), 読む (읽다), とる (잡다)」라는 동사가 다른 누군가에게 행하는 동작이 아닌, 자기 자신에게 돌아오는 동작이기 때문이다. 특히 상기와 같은 인간의 생명을 유지시키기 위해 필요한 행위, 또는 어떠한 것을 취득하는 행위인 경우 동작 실현에 의해 동작주가 어떠한 이익을 입는 것으로 생각된다. 이러한 재귀문을 사역으로 하면, 사역주는 동작주의 의익을 꾀하기 위해 주도권을 갖고 동작주가 동작을 실현하도록 유도하는 이익의 부여자의 의미를 띠게 된다. 이와 같은 의미·용법은 타동사의 사역문에서는 나타내기 어려운 것으로 생각되며, 재귀동사문의 사역의 특징으로써 들 수 있다. 이익 부여의 의미로써 생각해볼 수 있는 한 표현으로, (35)와 같이 희망을 나타내는 조동사 「～タイ (～하고 싶다)」와의 공기를 들 수 있다.

　다음과 같은 재귀동사에서 만들어지는 사역문은 이익 수수와 이익 부여 중 어느 쪽인지를 판단하기가 애매하다. 그 이유는 동작주에게 이익이 되는 일을 의도함으로써 사역주 자기 자신의 이익을 꾀하고자 하는 의도가 드러나 있기 때문으로, 이러한 종류의 문은 문맥에 따라 해석해야 할 것이다.

(38) 夏場だけここで放牧して、草を<u>食べさせて</u>、観光客相手に小さなコー
ヒー・ハウスのようなものを開けてるの。　　　　　　(ノル(上)、p252)

여름철에만 이 곳에 방목해서 풀을 먹이고, 관광객을 상대로 한
자그마한 카페 같은 것을 열고 있어.

(39) 「明日羊を全部消毒することになってるんだ」と男は言った。そして作業者
のポケットからくしゃくしゃになった煙草を出して、指でのばしてから火をつ
けた。「ここに消毒液をはって、かたっぱしから羊を<u>泳がせる</u>んだよ。でな
いと冬ごもりの間に虫だらけになっちまうからね」　　　　(羊(下)、p102)

"내일 양을 전부 소독하기로 되어있어." 라고 남자는 말했다. 그
리고 작업하는 이의 주머니에서 꾸깃꾸깃해진 담배를 꺼내 손
가락으로 편 다음 불을 붙였다. "여기에 소독약을 채워서, 한 쪽
끝에서부터 양을 헤엄치게 하는거야. 그렇게 해 두지 않으면 동
면하는 사이에 벌레투성이가 되고 말 테니까."

8.4.3 허가

사역주와 동작주가 함께 [+animate]인 경우의 의미·용법 중 문
의 주체로써 사역주의 의도는 배경화되고 피사역자(=동작주)의 의
도가 강하게 드러난 경우는 허가, 방임, 방치의 의미·용법을 갖는
다. 우선 허가사역에 대해 구체적인 예를 살펴보도록 하자.

(40) 「遠慮なく<u>横にさせてもらおう</u>かな」　　　　　　　　(伸予、p63)

"그럼 사양 않고 누워보도록 할까."

(41) 死ぬ前に、たった一度だけ<u>書かせて下さい</u>。

……スガちゃん。

その奥さんの名前です。　　　　　　　　　　　　(斜陽、p159)

죽기 전에, 단 한번이라도 좋으니 써 보게 해 주세요.

……스가양, 그 부인의 이름입니다.

(42) 「それ、北原さんのお手紙？」

「ええ、そうよ。」〈中略〉

「まあ、そうなの。ちょっと<u>読ませて下さる</u>？」　　　　(永点(下)、p190)

"그거 키타하라씨의 편지?"

"응, 맞아."

"그렇구나. 잠깐 읽게 해 주시겠어요?"

(43) 佐石は自供後ひどく疲れた顔で家内に死なれてから二十日間ロクにね
むらなかった、これから<u>ひるねをさせてくれ</u>といったそうで、発作的な自
殺じゃないかと思いますね。　　　　　　　　　　　(永点(上)、p58)

사이시는 자백 후 매우 지친 얼굴로 아내가 죽은 뒤로 이십일 넘
게 제대로 자지 못했다, 지금부터 낮잠을 자게 해 달라고 말했다
고 합니다. 그걸로 봐선 발작적인 자살인 것으로 생각됩니다.

(44) 人には<u>さわらせ</u>ないほどに後生大事にしている古い小さな写真を、善
吉はメモでも見るように無造作に指先で爪んでいる。　　(伸予、p62)

남에게는 만지지 못하게 할 정도로 소중히 여기고 있는 작고 오래
된 사진을, 요시코는 메모라도 보는 것처럼 아무렇게나 쥐고 있다.

(45) ほんとうは毎月の家賃も、アルバイトでまかなうつもりだったが、毎月の
生活費と学費だけは自分に<u>払わせてくれ</u>、そう父親が言い張って、そ
れだけはなんとしても譲ろうとしなかった。　　　　　　(赤(下)、p18)

사실은 월세도 아르바이트를 해서 낼 생각이었지만, 매달 드는
생활비와 학비만은 자신에게 내게 해 달라고 아버지는 고집을
피웠고, 그것만큼은 양보하려고 하지 않았다.

(46) 休みの許可をとってあるのは今日までで、明日も<u>休ませてほしい</u>、そう
連絡するためだったが、ほんとうは絹子の声を聞きたいというのが本音

だったかもしれない。 　　　　　　　　　　　(赤(下)、p133)
　쉴 수 있도록 허가를 받아둔 것은 오늘까지여서 내일도 쉬게 해
줬으면 좋겠다고, 그렇게 연락하기 위해서였지만 사실은 키누
코의 목소리를 듣고 싶다는 것이 본심이었을지도 모른다.

허가사역은 지시사역과는 달리 「テクレル (해 주다)」「テモラウ (해 받
다)」「テアゲル (해 주다)」라는 보조동사를 동반하는 경우가 많다. 지
시사역의 사역주와 같은 사역 사태를 제어하는 사역주에서 이행한
것으로, 사역주를 문 전체에 나타내지 않고 사역 사태에서의 제 2
관여자인 동작주를 문의 주어로써 전면에 내세우기 위한 하나의
장치로써 이러한 보조동사의 공기 현상을 파악할 수 있다. 또한 사
역주의 의도가 배경화된 증거로, 사역주가 생략되고 동작주가 주
어에 위치하게 되는 문이 많이 보인다는 점을 들 수 있다. 이러한
점에서도 동작주의 의도성이 전면에 드러나고 있다는 것을 알 수
있다. 또한 허가사역은 명령형이 되는 경우가 있는데, 이 또한 피사
역자인 동작주의 사태에 대한 강한 관여도가 반영된 현상이라고
할 수 있을 것이다.

8.4.4 방임, 방치, 비사역행위

　사역사태에 대한 동작주의 의도가 강하게 드러난 사역문 중에서
허가사역과 방임·방치사역의 차이는 두 사태간의 시간적 선행·후
행관계에 있다. 허가사역은 사역주의 피사역자(=동작주)에 대한
사역행위의 사태가 동작주의 동작의 사태보다 선행하고 있지만,
방임·방치는 사역주의 사역행위가 이루어지기 전부터 이미 동작
주가 어떠한 행위를 하고 있다. 즉 방임사역의 사역주는 지시를 내

리는 사람도 허가하는 사람도 아닌, 이미 이루어진 사태에 대한 방임자이며, 허가사역과 마찬가지로 배경화되는 경우가 많다. 다음의 예문을 살펴보자.

(47) 「ルリ子はね、相手さえしてあげたら、一日中でも家にいるんですのよ。」かつて夏枝がいったことがあった。そんなルリ子を家の中で遊ばせておくのはむずかしいはずはなかった。　　　　　(氷点(上)、p53)
   "루리코는 말이죠, 상대만 해 주면 하루 종일 집에 있어요." 예전에 나츠에가 말한 적이 있었다. 그런 루리코를 집 안에서 놀게 놔두는 것은 어려운 일은 아니었다.

(48) 僕は黙って彼にしゃべらせておいた。　　　　　(ダンス(下)、p241)
   나는 잠자코 그를 떠들게 내버려 두었다.

(49) もっとも、このところ、事件のせいもあるのか、授業も多少だれ気味で、生徒に教科書を読ませておいて、自分は何かぼんやりしてしまうことがあり、……。　　　　　(青春、p259)
   하긴 요즘은 사건의 영향도 있어서 그런지 수업도 다소 긴장이 풀린 느낌이고, 학생들에게 교과서를 읽게 해 두고 자기는 그냥 멍해지는 일이 있어서 ……

(50) 「掛けたまえ。」主任はそういって、彼をイスに座らせたきり、しばらく書類をひっくり返していた。　　　　　(仁田(1982)、p7)
   "앉게." 주임은 그렇게 말해서 그를 의자에 앉혀둔 채, 한동안 서류를 뒤적거리기만 했다.

(51) 「よく無事に帰ってきてくれたねえ……」
   英子を、まるで大事な客のようにソファへ座らせておいて、紅茶をいれてやりながら、恭子はそう言って、思わず涙ぐんだ様子。(青春、p89)
   "무사히 잘 돌아와 주었네 ……"

에이코를 마치 중요한 손님처럼 소파에 앉혀두고, 홍차를 끓여
주면서 교코는 그렇게 말했다. 그리고는 자기도 모르게 눈물을
글썽이는 모습.

예를 들어 (47)은 「ルリ子が遊ぶ (루리코가 놀다)」라는 사태가 이전
에 존재하고, 그것을 「夏枝 (나츠에)」가 방임하거나 또는 저지하지
않는다는 사역사태가 그 이후에 이루어짐을 나타내고 있다. 「テオク
(해 두다)」라는 보조동사와 공기하는 경우가 많고, (50)과 같이 그
렇지 않은 경우에서도 다른 요소와 공기하는 경우가 많다. (49)
(50)(51)과 같이 방임이라기보다 유지의 의미로 보이는 경우도 있
다. 그러나 방임과 유지를 별개의 용법으로써 다룰 만한 다른 요인
이 없고, 동일한 의미·용법으로 보는 것이 타당할 것으로 생각된
다. 사역주는 허가사역과 같이 동작주의 요구 또는 자주적(自主的)인
의도에 의해 결국 동작 실현의 사태를 허가하는 것이 아니고, 이전
에 이루어지고 있던 사태 또는 이전에 지시를 내린 사태에 대해 적
극적인 의도를 가지고 사태에 관여하고 있는 것도 아니다. 동작주
도 적극적으로 동작 실현을 원하고 있는 것은 아니기 때문에, 허가
사역과 같이 동작주를 주어로 하는 문보다 사역문의 기본 패턴인
사역주를 주어로 하는 문이 많이 나타난다. 이미 이루어지고 있는
사태에 대한 사역주의 어떠한 태도 표명을 나타낸다고 하는 점에
서 다소 무드적인 용법이라고도 할 수 있고, 다음에 기술하는 방치,
비사역행위의 경우도 마찬가지라고 할 수 있다.

  방치사역의 의미성립 조건은 방임사역과 동일하며, 이미 이루어
지고 있는 사태에 대한 사역행위라는 점에서도 유사하다. 그러나
방치의 경우 실현 완료의 사태에 대한 의도치 않은 심정을 나타내
며, 이 사태에 대한 심정을 나타낸다고 하는 점에서 다르다고 할 수

있다. 즉 방치는 사역주가 사태의 속행을 방지하지 않았다는 것에
대해 사역주 또는 동작주가 바라던 바가 아니었음을 느끼고 있으
며, 이러한 점이 방임과 다르다. 또한 무드적인 사용이라는 점에서
도 형식적으로 서포트가 되는 표현이 나타나기도 한다. 즉 (53)의
「～のが惜しいみたいだ (～하는 것이 애석한 모양이다)」등의 판단을
나타내는 어구가 부가되기도 한다.

(52) 「そうした政代に、こんなことをさせておいていいのか。」　(愛、 p 265)
　　　"그랬던 마사시로에게, 이런 일을 하게 해 둬도 되는 걸까."

(53) よく描けていますね。運転手なんかをさせておくのが惜しいみたいだ。
　　　　　　　　　　　　　　　　　　　　　　　　　　　　(赤(下)、 p 35)
　　　잘 그리는군요. 운전수를 시키는 게 아까운 것 같다.

(54) 「いつまで待たせるつもりだったの、雪が降ってしまうわよ」そしてあの雨
　　　と風の強い土曜日に、善吉は蝙蝠傘をさして海辺のこの家にやってき
　　　たのだった。　　　　　　　　　　　　　　　　　　　　(伸予、 p 76)
　　　"언제까지 기다리게 할 셈이었어? 눈이 내리고 말거야." 그리고
　　　비바람이 강하던 그 토요일에, 요시키치는 우산을 쓰고 해변가
　　　에 있는 이 집에 찾아온 것이었다.

(55) あんたみたいな美人をこんなところで待たせるなんて、ずいぶん羨まし
　　　い人だって、みんなそう話していたんだ。　　　　　(赤(下)、 p 33)
　　　당신 같은 미인을 이런 곳에서 기다리게하다니, 꽤나 부러운 사
　　　람이라고 모두들 그렇게 얘기하고 있었어.

(56) この時間に大切な約束があるのなら、なぜ客を待たせておくんです
　　　か！　　　　　　　　　　　　　　　　　　　　　　(セーラー、 p 80)
　　　이 시간에 중요한 약속이 있다면, 어째서 손님을 기다리게 해
　　　두는 겁니까!

다음으로 사역문의 형식을 취하면서 사역주에 의한 실제적인 작용이 이루어지지 않는 경우는 비사역행위의 의미를 나타낸다. 이른바 「死なせる(죽게하다)」와 같은 종류의 사역문이 이에 해당한다. 비사역행위의 사역은 실현된 사태에 대한 사역주의 감정을 나타낸다고 하는 점에서 방치사역과 유사하다.

(57) 「お母さんが死んだとき、お父さんが私とお姉さんに向かってなんて言ったか知ってる？こう言ったのよ。『俺は今とても悔しい。俺はお母さんを亡くすよりはお前たち二人を<u>死なせた</u>ほうがずっとよかった』って。」

　　　　　　　　　　　　　　　　　　　　　　　　　　　(ノル(上)、 p133)

"어머니가 돌아가셨을 때, 아버지가 언니와 내게 뭐라고 말했는지 알아? 이렇게 말했어, '나는 지금 너무 분하다. 나는 내 아내를 잃느니 차라리 너희 둘을 죽게 하는 편이 더 나았을 거다' 라고."

(58) 「お姉さん、ちっとも出て来ないから、ハラハラしちゃった」
　　　と真由子が恨みがましく姉をにらむ。
　　　「わざと<u>襲わせて</u>から出て来る気だったんでしょう。私の美貌をねたんで」

　　　　　　　　　　　　　　　　　　　　　　　　　　　(青春、 p276)

"언니가 전혀 나오질 않으니까, 조마조마했어."
라고 마유코가 분한 듯이 언니를 노려본다.
"일부러 당하게 만들고 나서 나올 생각이었지? 내 미모를 질투해서."

(59) 「ごめんなさいね。私が何も分からないもんだから、つい何でもあなたに<u>やらせていまって。</u>」　　　　　　　　　　　(セーラー、 p199)

"미안합니다. 내가 아무것도 모르니까, 그만 뭐든지 당신이 하게 되네요."

예문에서도 알 수 있듯이, 이러한 문의 사역주는 사역 사태에 대해 실제적인 사역행위를 전혀 하고 있지 않다. (59)의 경우 스스로의 무능력이 그러한 사태를 초래하고 말았다는 것에 관해서, 동작주에 대한 심정을 나타내고 있다. 사역주의 심정을 나타내는 무드적인 사용이라는 점에서 방임, 방치와 유사하며, 사역주의 원인적인 사실이 사역 사태의 결과를 초래한다는 점에서는 원인사역과 유사하다. 어느 쪽이든 사역문이 두 사람의 [+animate]인 관여자를 함의하고 있다는 사실에서 확대될 수 있는 의미의 바리에이션이라고 할 수 있다. 또한 지시사역과 달리 유도사역, 허가사역, 방임·방치사역, 비사역행위의 사역 등은 보조동사를 동반하는 경우가 많은데, 이는 두 관여자가 각각 의지적인 행위자로서 사태에 관여함으로써 생겨나게 되는 다양성을 하나의 문 속에 포함하기 위한 한 수단이라고 할 수 있다.

8.4.5 직접적 사역행위

지시에서 비사역행위까지의 의미·용법은 이른바 「サセル (saseru)」형이 갖는 의미·용법이고, [+animate]의 사역주와 동작주를 포함하면서 「サス (sasu)·セル (seru)」타이프의 사역문이 갖는 의미·용법은 직접적 사역행위이다. 「サス (sasu)·セル (seru)」형 사역문은 재귀성을 갖는 동사에서 규칙적으로 파생되는 것으로, 사역문의 한 영역으로써 다루어야 할 것이다.[65] 이처럼 재귀동사에서 파생되는

---

65 재귀성을 띠는 동사, 예를 들면 「浴びる (뒤집어쓰다, 着る (입다), かぶる (쓰다), 食べる (먹다), 飲む (마시다), 持つ (들다), 見る (보다), 座る (앉다), 歩く (걷다)」와 같은 기본동사로부터 「浴びせる (뒤집어씌우다), 着せる (입히다), かぶせる (씌우다), 食べさす (먹이다), 飲ます (먹이다), 持たす (들리다), 見せる (보이다), 座らす (앉히다), 歩かす (걸리다)」와 같은 사역동사가 파생된다.

「サス (sasu)」형 사역은 사역주가 사태의 성립에 있어서 어떠한 동작을 직접 행한다. 사역성의 원형 중 (c)사역행위의 간접성이라는 기준을 위반한 사역문으로, 사역문의 전형에서 벗어나 타동사문에 근접해가는 유형이라고 할 수 있다. 사역주는 동작주로서의 성격을 함께 갖고 있고, 피사역자도 동작주로서의 성격과 여격보어로써의 성격을 동시에 갖고 있다. 다음의 구체적인 예를 살펴보자.

(60) そして落ちついてきたらまた汗を拭いて、<u>寝巻きを着せて</u>、寝かしつけたの。 　　　　　　　　　　　　　　　　　　　　　　　(ノル(下)、 p 246)

그리고 진정되자 다시 땀을 닦아내고, 잠옷을 입혀서 재웠어.

(61) 泉は黙ってデスクへ歩いて行くと、花瓶から花を抜いて放り出し、花瓶を手に持つと、いきなり浜口の顔へ<u>水を浴びせた</u>。 (セーラー、 p 81)

이즈미는 잠자코 책상 쪽으로 걸어가 꽃병에서 꽃을 **빼** 집어던지고는 그대로 꽃병을 들더니 갑자기 하마구치 얼굴에 물을 **끼**얹었다.

(62) 「ああ、<u>酒でも飲まして</u>ね、おとなしくさせようと思ったんだ、あいつの他にも外のセドリックに二人いたしさ、みんなボンドでね、フラフラだったから、<u>酒でも飲まして</u>さ、あいつ少年　形務所にいたって本当？」

　　　　　　　　　　　　　　　　　　　　　　　(限りなく、 p 8)

"아, 술이라도 먹여서 얌전하게 만들려고 했는데, 그 녀석 말고도 세드릭[66]에 두 명이 더 있었고 말이지, 다들 본드 때문에 비틀거리고 있었으니까 술이라도 먹여서, 그 녀석 소년원에 있었다는 거 진짜야?"

(63) <u>食べさして</u>いるぞ！……何か<u>ものを食べさして</u>いましたね!

66　세드릭(セドリック)이란, 일본의 닛산자동차의 차종 이름임.

(参加者の行動についての司会　者の発言)　　　(92,12/19、フジ系)

먹이고 있다! ……무언가를 먹이고 있었죠!

(64) 長い間君一人に<u>重荷を背負わ</u>してた。　　　(92,11/6、フジ系)

오랫동안 자네 혼자 무거운 짐을 짊어지게 했네.

(65) 私でよかったら<u>お話を聞かし</u>てくれませんか?　　(92,12/10、フジ系)

나라도 괜찮다면 이야기를 들려주시지 않겠습니까?

(66) <u>何も知らされ</u>ずにいるというのはとてもつらいことだよ。(92,11/14、NHK)

아무것도 모르는 채 있다는 건 정말로 괴로운 일이야.

(67) 良雄ともう一人の男が海に出た。そして、死んだのがもうひとりの男だと
したら、だれが彼を殺したのか、それは單純な引き算でしかないはず
だった。だれが<u>良雄の持ち物を</u>その男に<u>持たせ</u>ることができたか、そ
れはもうあらためて考えるまでもないことだ。　　　(赤(上)、p67)

요시오와 또 다른 한 명의 남자가 바다에 나갔다. 그리고 죽은 이가
또 다른 남자라고 한다면 누가 그를 죽였는지, 그것은 단순한 뺄셈
에 지나지 않았다. 누가 요시오의 짐을 그 남자에게 들게 할 수 있었
는지, 그건 이미 다시 생각해 볼 필요도 없는 문제인 것이다.

(68) 彰子をつかまえようと伸びたマリアの掌に<u>安井の体をつかま</u>せる。

(マリア、p126)

아키코를 붙잡으려고 뻗은 마리아의 손바닥에 야스이의 몸을
붙잡게 한다.

(69) 香子が抱きかかえるように<u>旭子を立た</u>せて、教室を出ていく。

(青春、p260)

가오리코가 껴안듯이 아사히코를 일으켜 세우고는 교실을 빠져
나간다.

상기와 같이 재귀동사에서 파생된 「サス (sasu)・セル (seru)」형 사역

문은 사역주의 사역행위가 직접적이고, 직접적 사역행위의 사역 이외의 다양한 의미·용법은 갖지 않는다. 또한 직접적인 사역행위 는 동사와 문맥에 따라 단계적이다. 타동사문에 매우 가까운 경우 도 있으며, 「サセル (saseru)」형 사역문과 의미적으로 근접한 경우도 존재한다. 예를 들어 (68)과 같이 동작주가 의지적인 동작이 불가 능한 경우에는 사역주의 직접적인 사역행위만이 동작을 성립하도 록 할 수 있는데, 이와 같은 경우는 타동사문에 가깝다고 할 수 있 다. 반대로 (63)과 같이 사역주가 동작주에게 동작을 일으키기 위 해 직접 어떠한 행위를 하면서 동시에 최종적으로는 동작주의 기 능에 의존하지 않으면 동작이 성립하지 않는 경우도 있다. 어느 쪽 이든 사역주가 직접 동작을 한다는 점에서는 하나의 범주에 속하 는 것으로 다루어야 할 것이며, 사역문의 하나의 의미·용법으로써 인정할 수 있을 것이다. 여기에서 미리 언급해두고자 하는 것은 「サ ス (sasu)·セル (seru)」형 사역동사는 현시점에서는 그 파생이 안정 적이지 않고, 특히 문어에서는 쓰지 않으려고 하는 경향이 있다는 점이다. 그러나 (67)에서 (69)와 같이 「サセル (saseru)」형식을 취하 면서도 의미적으로는 전형적인 「サセル (saseru)」형 사역과는 다른 의미영역을 나타내고 있기 때문에, 역시 별개의 영역으로써 인정 할 필요가 있다.

8.4.6 조작

직접적 사역행위보다 타동사문에 근접해가고 있는 것이 조작사 역이다. 사역성의 원형인 (c)사역행위의 간접성을 위반하고 있음과 동시에 (b)관여자의 [+animate]성에도 어긋난다. 즉 피사역자가 [−animate]이며 타동사문에 매우 가까운 사역문이라고 할 수 있다.

(70) 凍ったアスファルトの道が、どんなに滑りやすく、危険であるかを知らないはずがなかった。だから、いまのように、むちゃくちゃに<u>自転車を走らせる</u>ということもないはずであった。　　　　　　　(氷点(上)、p 290)

얼어 있는 아스팔트길이 얼마나 미끄러지기 쉽고 위험한지, 그걸 모를 리가 없었다. 그러니까 지금처럼 난폭하게 차를 운전하는 일도 하지 않을 터였다.

(71) そしてまた音楽を聴きながら東京に向けて<u>車を走らせた</u>。

　　　　　　　　　　　　　　　　　　　　(ダンス(上)、p 37)

그리고 또 음악을 들으면서 도쿄를 향해 차를 몰았다.

(72) N360の排気パイプにゴム・ホースをつないで、窓のすきまをガム・テープで目ばりしてから<u>エンジンをふかせた</u>のだ。　　　(ノル(上)、p 46)

N360의 배기 파이프에 고무 호스를 연결하고, 창문 틈을 테이프로 막은 뒤 엔진 시동을 걸었던 것이다.

(73) 鼠は空になったふたつめの<u>ビール缶を</u>指で<u>へこませた</u>。

　　　　　　　　　　　　　　　　　　　　(羊(下)、p196)

쥐[67]는 텅 비어버린 두 번째 맥주 캔을 손가락으로 꾹 눌렀다.

(74) 風が<u>カーテンを揺らせた</u>。　　　　　　　　　　(ノル、p157)

바람이 커텐을 나부끼게 했다.

(75) 何もかも覆いつくし、<u>大地を芯まで凍らせて</u>しまう雪だ。

　　　　　　　　　　　　　　　　　　　　(羊(下)、p161)

뭐든지 다 덮어버려서 대지를 그 심지까지 얼게 하고 마는 것이 눈이다.

(70)에서 (73)까지의 예문과 같이 [+animate]의 사역주와 [−animate]의

---

67 여기에서 '쥐(네즈미)'란 등장인물의 하나이다.

피사역자라는 패턴에서는 조작의 사역행위를 나타낸다. 구문적으로는 사물의 대격을 취하는 타동사문과 유사하지만, 사역문으로써의 특징도 함께 갖고 있다. 그 이유는 타동사문의 대격보어가 동작주의 동작을 받는 단순한 대상인 반면, 이러한 유형의 사역문에 나타나는 피사역자는 어떠한 기능을 갖고 있거나 또는 사역주에게 그와 같이 인식되고 있다는 것을 의미하기 때문이다. 즉 피사역자의 표면상의 의미소성은 무정물(無情物, [−animate])라 해도 동작주(動作主, [+agentivity])로 파악되며, 유정물(有情物, [+animate])처럼 기능하고 있다. 바꿔 말하면 피사역자가 관여하는 사태를 동작주를 포함하는 사태로써 파악하고 있다고 볼 수 있는 것이다. 사역성의 원형인 (a)의 2 사태성이 아슬아슬하게 지켜지고 있다고도 할 수 있다. (74) (75)의 예는 사역주와 피사역자가 모두 사물인 경우이다. 그러나 사역주인 「風 (바람), 雪 (눈)」과 같은 자연현상에는 동작주성이 인정되기 때문에 조작사역의 의미가 성립한다. 사물을 사역주로 하는 문은 대체적으로 원인사역이 되지만, 이와 같이 사역주인 사물에게 동작주성이 인정되면 조작사역의 의미를 나타내게 되는 것이라고 분석할 수 있다.

8.4.7 원인

지금까지의 의미·용법과는 다른 원인사역은 사역행위의 사태에 동작성이 느껴지지 않는다. 사역성의 원형인 (b)관여자의 [+animate]성에 어긋나며, 사역주가 [−animate]성을 갖고 있거나 기본동사가 인식·감정동사인 경우에 만들어진다. 인식·감정동사의 사역문은 표면상으로는 [+animate]의 사역주를 취하는 경우가 있지만, 이러한 경우의 사역주는 동작주로써의 성격은 갖지 않고 사역주의 어떠한 속성이나 행위의 소유자로써 인식되고 있다. 우선 [−animate]의 사역주를 취하는 사역문부터 살펴보자.

(76) <u>夏の名残りの光が</u>煙を余計にぼんやりと<u>曇らせ</u>ていた。

(ノル(上)、 p 111)

여름의 여운이 묻어나는 빛이 담배연기를 괜히 한층 더 흐릿하게 만들고 있었다.

(77) <u>鮮やかな緑色をした桜の葉が</u>風に揺れ、太陽の光をきらきらと<u>反射させ</u>ていた。 (ノル(上)、 p 35)

선명한 녹색을 띤 벚꽃 잎이 바람에 흔들려, 햇볕을 반짝반짝 반사시키고 있었다.

(78) 二人だけで話すと、彼女はやはり魅力的な女性だった。才能にあふれ、無防備だった。ユキよりずっと子供っぽいところもあった。でも二人が一緒になると、<u>その組合わせは</u>僕をひどく<u>疲れさせ</u>た。牧村拓があの二人のおかげで俺の才能は尽きて消えてしまったと言う意味も何となく理解できた。 (ダンス(下)、 p 223)

둘이서만 얘기해보면, 그녀는 역시 매력적인 여성이었다. 재능이 넘치면서도 무방비했다. 유키보다도 훨씬 더 어린애 같은 구석도 있었다. 그러나 두 사람이 함께 있게 되면, 그 조합은 나를 매우 피곤하게 만들었다. 마키무라타쿠가 그 두 사람 덕분에 나의 재능은 다 없어져버렸다고 말하는 의미도 어렴풋이 이해할 수 있을 것 같았다.

사역주 자리에 사물이 오게 되면, 피사역자가 사람이든 사물이든 그 사물이 원인이 되어 결과적으로 사람(사물)의 상태에 변화를 일으킨다는 의미가 된다. 이러한 원인을 사역문의 하나의 의미·용법으로써 제시할 수 있다.

　사역주에 사물을 취하지 않더라도, 기본문에 감정·인식동사가
오게 되면 원인의 사역문을 만든다. 예문을 살펴보도록 하자.

(79) 何も義務的につきあっているわけじゃない。どうしてだろう？歳もこんな
　　に違うし、共通する話題だってろくにないのに？それはたぶん君が僕に
　　何かを思い出させるからだろうな。僕の中にずっと埋もれていた感情を
　　思い起こさせるんだ。　　　　　　　　　　（ダンス(下)、 p 205)
　　뭐 의무적으로 사귀고 있는 건 아니야. 어째서일까. 나이도 이렇
　　게 다르고, 공통된 화제만 해도 제대로 없는데 말이지. 그건 아
　　마 네가 내게 어떤 감정을 생각나게 하기 때문인 것 같아. 내 안
　　에 줄곧 묻혀있었던 감정을 불러일으켜.

(80) 「君はすごく僕を落ち込ませる」と僕は言った。　　（ダンス(下)、 p 145)
　　"너는 정말 나를 맥빠지게 하는구나." 라고 나는 말했다.

(81) 昭子は心臓が悪いのだ、美代子はそのことを思い出した。興奮させて
　　はならない。　　　　　　　　　　　　　　（赤(上)、 p 192)
　　쇼코는 심장이 좋지 않다, 미요코는 그 사실을 생각해냈다. 흥분
　　시켜서는 안 된다.

(82) あなたってわりに人のこと落ち込ませるのね。　　（ダンス(下)、 p 96)
　　당신, 생각했던 것보다 남을 주눅들게 만드는 사람이네.

(83) 徹は陽子の服をとりに行こうと、自転車に乗って街へ出た。早く陽子を
　　喜ばせてやりたかった。　　　　　　　　　　（氷点(上)、 p 289)
　　도오르는 요코의 옷을 가지러 가기 위해 자전거를 타고 거리로
　　나섰다. 빨리 요코를 기쁘게 해 주고 싶었다.

상기 예문은 모두 사역주가 사람이기는 하나 기본문에 감정·인식

동사가 자리하게 되어 원인사역의 의미를 나타내고 있다. 다음과 같이 사물을 사역주로 하는 문과 의미적으로는 거의 달라지지 않는다.

(84) 花はしおれていたが、その<u>赤い色は</u>生々しく、なにか魚の腸めいた<u>生臭さを感じさせた</u>。　　　　　　　　　　　　　　(幻)、p 21)

꽃은 시들어 있었지만 그 붉은색은 선명했고, 어쩐지 생선 창자 같은 비린내를 느끼게 했다.

(85) 今見た、<u>妻のなやましい後ろ姿は</u>、また<u>村井を連想させた</u>。　　　　　　　　　　　　　　　　　(氷点(上)、p 85)

방금 본 아내의 고뇌에 찬 뒷모습은 또 다시 무라이를 연상시켰다.

(86) 美代子は人一倍独立心が旺盛であり、ときには<u>それが男を苛立たせる</u>こともあるのを、自分では気がついていなかった。　　(赤(下)、p 77)

미요코는 남보다 두 배는 더 독립심이 강한데, 때로는 그 점이 남자를 초조하게 만든다는 것을 스스로는 알아차리지 못하고 있었다.

사역주가 사람이든 사물이든 모두 경험자가 감정적으로 또는 내면적으로 그와 같은 상태가 된 결과를 일으킨 원인이 되고 있다.

8.5 요약 및 결론

이상으로 사역주의 동작주에 대한 사역행위의 사태와 동작주의 동작실현의 사태라는 두 가지 사태를 내포하는 복합적인 사태로써 사역문을 인식하고, 그 사태의 성립에 관여하는 관여자의 성질, 사역사태에 대한 관여자의 의도성의 소재, 사태간의 계기관계 및 기본동사가 갖는 성질 등의 요인을 추출하여 사역문 고유의 의미·용법을 분류하였다. 또한 사역문이 다양한 의미·용법을 나타내는 것은 바로 두 사람의 관여자가 동작주성([+agentivitiy])이면서 유정물성([+animate])을 갖고 있다는 점에서 전개되는 의미의 다양성(多樣性, variation)임을 파악하였다. 표로 정리하면 다음과 같다.

〈그림 5〉 사역문의 의미·용법

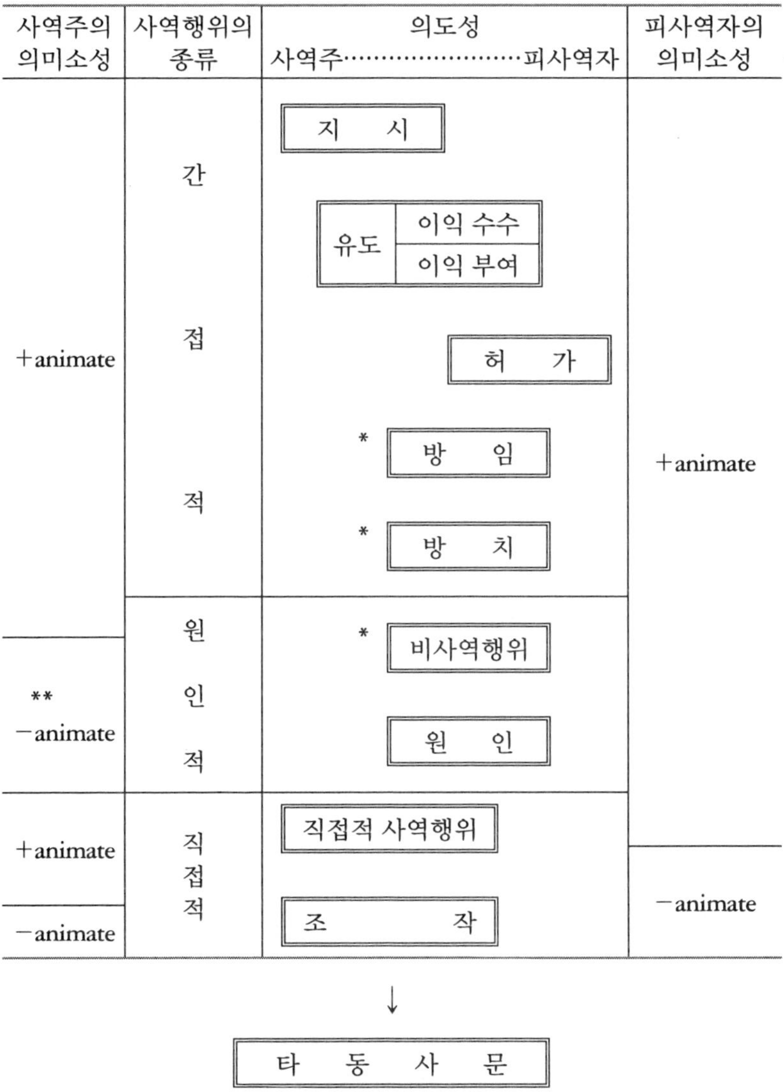

사역주의 의미소성	사역행위의 종류	의도성 사역주··················피사역자	피사역자의 의미소성
+animate	간 접 적	지　시 유도 · 이익 수수 / 이익 부여 허　가 * 방　임 * 방　치	+animate
** −animate	원 인 적	* 비사역행위 원　인	
+animate	직 접 적	직접적 사역행위	−animate
−animate		조　작	

↓

타　동　사　문

* 동작주의 동작실현의 사태가 사역주의 사역행위보다 우선하는 경우이다.
** 기본동사가 인식·감정동사의 경우에는 [+animate]이다.

재귀성과 보이스체계

−日·韓 對照研究−

제9장

수동문과 재귀성

9.1 들어가기

제 2부에서 기술한 것처럼, 유생자동사에 재귀성을 인정하는 것이 본고에서 주장하고자 하는 하나의 논지이다. 자동사는 1항(項)문으로 당연히 수동문을 만들 수 없다. 그러나 표층의 동사체제가 2항(項)문이라면 모두 수동이 되는가 하면 그렇지 않다. 2항 체제임에도 불구하고 그 대상을 주어로 하는 수동문을 만들 수 없는 동사는 다수 존재하며, 이 점에 관해서는 일본어학에서도 다양한 논의가 이루어지고 있다. 그러나 일관성 있는 설명은 필자가 아는 한 찾아보기 어렵다. 의미와 형식의 대응을 조사해보면, 전형적인 의미범주를 갖는 동사는 의미와 형식이 일치하는 경향이 있다. 구체적으로 말하면 전형적인 타동사를 나타내는 동사는 형식상으로도 2항 체제를 취한다. 여러 언어 사이에 다소 차이가 있기는 하나, 의미와 형식 사이에 어긋남이 생기는 부분은 전형에서 본다면 주변적인 것이다. 전형에서 벗어난 부분이라는 것은 관점을 바꿔보면 그 전형에서 벗어난 영역이라는 것에 그치는 것이 아니라 새로운 의미

영역을 이루는 부분일지도 모른다. 또한 새로운 의미영역을 인정함으로써 일관된 분석이 가능하지 못했던 현상에 대해서 보다 더 설득력 있는 설명을 제시할 수도 있다.

본장의 목적은 재귀성이라는 개념을 도입함으로써 형식상 타동사문(2항문) 체제를 갖추고 있으나 직접수동이 성립하지 않는 현상에 대해 일관된 설명을 제시하고자 하는 것이다. 의미개념을 도입하여 동사의 의미적 특징을 문제로 하기 때문에 개별언어를 뛰어넘는 일반언어학적인 분석이기는 하나, 일본어와 한국어를 따로 언급하는 것은 한 쪽의 언어 현상이 다른 한 쪽의 언어 현상을 분석하는 데에 타당성을 줄 수 있을 것으로 생각되기 때문이다.

9.2 일본어의 직접수동 불성립 현상과 재귀성

일반적으로 직접수동이란 타동문의 대상이 주어에 놓이고 동작주는 여격으로 격이 내려가게 되며 동사는 수동형으로 바뀌는 구문을 가리킨다. 타동성이 강한 전형적인 타동사문은 대상(対象)을 주어에 위치시키는 직접수동문을 만들 수 있다. 형식을 중시하거나 또는 영어 등의 전통을 이어받아 2항(項)문이라면 타동사인 것으로 판단하는 기존의 일본어학에서는 2항(項)문이면서 직접수동이 성립하지 않는 현상을 설명하기 위해서 몇 가지 가설이 세워졌다. 그러나 5.3.1절에서 언급한 대로 모두 설득력 있는 분석이라고는 하기 어렵다. 예문을 관찰해가면서 직접수동이 성립하지 않는 현상과 재귀성과의 관계를 고찰하고자 한다. 우선 문의 형식과 의미 사이에 어긋남 현상이 명백하게 드러나는 재귀용법문에 있어서의 수동화 가능 여부를 살펴보기로 하자.

(1) a. 花子が手を洗っている。

      하나코가 손을 씻고 있다.

    b.*手が花子に洗われている。

(2) a. 花子が足を折った。

      하나코가 다리를 삐었다.

    b.*足が花子に折られた。

(3) a. 花子が眼鏡をかけている。

      하나코가 안경을 쓰고 있다.

    b.*眼鏡が花子にかけられている。

예 (1)(2)와 같이 2항(項)문의 형식을 취하고는 있지만 의미적으로는 주체와 대상이 분리될 수 없는 재귀용법문의 경우, 그 대상을 주어로 하는 수동화는 불가능하다. 이는 수동화의 가능 여부가 표층상의 형식에 의해 결정되는 것이 아니라 문의 의미에 의해 결정된다는 것을 보여주는 것이다. 재귀용법문에서의 이러한 현상은 재귀동사의 수동문이 성립 여부에 관해서도 동일한 분석이 가능하다는 점을 말해 주고 있다. 다음 예문을 살펴보자.

(4) a. 花子が服を着ている。

      하나코가 옷을 입고 있다.

    b.*服が花子に着られている。

(5) a. 花子が靴を履いている。

      하나코가 신발을 신고 있다.

    b.*靴が花子に履かれている。

종래에 재귀동사로 인정되지 않고 타동사로 여겨지면서도 직접수동이 파생되지 않는 동사가 있다. 이 동사들의 직접수동 불성립 현상에 관해서도 상기와 같은 원인이 관여하고 있는 것으로 생각할 수 있다.

(6) a. 花子がご飯を食べている。

하나코가 밥을 먹고 있다.

b.*ご飯が花子に食べられている。

(7) a. 花子が本を読んでいる。

하나코가 책을 읽고 있다.

b.*本が花子に読まれている。

(8) a. 花子が書類を見ている。

하나코가 서류를 보고 있다.

b.*書類が花子に見られている。

(9) a. 花子が音楽を聞いている。

하나코가 음악을 듣고 있다.

b.*音楽が花子に聞かれている。

위의 동사들은 2항(項)문의 체제를 취하면서 또한 의미상으로도 대격인 명사가 주체와 분리되는 개체성을 갖고 있는 것처럼 보인다. 그러나 동작의 종료시에는 그 대상이 주체의 소유영역에 속하게 된다는 의미에서 재귀성을 띠는 동사라고 할 수 있다. 이러한 종류의 동사에 재귀성을 인정한다면, 이러한 동사들이 수동문이 성립하지 않는 현상에 대하여 일관된 설명을 부여할 수 있다. 즉 일견 타동성을 띠는 것처럼 보이는 이와 같은 동사의 대상은 표층상으로는 대격으로써 나타나고 있어도, 단언컨대 전형적인 대상(対象, accusative)이 아닌 준대격이라고 할 만한 성질의 것이다. 즉 동사가 의미하는 것은 타동성이 아닌 재귀성이어서, 동작주의 행위가 대상에 영향을 주는 것을 나타내는 것이 아니라, 동작주체 자기자신에 그 영향을 미치고 있다는 의미를 나타내고 있는 것이다. 이와 같이 생각해보면 직접수동문을 만들지 않는 동사는 표층상의 체제와는 관계없이 문의 의미가 재귀성을 띠기 때문에 직접수동문을 만들지 않는 것이라고 할 수 있다. 다시금 말하자면 형식과 의미가 일치하는 유생주어의 자동사문(1항문)이 직접수동이 되지 않는 이유와 동일한 이유로 재귀성을 띠는 동사의 직접수동화가 불가능한 현상을 설명할 수 있다는 것이다.

그러나 기본적으로는 직접수동이 되지 않는 동사에서도 능동문의 대상을 주격으로 승격시키는 조건이 갖춰진다면 다음 예문의 (c)와 같이 수동화가 가능해진다.

(10) a. 花子が<u>振り袖を着</u>ている。

　　　하나코가 후리소데를 입고 있다.

　　 b.＊<u>振り袖が花子に着られ</u>ている。

　　 c. <u>振り袖が</u>卒業式でよく<u>着られ</u>ている。

　　　졸업식에서 후리소데[68]가 많이 이용되고 있다.

(11) a. 花子が<u>パンを食べ</u>ている。

　　　하나코가 빵을 먹고 있다.

　　 b.＊<u>パンが花子に食べられ</u>ている。

　　 c. <u>パンが</u>よく<u>食べられ</u>ている。

　　　빵이 많이 소비되고 있다.

(12) a. 太郎が<u>本を読ん</u>でいる。

---

68 '후리소데(振り袖)'란, 일본 전통의상의 하나로 결혼 전의 여성이 입는 기모노의 일종이다.

    타로가 책을 읽고 있다.

    b. *本が太郎に読まれている。

    c. この本は最近若者に読まれている。

    이 책은 최근 젊은이들에게 읽혀지고 있다.

(13) a. 花子がモーツァルトを聞いている。

    하나코가 모차르트를 듣고 있다.

    b. *モーツァルトが花子に聞かれている。

    c. モーツァルトが最近よく聞かれている。

    모차르트가 최근 자주 연주된다.

   재귀문의 표층상의 대상은 재귀성을 나타내는 상태로는 문의 주어가 될 수 없다. 재귀성이 대상에 미치는 영향(affectedness)을 인식하는 것이 아니라 주체에게 미치는 영향(affectedness)의 측면을 인식하는 것이기 때문이다. 수영(受影, affect)되지 않으면 수동문의 주어가 될 수 없는 이유는 무엇일까. 수동문의 기능을 고찰해봄으로써 그 단서를 찾아볼 수 있다. 즉 수동문이란 능동문에서 해당 동작에 의해 초래되는 변화를 입은 당사자를 주어로 내세워 그 주어의 상태를 서술하는 문이라고 할 수 있다. 재귀문의 대상은 동작주의 동작의 결과가 대상에 잔존하는 존재가 아니므로 수동문의 주어로써의 자격을 가질 수 없는 것이다. 이 때 재귀문의 대상이 현실세계에서 실제로 영향을 받는지의 여부는 다른 차원의 문제라고 할 수 있다.

   일반적인 「着る (입다)」가 함의하는 「服 (옷)」는 단일 동작주의 동작에 연관되면서도 존재 가치를 주장할 수 없는 사물이다. 그러나 재귀동사라도 (10c)와 같이 수동문이 성립되는 경우가 있다. 이 문에는 복수의 동작주가 함의되어 있다. 이 문의 능동문도 해당하는 복수의 동작주를 함의하는 「卒業式では多くの人が振り袖を着る (졸업식에서는 많은 사람들이 후리소데를 입는다)」와 같이 될 것이다. 이와 같은 수동문이 가능해지는 것은 기존의 분석에서는 대상에 정보적 가치가 증가했기 때문이라고 보거나 또는 복수의 동작주가 함의되기 때문이라고 분석되어 왔다. 그러나 그러한 현상 뒤편에 있는 원리로써 다음과 같은 것을 생각할 수 있다. 즉 동사가 함의하는 의미가 재귀성이므로 동작주의 소유영역에 머무르는 대상이 어떠한 조작에 의해 동작주의 소유영역에서 해방되어 독립된 항으로써의 개체성이 높아지게 되고, 그로 인해 수동문의 주어가 될 수 있다, 라는 설명이 된다. 예를 들어 불특정다수의 대상이 아니라 「この本 (이 책), この橋 (이 다리)」등과 같이 정성(定性, definiteness)이 주어짐으로써 동작주 한 사람의 소유영역에서 해방되거나, 또는 복수의 동작주가 상정되는 문맥에서는 동작주 한 사람의 소유물이라는 제한에서 벗어나게 되어 개체성이 높아지기 때문이다, 와 같이 생각해 볼 수 있을 것이다.[69]

(11)에서 (13)까지의 (b)도 재귀성을 띠기 때문에 직접수동이 파생되지 않는다. 이처럼 재귀성이라는 개념을 도입함으로써 2항문의 수동문이 성립하지 않는 현상을 일관성 있게 설명할 수 있다. 이러한 유형의 수동문은 단일 동작주의 수동문과는 다소 성격을 달리 하는 것으로, 즉 주어의 성질·상태라는 것을 나타내는 총칭문(総

---

[69] 수동문과 연관된 문제로, 수동문과 '시점(視点)'과의 관련성에 관한 논의가 있다. 시점을 도입하여 재귀동사문의 직접수동문이 성립하지 않는 현상을 설명하면 다음과 같다. 예를 들어 「花子が服を着る (하나코가 옷을 입다)」와 같은 재귀동사문은 동작주에 초점이 맞춰져 있으며, 대격인 「服 (옷)」는 일반적으로는 초점이 맞춰져 있지 않기 때문에 그 대상을 주어로 하는 수동문은 성립하지 않는다. 그러나 일반적인 의미에서는 초점이 모아지지 않는 대상에게 초점이 맞춰지도록 어떠한 조작이 이루어지면 그 대상을 주어로 하는 수동문이 성립하게 된다, 라는 분석이 가능할 것이다. 시점이라는 관점에서의 분석과 본고의 입장은 표리일체의 관계에 있는 것일 수도 있지만, 재귀성에서의 설명 쪽이 동사의 성질과 관련되어 있고 보다 더 근본적인 해결책인 것으로 생각된다.

稱文)과 유사하다고 할 수 있다.

9.3 한국어의 직접수동문 불성립 현상과 재귀성

한국어의 수동문 마커는 일반적으로 두 가지가 인정된다. 즉 보이스 전반에 걸친 형태「이」형과 보조동사 형식의「-아/어 지다(이하 지다)」형의 2가지 형식의 수동문이 존재한다. 후자의 보조동사로써의 의미는 간단하게 말하자면 어떤 사태 또는 사물이 스스로 또는 저절로 자연스럽게 어떤 상태에서 다른 상태로 변화하는 것을 나타낸다. 이하에서는 동사의 의미유형과 두 수동문의 사용 구분, 또한 동사의 타동성 및 재귀성과 수동문 성립의 가능 여부에 대해 고찰하기로 한다. 후자에 관해서는 일본어와 마찬가지로 한국어에서도 수동문의 파생이라는 점에서 타동사와 재귀성의 차이가 나타나지 않는다.

9.3.1 「이」형과 「지다」형의 사용 구분

우선「이」형과「지다」형의 사용 구분에 대한 선행연구인 이기동(1987)에서는 전자는 자발적(spontaneous) 또는 우발적(accidental)으로 일어나는 infix passive, 후자는 의도적으로(intentionally) 수행되는 과정을 나타내는 auxiliary passive로써 각각의 수동형의 의미가 서로 다르다는 것을 주장하고 있다. 그러나 저자의 견해와 같이 두 가지 형식이 같은 레벨에서 별개의 의미를 나타내고 상보적인 관계를 이루고 있다고는 말하기 어렵다. 우선「이」형이 자연발생적인 프로세스를 나타내고「지다」형이 의도적인 프로세스를 나타낸다고 하는 주장에 대한 반례로써 다음의 예문을 들 수 있다.

(14) 전화선이 끊-<u>기</u>-었다.(누군가에게)

電話線が(誰かに)切られた。

(15) 전화선이 끊어-<u>지</u>-었다.(원인은 알 수 없으나)

電話線が切れた。

(14)는 「이」형이지만 자연발생적이라고 하기보다는 누군가에 의해 의도적으로 끊기게 된 것을 나타내며, 반면에 (15)의 「지다」형은 동작주의 함의가 없고 정확한 원인은 알 수 없으나 어떠한 원인에 의해 저절로 끊어진 것을 나타낸다. 이는 저자의 주장과 정반대의 결과라고 할 수 있다.

또한 다음과 같은 사실은 두 가지 수동형을 같은 레벨에서 다뤄서는 안 된다는 것을 시사하고 있는 것으로 생각된다.

(16) a. 미라가 치마를 <u>입고 있다</u>.

ミラがスカートを履いている。

b. 치마가 미라에게 <u>입어-*지-었다</u>.

*スカートがミラに履かれた。

(17) a. 어머니가 미라에게 치마를 <u>입-히-었다</u>.

お母さんがミラにスカートを履かせた。

b. 치마가 미라에게 <u>입-히-어-지-었다</u>.

スカートがミラに履かせられた。

(16a)의 「입다 (履く)」는 재귀동사로 (b)와 같은 「지다」형을 만들지 않지만, (17a)와 같이 파생형의 사역동사가 되면 (b)와 같은 「지다」

형을 만들 수 있게 된다. 이는 수동형으로써의 「이」형과 「지다」형이 동일한 레벨에서 상보관계를 갖는 것이 아님을 시사하고 있다. 이제 본고의 입장에서 한국어에서의 수동형의 사용 구분을 나타내고, 본장의 목적인 수동문의 성립 가능 여부와 동사의 의미 유형 즉 타동성과 재귀성과의 관계를 검증하기로 한다.

한국어는 상기에서 기술한 두 가지 수동형이 동사의 의미 타이프에 의해 다음과 같이 구분되어 사용되는 것으로 생각된다.

[a] 「이」형만 파생되는 동사

[b] 「지다」형만 파생되는 동사

[c] 「이」와 「지다」형 모두 파생되는 동사

우선 「이」형의 수동문을 만드는 [a]유형 동사와 「지다」형의 수동문을 만드는 [b]유형 동사는 동작에 의해 초래되는 결과라는 점에서 차이를 보인다. 전자의 동사의 성립은 전면적으로 동작주에게 의존하고 있으며 그 결과도 복원 가능한 결과를 나타내는 경우가 많다. [a]유형의 구체적인 예와 분포를 살펴보면서 동사의 의미를 살펴보자.

(18) a. 미라가 대문을 열었다.

ミラがドアを開けた。

b. 대문이 (미라에 의해서) 열-리-었다.

ドアが(ミラによって)開けられた。

(19) a. 미라가 빨래를 널었다.

ミラが洗濯ものを干した。

b. 빨래가 (미라에 의해서) 널-리-었다.

洗濯ものが(ミラによって)干された。

(18)의 「열다」는 (b)와 같이 「이」형 수동문으로 될 수 있는데, 동작주가 문의 전면에 드러나지 않아도 통상적으로 단일의 동작주를 함의한다. 단순히 동작주의 작용이 있어야 비로소 성립되는 움직임으로, 대상이 스스로 원동력을 가지고 변화하는 가능성을 갖고 있지는 않다. 또한 동작에 의해 초래된 변화는 복원 가능한 결과이다. 즉 동작이 이루어지기 전의 상태로 복원하는 것이 가능하고, 또 그러한 복원도 통상적인 힘에 의해 가능하다. 이와 같은 사실은 이러한 종류의 동사들이 단순동사인 반대어를 갖는 경우가 많다는 점에서도 뒷받침될 것으로 보인다. 예를 들어 (18)의 반대어는 「닫다」, (19)의 반대어는 「걷다」이다. 원래의 상태로 복원 가능하다는 것은 대상 그 자체의 형상, 내부적인 성질을 변화시키지 않는 동작임을 의미한다. 한편 「지다」형의 수동문을 만드는 동사에서는 사정이 달라지는데, 이러한 의미 유형의 동사의 대상은 스스로 변화에 대한 가능성을 갖고 있으며 내부의 형상 그 자체를 변화시키는 결과를 초래하는 동작이기 때문이다. 따라서 수동의 형태에도 상태변화의 의미를 남기는 보조동사가 사용된다는 것이 흥미롭다. 그 밖에 「이」형을 취하는 동사로는 (20)과 같은 것이 있다.

(20) 닫다 / 닫-히-다, 누르다 / 눌-리-다, 덮다 / 덮-히-다, 묻다 / 묻-히-다, 감다 / 감-기-다, 쌓다 / 쌓-이-다, 자르다 / 잘-리-다, 걸다 / 걸-리-다, 접다 / 접-히-다, 뽑다 / 뽑-히-다, 꽂다 / 꽂-히-다, 파다 / 패-이-다, 바르다 / 발-리-다, 막다 / 막-히-다 등

다음으로 [b]의 「지다」형의 수동문을 만드는 동사로는 다음과

같은 것이 있다.

    (21) a. 미라가 거울을 <u>깼다</u>.

             ミラが鏡を壊した。

        b. 거울이 <u>깨어-지-었다</u>.

             鏡が壊された(壊れた)。

    (22) a. 미라가 담뱃불을 <u>껐다</u>.

             ミラが煙草の火を消した。

        b. 담뱃불이 <u>꺼-지-었다</u>.

             煙草の火が消された(消えた)。

(21)의 「깨다」와 (22)의 「끄다」는 각각 (a)와 같이 동작주에 의한 변화일 수 있다는 점은 물론이고, 이러한 기본동사가 동반하는 대상이 변화의 가능성을 잠재적으로 갖고 있기 때문에 시간의 경과 등에 의해 저절로 동일한 변화가 일어날 가능성도 존재한다. 그렇기 때문에 이러한 의미 유형의 동사에서는 변화의 의미를 남게 하는 보조동사 형식의 수동형 「지다」가 파생되는 것으로 생각된다. 또 다른 수동형 「이」가 단순동사인 반대어를 갖고 있는 것에 반해, 이러한 의미 유형의 동사는 단순동사 레벨의 반대어를 갖고 있지 않다. 그렇다는 것은 통상적인 행위에 의해서는 원래의 상태로 복원하는 것이 불가능하다는 것을 의미하는 것은 아닐까. 그 밖에 「지다」형을 만드는 동사에는 (23)과 같은 것이 있다.

    (23) 부수다 / 부수어-지-다, 찢다 / 찢어-지-다, 빼다 / 빠-지-다,

         겹치다 / 겹치어-지-다, 깨다 / 깨어-지-다, 굽다 / 구우어-지-다,

         데우다 / 데우어-지-다, 벗기다 / 벗기어-지-다, 분지르다 / 분

질러-지-다 등

다음으로는 [c]타이프인 「이」형과 「지다」형의 두 가지 수동형을
취하는 동사에 관하여 살펴보자.

(24) a. 미라가 실을 <u>풀었다</u>.

ミラが糸を解いた。

b. 실이 <u>풀-리-었다</u>.

糸が解かれた(解けた)

(25) a. 미라가 물감을 <u>풀었다</u>.

ミラが絵の具を溶いた。

b. 물감이 <u>풀어-지-었다</u>.

絵の具が溶かれた(溶けた)

(26) a. 미라가 나뭇가지를 <u>꺾었다</u>.

ミラが枝を折った。

b. 나뭇가지가 (미라에 의해서) <u>꺾-이-었다</u>.

枝が(ミラによって)折られた。

c. 나뭇가지가 <u>꺾어-지-었다</u>.

枝が折られた (折れた)。

예 (24)와 (25)는 동일한 동사이나 담당하는 의미영역의 차이에 의
해 별개의 수동형을 취한다. (26)의 경우는 포함된 대상도 동일하
지만 두 가지 수동형식을 취할 수 있다. 수동형의 의미는 (26b)가
동작주가 함의되는 반면에 (26c)의 경우에는 동작주의 함의가 없
고, 어떠한 요인에 의해 초래된 자연발생적인 변화를 나타낸다. 후
자의 경우 일본어로는 자발형으로 나타내는 것이 자연스럽다는 점

도 흥미로운 사실이다. (27)의 동사도 대해서도 이와 같이 설명할
수 있다.

(27) 끊다 / 끊-기-다 / 끊어-지-다, 덮다 / 덮-히-다 / 덮어-지-다,
뽑다 / 뽑-히-다 / 뽑아-지-다, 막다 / 막-히-다 / 막아-지-다 等

언뜻 보기에 한국어의 두 가지 수동형은 동사의 의미 유형에 반
응하는 상보적(相補的) 관계에 있는 것처럼 보이지만, 세 번째 동사
유형을 통해 알 수 있는 것처럼, 중복되는 부분이 존재한다. 이는
두 가지 형식이 동일한 의미범주를 담당하는 것이 아닐지도 모른
다는 의문을 남게 한다. 즉 동사의 의미 유형의 차이에 반응하여 별
개의 수동형식이 취해지는 것이 아니라, 수동형으로 여겨지고 있
는 두 가지 형식은 별개의 레벨에서 기능하는 카테고리인 것이 아
닐까 하는 의문이 생긴다. 그러나 중복되는 부분에서도 상보적인
관계를 혼란시키는 것은 아니라는 점을 상기의 예를 통해서도 알
수 있다. 단 두 가지 형식이 각각 특유의 활동영역을 갖고 있다는
가능성은 남는다. 어느 쪽이든 타동문의 대상을 주어로 세우고 동
사가 형태를 바꾸며 대상의 변화의 상태를 나타낸다는 의미에서는
두 가지 유형 모두 수동문의 범주에 들어간다고 할 수 있다. 그러나
「지다」형은 능동문의 동사의 의미가 변하면 파생이 가능해지는 등,
「이」형과는 다른 기능을 보인다. 이 부분에 대해서는 다음 절에서
언급하기로 한다.

　요컨대 「이」형은 동작의 종료 시 문의 표면상으로는 드러나지
않는다고 해도 동작주가 반드시 함의되는 사태를 나타낸다. 이에
반해 「지다」형은 특정할 수 없는 동작주 또는 원인에 의해 초래된
변화의 상태를 기술한다. 따라서 후자 쪽은 자발의 의미로 연속되

어 간다. 예를 들어 두 형식의 동작의 성립과 동작종료에 동반하는
후속 상태를 도식화하면 다음과 같다.

〈그림 6〉 한국어의 두 가지 수동형

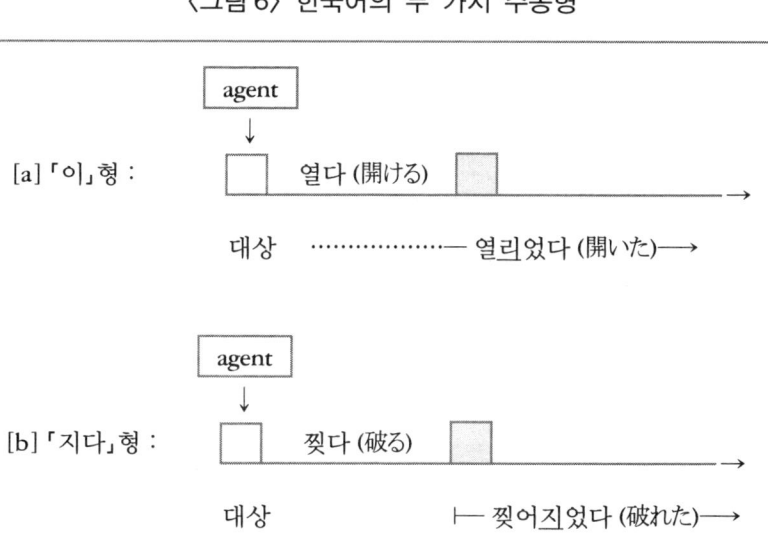

[a]의 「이」형은 동작의 개시부터 종료까지, 동작이 이루어지는
구간(term)을 함의한다. 물론 종료 후의 상태도 함의한다. 즉 이 구간
에서의 대상이 변화하는 상태에 초점이 맞춰져있는 수동문이다.
따라서 동작주가 함의되는 것이다. 한편 [b]의 「지다」형은 동작이
개시된 때부터 종료할 때까지의 구간에는 관심이 없고 동작이 종
료한 후의 대상의 상태에 초점이 맞춰져 있다. 누군가 혹은 무엇인
가가 원인이 되어 촉발된 결과 상태라는 것은 당연한 일이나 그러
한 측면에는 관심을 두지 않는다. 따라서 동작주가 함의되지 않는
수동문이라고 할 수 있다. 유사한 동작이 일본어에서는 같은 동사
로 표현되지만 한국어에서는 별개의 동사에 의해 표현되는 경우가

있는데, 그 의미유형의 차이가 수동형에 반영되기도 한다. 예를 들어 일본어의 「折る (접다)」에 해당하는 동사는 한국어에서는 대상이 달라지면 다음가 같이 별개의 동사가 되고, 그 의미에 따라서 각각 다른 수동형을 만든다.

(28) a. 미라가 <u>색종이를 접었다</u>.

ミラが色紙を折った。

b. 색종이가 (미라에 의해서) <u>접-히-었다</u>.

色紙が(ミラによって)折られた。

(29) a. 미라가 <u>백묵을 분질렀다</u>.

ミラがチョークを折った。

b. 백묵이 <u>분질러-지-었다</u>.

チョークが折られた (折れた)。

(28)과 같이 동작주의 동작에 전면적으로 의존하는 동사의 경우에는 「이」형을 취하고, (29)와 같이 대상이 그 내면에 변화에 대한 가능성을 갖고 있는 동사인 경우에는 「지다」형을 취한다.

9.3.2 수동형의 성립 가능 여부와 동사의 타동성·재귀성

앞 절에서 한국어가 두 가지 수동형을 갖고 있고 각각의 형식이 수동문의 카테고리 속에서 특유의 의미영역을 맡고 있다는 것을 지적했다. 또한 동사의 의미에 따라 다른 수동형이 파생되고 그 관계가 상보적(相補的)이라는 점도 지적하였다. 이와 같은 수동화의 대상이 되는 것은 이른바 2항동사 중에서도 타동성을 나타내는 것이라고 할 수 있는데, 일본어와 마찬가지로 2항동사이면서도 수동문이 되지 않는 것이 존재한다. 9.2절에서 검증한 사실, 즉 동사가 갖는 재귀성이 수동화를 제한하는 요인이라는 것을 한국어의 두 가지 수동형을 통해서도 검증하기로 하겠다.

우선 「이」형 수동문의 성립 가능 여부에 대해 살펴보자.

(30) a. 하나코가 문을 <u>닫았다</u>.

花子がドアを閉めた。

b. 문이 <u>닫-히-어 있다</u>.

ドアが閉められている。

(31) a. 하나코가 카페트를 <u>깔았다</u>.

花子がカーペットを敷いた。

b. 카페트가 <u>깔-리-어 있다</u>.

カーペットが敷かれている。

(30)의 「닫-다」, (31)의 「깔-다」는 「이」형의 수동문을 만드는데, 타동성을 나타내는 능동문에서 만들어지는 것으로 생각된다.

(32) a. 하나코가 모자를 <u>쓰고 있다</u>.

花子が帽子をかぶっている。

b. 모자가 <u>쓰-*이어 있다</u>.

帽子がかぶられている。

(33) a. 하나코가 빵을 <u>먹고 있다</u>.

花子がパンを食べている。

b. 빵이 <u>먹-*히-고 있다</u>.

パンが食べられている。

(34) 보다 / *보-이-다, 듣다 / *들-리-다. 읽다 / *읽-히-다, 자다 /
　　*재-우-다

예 (32)의 「쓰다」는 동작주의 동작에 전면적으로 의존하는 동작이
므로 수동형이 된다면 「이」형을 취해야 할 것이다. 그러나 (b)에서
보듯이 수동형은 비문(非文)이 된다. 필자가 재귀동사로 인정한 (33)
도 동사의 의미 유형에 따른다면 「이」형을 취하게 되겠지만, 실제
로는 수동문이 파생되지 않는다. 이와 같은 현상은 2항(項)문 중에서
도 타동성이 아닌 (34)와 같이 재귀성을 띠는 동사 전반에서 볼 수
있다. 반복되는 내용이지만, 재귀성을 띠는 동작의 성립에서는 표
층상 대상이 나타나 있을 경우라 해도, 대상에 대한 행위를 나타내
는 것이 아니라 동작 주체 자기자신에 미치는 사태를 나타내기 때
문에, 그러한 표층상의 대상을 주어로 하는 수동문은 성립하지 않
는 것이라고 할 수 있다. 「지다」형 수동문을 파생시키는 동사에는
다음과 같은 것이 있다.

(35) a. 하나코가 짐을 <u>내렸다</u>.
　　　　花子が荷物を下ろした。
　　 b. 짐이 <u>내리-어지-었다</u>.
　　　　荷物が下ろされた。
(36) a. 하나코가 컵을 <u>깼다</u>.
　　　　花子がコップを壊した。
　　 b. 컵이 <u>깨-어지-었다</u>.
　　　　コップが壊された。

「지다」는 타동사 전반에 걸쳐 파생되는 것으로, 예를 들어 (35)의

「내리-다」와 (36)의 「깨-다」는 「지다」형 수동문을 만든다. 그러나 「지다」형 수동문도 재귀성 동사로부터는 파생되지 않는다. 다음의 예문을 살펴보자.

(37) a. 하나코가 빵을 <u>먹었다</u>.
  花子がパンを食べた。
 b. *빵이 <u>먹-어지-었다</u>.
  パンが食べられた。

(38) a. 하나코가 책을 <u>읽었다</u>.
  花子が本を読んだ。
 b. *책이 <u>읽-어지-었다</u>.
  本が読まれた。

상기 예를 통해서도 알 수 있듯이, 「이」형 수동문을 만들지 않는 재귀성 동사는 「지다」형 수동문도 만들 수 없다. 동사의 의미 유형으로써는 동작주의 동작에 전면적으로 의존하게 되는 동작을 나타내므로, 만일 수동형을 만든다고 한다면 「이」형이 될 것이라고 예상할 수 있다. 따라서 「지다」형의 성립 가능 여부까지는 검증할 필요가 없지만, 타동성을 나타내는 대부분의 동작에서 「지다」형이 파생되는데도 불구하고 재귀성을 띠는 동사에서만 그 파생이 제한된다는 점은 매우 흥미롭다. 예 (37)의 「먹-다」는 「빵」을 주어로 하는 수동형 「먹-어지-다」가 되지 않는다. (38)에서도 수동형 「읽-어지-다」로는 파생될 수 없다. 이처럼 재귀성동사는 「이」형으로도 「지다」형으로도 파생되지 않는다.

 「지다」형 수동문을 만들지 않는 것은 재귀성의 기본적 의미와도 관련되어 있는데, 재귀동사가 단일의 동작주에 의한 구체적인 동작을 나타내는 성질이라고 생각해보면, 동작 종료 후의 변화의 상태를 인식하는 「지다」형의 파생이 제한되는 것은 당연하다고 할 수 있다. 재귀동사에서의 「지다」형 파생이 전혀 불가능한 것은 아니나 타동사에서 파생된 경우와 구문의 의미가 달라진다. 본고에서는 재귀동사와 타동사를 특징짓는 것으로 생각되는 의미소성으로써 객체 즉 대상에 미치는 사태인가의 여부, 또한 주체 즉 동작주에 미치는 사태인가의 여부를 언급했다. 이러한 차이가 「지다」구문의 의미 차이로 나타나는 것이다. 다음 장에서는 한국어에서 수동문의 형태로써 알려져 있는 「지다」형을 중심으로 고찰하고자 한다.

9.4 한국어의 「지다」형

앞 절에서는 한국어의 두 가지 수동형을 동사의 의미유형에 따라 구분하여 사용한다는 것을 살펴보았다. 또한 재귀성을 띠는 동사는 어느 쪽으로도 파생되지 않는다는 것을 검증하였다. 이 절에서는 수동형의 하나인 「지다」형에 초점을 두고 있는데, 이 형태는 수동화의 마커(marker)만이 아니라 가능문의 마커이기도 하고, 또 최근 주목을 받고 있는 중간구문의 마커이기도 하다는 것이 필자의 주장이다. 이러한 사실에는 동사가 갖고 있는 주체 언급성 및 객체 언급성의 차이가 분명하게 반영된다. 우선 현상을 제시한 후에 그 예를 검증하기로 한다.

9.4.1 주체의 수영성과 중간태적 의미

한국어의 수동화 마커 중 하나인 「지다」형은 타동문을 수동화하

는 마커이고, 재귀동사는 수동화가 불가능하다는 점에서 「지다」형
으로 파생되지 않는다는 점을 기술하였다. 엄밀하게 말한다면 재
귀동사에서 「지다」형이 만들어지는 것이 불가능한 것이 아니라 수
동화가 불가능하다는 것이다. 한국어의 경우 재귀동사에 「지다」가
붙게 되면 다음과 같은 의미가 된다.

(39) a. 하나코가 빵을 먹었다.

花子がパンを食べた。

b.*빵이 먹-어지-었다.

パンが食べられた。

c. 오늘은 빵이 잘 먹-어진-다.

今日はパンがたやすく食べられる。(나는 ~한 상태이다)

(40) a. 하나코가 책을 읽었다.

花子が本を読んだ。

b.*책이 읽-어지-었다.

本が読まれた。

c. 오늘은 책이 잘 읽-어진-다.

今日は本がたやすく読める。(나는 ~한 상태이다)

힘의 이동과 수영(受影)의 소재라는 관점에서 타동사와 재귀동사를
비교하면 다음과 같다. 타동사는 동작주에서 대상으로의 직접적인
힘의 이동이 이루어지고, 대상이 바로 이동의 도달점이기 때문에
이동한 힘에 의한 영향은 대상에 머무르게 되며 동작주에게 돌아
오지는 않는다. 이처럼 수영이 존재하는 장소인 대상이 바로 수동
문의 주어가 될 수 있는 것이다. 재귀동사의 경우에는 동작주에서
대상으로의 힘의 이동이 일차적으로 이루어지기는 하지만 이차적

인 이동으로써 다시 동작주에게 돌아가는 이동이 이루어진다. 즉 재귀동사의 동작의 도달점은 대상이 아닌 동작주 자기 자신이다. 따라서 힘의 이동에 의한 영향은 동작주에게 귀속된다. 이러한 성질 때문에 한국어의 「지다」형이 재귀동사에 붙게 되면 동작주의 상태를 나타내는 문이 생성된다. 재귀동사가 표층상에서 대상을 취하는가 그렇지 않은가의 여부와는 관계없이 힘의 이동에 의한 결과는 동작주에게 남게 되고, 그로 인해 「지다」형은 대상의 수영의 측면이 아닌 동작주의 수영의 측면을 나타낸다. 이렇게 상태화된 것이 상기의 문 (c)이다. 「지다」형의 의미는 타동사와 재귀동사의 중핵적인 성질을 두드러지게 만들어주는 시금석(試金石)과 같은 현상이라고 할 수 있다.

재귀동사의 「지다」형의 의미는 동작주에게 시간적으로 한정된 가능 상태를 나타내고 있다. 가능문이나 수동문과는 다른 의미를 나타내며, 중간용법이라고도 할 수 있다. 그러나 일본어 등에서 일컬어지는 중간태와는 다소 성격이 다르다. 이러한 유형의 문은 「~은 ~가 V+지다」와 같은 격 패턴을 취한다. 이는 가능문 「太郎ハ 英語ガ 話せる」와 유사한 구문 유형을 취한다는 것이다. 일반적인 중간 구문이 가능문과 유사한 것처럼, 한국어의 이와 같은 유형의 중간 구문이 가능문과 연관성을 보이는 것은 흥미롭다. 또한 이러한 유형은 주어에 1인칭만이 허용된다는 제한을 갖는다.

(41) a.*오늘은 (태호는) 빵이 잘 <u>먹어 진다</u>.
　　　今日は(テホは)パンが食べやすい。

　　b. 오늘은 (태호는) 빵이 잘 <u>먹어 진다고 한다</u>.
　　　今日は(テホは)パンが食べやすいそうだ。

상기 예문 (a)와 같이 주어가 3인칭이 되면 단정문(斷定文)으로는 나타낼 수 없다. 단 (b)와 같이 모달리티를 나타내는 형식이 보충되면 적합문(適合文)이 된다. 이는 타자의 가능한 상태를 무표한 형용사로 나타낼 수 없는 것과 유사한 현상인 것으로 보인다. 그러나 현시점에서는 더 자세한 논의를 위한 근거가 부족하기 때문에 중간태에 대한 고찰은 이후의 과제로 남기고자 한다.

9.4.2 한국어의 「지다」형의 중간 용법

「지다」형이 타동성 동사를 수동화하는 마커라는 것을 이미 검증하였고, 또한 재귀성 동사의 수동화 마커가 아니라는 것도 검증하였다. 그러나 재귀동사에서의 「지다」형의 파생 자체가 불가능한 것이 아니라 수동문으로써의 「지다」형이 불가능하다는 것이 더 적절할 것이다. 다음과 같은 가설을 세워볼 수 있다.

> (42) 대상에 언급하는 동사의 「지다」형은 타동사를 수동화한다. 단 「이」형을 취하는 동사를 제외한다.
> (43) 주체에 언급하는 동사의 「지다」형은 동작주의 일시적 가능 상태를 나타내는 특유의 중간구문을 만든다.

(42)에 대해서는 9.3.2에서 언급한 바와 같이, 타동성을 나타내는 동사 중에서 대상이 변화의 가능성을 갖고 있는 의미유형의 동사가 대상이 된다. 이 경우 대상에 초점이 맞춰져 있기 때문에 그 대상의 상태를 나타내는 문이 생성된다고 할 수 있다. 비교를 위해 예 (44)를 제시해둔다. 다음으로 (43)의 경우 재귀성을 나타내는 동사이기 때문에 표층상의 체제가 대상을 필요로 하는가의 여부와는

상관없이 그 대상에 초점이 맞춰져 있지 않고, 오로지 주체에만 초
점을 두는 동사이다. 그렇기 때문에 항으로써의 존재가 미미한 대
상을 주어 자리에 두는 수동문은 성립하지 않는다. 그러나 이러한
유형의 동사에 「지다」가 붙으면 가능문의 구문 형시을 취하면서
영구적인 가능 상태를 나타내는 가능문과는 달리 동작주의 일시적
인 가능 상태를 나타내는 한국어 특유의 구문을 만든다. 여기에서
는 이러한 문을 중간용법이라고 부르기로 하자. (45) 이하의 문이
이에 속한다.

(44) a. (내가)담을 부수었다.
    (私が)塀を壊した。

 b. 담이 부수-어지-었다.
    塀が壊れた。

(45) a. (내가)빵을 먹었다.
    (私が)パンを食べた。

 b. 오늘은 빵이 잘 먹-어진-다.
    今日はパンがたやすく食べられる (상태이다)。

(46) a. (내가)책을 읽었다.
    (私が)本を読んだ。

 b. 오늘은 책이 잘 읽-어진-다.
    今日は本がたやすく読める (상태이다)。

(47) a. (내가)잠을 잤다.
    (私が)(眠りを)眠った。

 b. 잠이 잘 자-진다.
    よく眠れる (상태이다)。

이러한 예는 이른바 중간태의 성질과는 다소 차이가 있는 구문이다. 일본어를 대상으로 하는 논의 중, 일반적으로 중간태에는 구문상으로는 동작주가 나타나지 않지만 반드시 함의된다고 하는 제한이 있다고 한다. 또한 중간태의 주어는 상기와 같이 동작주가 아니라 대상인데, 중간용법의 경우에는 동작주가 그대로 의미적으로는 문의 주어로 기능하고 있다. 또한 일반적인 중간태와는 다른 또다른 점은 인칭제한을 받는다는 것이다. 상기의 예문에 나타나 있는 바와 같이, 이 중간용법은 1인칭 주어만을 취한다. 또 반영구적인 가능 상태를 나타내는 가능문과는 달리, 어떠한 상황 하에서의 일시적 가능한 상태를 나타낸다는 특징을 갖고 있다.

이와 같은 고찰의 결과로써 「지다」형이 수동화 마커로 보는 단순한 견해가 아닌, 다음과 같은 결론을 내릴 수 있을 것이다.

    (48) 「지다」형은 상태문의 마커이며, 동사의 의미유형에 따라 문의 동작주와 대상 중 어느 쪽을 주어로 하는 상태문을 만들 것인지가 결정된다. 즉 타동성인가 재귀성인가에 따라 결정되며, 동작 주체와 대상 중 어디에 초점이 맞춰진 동사인가에 따라 그 참여자를 주어 자리에 두는 상태문을 만드는 것이 「지다」형이다. 따라서 상태화된 문은 대상에 대한 언급을 나타내는 타동성 동사에 붙게 되면 수동문의 의미를, 주체에 대한 언급을 나타내는 재귀성 동사에 붙게 되면 중간용법의 의미를 나타내게 된다.[70]

「지다」형이 갖는 의미의 변형(variant)은 재귀성을 나타내는 동사

---

70 여기에서의 상태화란 아스펙트형의 상태화와는 다른 것으로, 수동문의 상태화에 가깝다. 그러나 수동문이 대상의 상태만을 인식하는 반면, 이 유형의 경우에는 대상만이 아니라 주체의 상태도 인식할 수 있다.

의 인정 기준으로 이용할 수 있다. 예를 들어 지금까지 타동성을 나타내는 것으로 여겨진 「먹다」는 수동의 의미로써는 「지다」형이 되지 않지만, 중간용법으로써의 「지다」형은 성립한다. 즉 표층상 2항 체제이며 타동성을 나타내는 것처럼 보이지만, 대상을 주어로 하는 수동문은 성립하지 않고, 동작주를 주어로 하는 중간용법만이 성립한다. 따라서 이 동사는 주체에만 언급된다고 하는 성질, 즉 재귀성 동사라는 것이 「지다」형의 의미에 의해 검증된다.

9.5 수동문과 재귀문의 차이점과 유사점

재귀동사가 직접수동문을 만들지 않는다는 것은 이미 기술하였다. 재귀동사는 구심적인 운동을 나타내기 때문에 동작의 영향도 주체를 향하게 된다. 즉 능동문이면서 주체가 받는 영향의 측면을 인식하는 동사가 재귀동사이다. 수동문이란 형식적으로는 능동인 타동문의 대상이 주어로 세워지고 동사는 파생형이 된 것을 가리킨다. 기능적으로는 타동적 동작에 의해 수영된 존재인 대상을 주어로 세운다고 하는 수영된 존재의 초점화가 수동문의 기능이라고 생각해보면, 재귀동사가 수동문이 성립되지 않는 것은 당연하다고 할 수 있다.[71] 즉 재귀동사는 능동문의 형태로 수영된 존재의 초점화가 이미 이루어지고 있기 때문에, 수영된 존재에 대한 초점화의 절차가 필요하지 않은 것이다. 이처럼 재귀문과 수동문은 동작에 의해 수영된 존재를 주어로 세우는 문이라는 점에서 공통적이

---

71 '초점화'는 언어학의 용어로써 별개의 의미를 갖고 있는 경우가 있는데, 여기에서의 초점화란 중점(focus)의 어순의 조작 등을 의미하는 것이 아니라 초점이 맞춰져 있다고 하는 의미적인 개념이다.

라고 할 수 있다. 차이점으로는 수영의 존재가 서로 다르다는 것을 들 수 있다. 재귀문은 동작의 주체가 수영되고, 수동문은 동작의 대상이 수영된다.

9.5.1 대상의 수영

수동문은 다음과 같이 타동문의 대상이 주어로써 세워진다.

(49) a. 花子が花瓶を壊した。

    하나코가 꽃병을 깨트렸다.

   b. 花瓶が壊されている。

    꽃병이 깨지고 있다.

(50) a. 花子が本を破った。

    하나코가 책을 찢었다.

   b. 本が破られている。

    책이 찢어지고 있다.

(51) a. 花子がドアを叩いた。

    하나코가 문을 두드렸다.

   b.*ドアが叩かれている。

(52) a. 花子が犬の頭を撫でた。

    하나코가 개의 머리를 쓰다듬었다.

   b.*犬の頭が撫でられている。

타동문이라고 해도 (49)(50)과 같이 대상의 수영을 명확하게 인식하는 동사는 그 대상을 주어로 하는 수동문이 성립하지만, 대상의 수영의 측면을 명확하게 인식하지 않는 타동문 (51)(52)는 그 대상을 주어로 하는 수동문을 만들 수 없다. 결과성을 갖지 않는 타동사문이 수동문이 성립되지 않는 것은 재귀동사문이 수동문이 성립되지 않는 이유와는 다른 이유에 의한 것이다. 즉 이 경우에는 동사의 의미에 대상의 수영이 함의되어 있지 않기 때문에 수동문이 성립되지 않는 것으로 생각된다.

9.5.2 주체의 수영

재귀문은 표층상으로 대상을 취하는 경우에도 다음 예문과 같이 그 대상을 주어로 하는 수동문을 만들 수 없다.

(53) a. 花子が<u>りんごを</u>食べた。

　　　하나코가 사과를 먹었다.

　　b.*<u>りんごが</u>食べられた。

(54) a. 花子が<u>帽子を</u>かぶった。

　　　하나코가 모자를 썼다.

　　b.*<u>帽子が</u>かぶられた。

(55) a. 花子が<u>顔を</u>洗った。

　　　하나코가 얼굴을 씻었다.

　　b.*<u>顔が</u>洗われた。

(56) a. 花子が<u>汗を</u>拭いた。

　　　하나코가 땀을 닦았다.

　　b.*<u>汗が</u>拭かれた。

예 (53)은 재귀동사이면서 가시적인 결과를 함의하지 않는 동사, (54)는 결과를 함의하는 동사이지만 양쪽 모두 수동문은 성립하지 않는다. 또한 다음의 재귀용법문(55)(56)도 수동문을 만들 수 없다. 재귀문의 경우 결과를 함의한다고 해도 대상의 결과가 아닌 주체의 결과를 함의하는 것이다. 따라서 결과 함의의 유무로 판단하는 것이 아니라, 대상에 초점을 두지 않는다고 하는 성질에 의해 수동문의 파생이 불가능해지는 것으로 생각할 수 있다.

재귀성과 보이스체계

-日·韓 對照硏究-

제10장

자·타동사와 재귀성

10.1 들어가기

재귀성 동사 중에는 형식상 2항(項) 체제를 취하고 있으나 의미상으로는 대상(対象, accusative)의 존재가 희미하여 1항(項)문과 같은 기능을 하는 동사가 존재한다. 기존 연구에서도 재귀동사는 타동사(2항문)과 자동사 (1항문)의 중간적인 위치에 존재하는 동사인 것으로 파악되고 있다. 또한 일본어와 한국어의 두 언어의 관찰을 통해서 표층상의 자동사와 타동사의 구별이 그다지 의미를 갖지 않는 경우가 있음을 확인하였다. 예를 들어 한국어에는 동족목적어(同族目的語, cognage object)를 대격보어로 갖는 동사 류가 존재하는데, 형식상의 항의 수와 의미상의 항의 수가 일치하지 않는 경우가 보인다. 또한 일본어에서도 유생자동사(1항문)와 재귀용법문(형식상 2항문)이 치환 가능한 관계를 갖는 경우가 많고, 항의 수가 중요한 의미를 갖지 않는 경우가 있음을 알 수 있다.

본 연구의 제 2부에서는 이러한 재귀동사를 주변적인 카테고리로 보는 인식에서 탈피하여 의미 카테고리로써의 재귀동사를 인정하였다. 또한 제 3부에서는 재귀성이라는 동사의 운동의 성질이 보이스(voice) 교체에 있어서 타동성과는 다른 기능적인 움직임을 보인다는 것을 확인하였다. 이와 같이 동사가 형식상 어떠한 체제를 취하고 있는가에 관한 것보다 의미상으로 어떠한 사태를 나타내는가, 바꿔 말하면 해당 사태에 포함되는 참여자를 어떤 식으로 참여시키고 어떤 참여자를 정식 무대에 내세우고 있는가 하는, 동사의 의미를 파악하는 것이 보이스의 교체현상의 분석에 있어서 중요하다는 것을 검증해왔다. 본 연구의 이러한 주장이 정당한 것으로 인정된다면, 일본어 연구의 한 부분을 차지하고 있는 자동사와 타동사의 대립에 관한 논의도 수정되어야 할 것이다.

　본장에서의 논의는 다음의 세 가지로 요약할 수 있다. 우선 형식상의 항의 수와 의미상의 항의 수가 일치하지 않는 경우가 있음을 지적한다. 다음으로 일본어의 타동사는 대응하는 자발형을 갖는가 갖지 않는가에 따라 상대타동사와 절대타동사 (寺村(1982)) 또는 유대(有対)·무대(無対)타동사 (早津(1989))로 나뉜다고 알려져 있는데, 기본동사의 많은 부분을 차지하는 재귀동사까지 시야에 넣은 분석은 아니므로 본론의 입장에서 다시 분석한다. 마지막으로 한국어를 중심으로 타동사의 의미유형과 파생된 자발동사의 관계를 고찰하겠다. 즉 한국어의 두 가지 자발형과 동사의 의미유형과의 상관관계를 고찰하고, 자발동사의 카테고리를 두 가지로 나누어 서로 다른 유형으로써 자리매김하고자 하는 것이다.

10.2 항의 수와 자·타동사

　재귀용법 즉 신체명사를 대격으로 취하는 타동구문의 경우, 형식상의 항 수는 2항임에도 불구하고 대상이 동작주와 분리 불가능 소유(分離不可能所有, inalienable possession) 관계에 있기 때문에 의미상으로는 1항인 자동사문과 다르지 않고, 따라서 기능하는 형태도 유사하다. 예를 들어 자동사문이 수동형을 파생하지 않는 것처럼, 재귀용법문의 경우에도 대격이 형식상 하나의 항으로 나타나 있다고 해도 그 대상을 주어로 하는 수동형은 파생될 수 없다. 동작주와 분리 불가능한 소유관계에 있는 존재를 하나의 항으로써 추출할 수는 없기 때문이다. 이처럼 문의 형식적 레벨에서의 항의 수가 중요한 것이 아니라 의미에서의 항의 수 내지는 항으로써의 존재가치가 중요하다는 사실을 알 수 있다.

재귀용법이라는 유표(有標, marked)한 형식 이외에도, 한국어에서는 동족명사를 대상으로 취하는 형태의 동사가 존재한다. 또한 일본어에서는 자동사로 표현되나 한국어에서는 대격이 문에 나타나는 구문으로 표현되는 경우가 있는데, 그 예로는 다음과 같은 것이 있다.

〈표 6〉 재귀적 표현과 자동사와의 관계 (한·일대조)

한 국 어		일 본 어	
재귀적 표현	자동사	재귀적 표현	자동사
걸음을 걷다	걷다		歩く
잠을 자다	자다		眠る
웃음을 웃다	웃다		笑う
울음을 울다	울다		泣く
달리기를 달리다	달리다		走る
절을 하다			拝む
허리를 굽히다			屈む
무릎을 꿇다			ひざまずく
고개를 숙이다			うなだれる
고개를 끄덕이다			うなずく
배를 앓다		お腹をこわす	
미소를 짓다			微笑む
수줍음을 타다			恥ずかしがる
발을 멈추다	서다	足を止める	止まる
몸을 가누다		体のバランスを取る	
눈을 깜박이다		瞬きをする	瞬く
눈을 비비다		目を擦る	
코를 곯다		いびきをかく	

　　재귀적 표현이란 형식상 2항을 취하는 표현인데, 동일 언어 안에
서 대응하는 자동사 표현을 갖는 경우도 있다. 또한 다른 언어에서
는 대격을 취하지 않는 자동사 표현만이 존재하는 경우도 있다. 즉
문이 나타내는 의미와 형식상의 체제가 대응하지 않는 부분이 적
어도 두 언어에는 존재하는 셈이 된다. 바꿔 말하면 형식상 2항 체
제인가 1항 체제인가 라는 사실보다, 의미상 어떠한 내용을 나타내
고 있는가 라는 문제가 동사에 있어서 더 중요하다고 할 수 있다.
　　이른바 재귀동사문의 대격은 「服を着る (옷을 입다)」와 같이 동작

주와 분리 불가능한 소유관계에 있지 않으면서도, 동작이 대상을 향하고 있다는 동작의 방향성으로 인하여 타동사문의 대격과 동일하게 다루어지기도 한다. 그러나 재귀동사의 동작에 함의되는 대격은 동작 종료시에는 동작주와 소유관계에 놓인다는 의미에서 항으로써의 독립성이 타동사의 경우보다 낮아진다. 따라서 재귀동사는 보이스 현상에서 그 작용이 타동사와는 다르고 1항문의 자동사와 유사한 기능을 보인다. 이와 같은 현상은 기존의 재귀동사로 규정되어온 동사에만 한정되는 것이 아니라, 본고가 주장하고 있는 넓은 의미에서의 재귀동사 전반에서 관찰할 수 있다. 단순히 형식상의 항의 수만으로 자·타동사를 규정하는 것이 아니라, 동사가 함의하는 의미를 중시하는 보다 더 유연한 사고방식으로 고찰하는 것이 보이스의 복잡한 현상을 해명하는 데에 필요하다고 할 수 있다.

10.3 상대타동사와 절대타동사

동작에는 다양한 유형의 형태가 존재한다. 예를 들어 동작을 일으키는 이와 동작이 향하게 되는 대상이 포함되고 동작주로부터 대상으로 향하는 구체적인 힘의 이동이 이루어진다면 타동적 동작이 되고, 이러한 동작을 나타내는 것은 일반적으로 타동사로 표현된다. 또한 동작을 일으키는 이는 존재하나 대상이 포함되지 않는 경우에는 자동사로 일컬어진다. 전자인 타동적 동작에 포함되는 대상은 동작주로부터 대상으로 향하는 힘의 이동이 있기 때문에 어떠한 변화를 입게 된다. 이것는 현실세계에서의 이야기로, 언어세계에서 동사가 그 변화를 인식하는가 인식하지 않는가의 여부는 다른 차원의 문제이다. 어느 쪽이든 그 대상에 초점을 두고 오로지 대상의 상태만을 기술하는 것도 언어표현의 가능성으로써 가능한데, 본고에서는 앞으로 이러한 유형을 자발형이라고 부르기로 한다.[72]

상기와 같은 논의의 대상이 되는 것은 동사가 동작주와 동작에 의해 영향을 받는 대상을 포함하는 동사이며, 또한 그 대상에 초점이 맞춰져 있는 타동성에 한정된다. 재귀동사의 경우 표층상 대격을 취하는 경우에도 대응하는 자동사를 갖지 않는다. 또한 「座る (앉다), 泣く (울다)」등과 같이 대격을 취하지 않는 재귀동사도 대응하는 타동사를 갖지 않는다. 기존의 자·타동사의 대응을 둘러싼 논의는 이러한 재귀동사에 관해서는 다루고 있지 않다. 그러나 다음 절에서 기술하는 바와 같이, 범언어적으로 본다면 타동성을 나타내는 동사라면 영향을 입는 대상을 주어로 하는 자발형 동사가 파생 가능하다고 할 수 있다. 이러한 사실을 통해 타동성을 띠는 동사가 대응하는 짝을 가질 수 있다는 사실과는 대조적으로, 재귀성 동사가 대응하는 짝을 절대로 가질 수 없다고 하는 사실이 동사의 체계를 분석하고자 할 때 더욱 중요할 것이다.

10.3.1 일본어학의 견해

일본어의 경우, 타동사와 자발형의 대응을 갖는 동사에는 다음과 같은 것이 있다.

> (1) a. 太郎がコップを割った。(war-u)
>
>   타로가 컵을 깼다.
>
>   b. コップが割れた。(war-e-ru)

---

72 본고에서는 동사 레벨에서의 자발을 자발태(自発態)와 구별하기 위해서, 자발을 나타내는 자동사라는 의미로 '자발'이라는 용어를 사용하기로 한다.

컵이 깨졌다.

(2) a. 太郎がノートを<u>破った</u>。(yabur-u)

　　　타로가 노트를 찢었다.

　　b. ノートが<u>破れた</u>。(yabur-e-ru)

　　　노트가 찢어졌다.

(3) a. 医者が歯を<u>抜いた</u>。(nuk-u)

　　　의사가 이를 뽑았다.

　　b. 歯が<u>抜けた</u>。(nuk-e-ru)

　　　이가 뽑혀졌다.

(4) a. 太郎が枝を<u>折った</u>。(or-u)

　　　타로가 나뭇가지를 꺾었다.

　　b. 枝が<u>折れた</u>。(or-e-ru)

　　　나뭇가지가 꺾였다.

상기의 예(편의상 이하 A그룹)의 경우, 형태적으로 타동사에서 자발형 동사가 파생되었음을 알 수 있다. 또한 다음과 같은 대응도 존재한다.

(5) a. 太郎が戸を<u>開けた</u>。(ak-e-ru)

　　　타로가 문을 열었다.

　　b. 戸が<u>開いた</u>。(ak-u)

　　　문이 열렸다.

(6) a. 太郎が戸を<u>閉めた</u>。(sim-e-ru)

　　　타로가 문을 닫았다.

　　b. 戸が<u>閉まった</u>。(sim-a-ru)

　　　문이 닫혔다.

이러한 그룹(이하 B그룹)의 경우, (5)는 형태적으로 (b)자발동사 쪽에서 타동사가 파생된 것처럼 보인다. 그러나 (6)의 경우에는 둘 중 어느 쪽이 파생형이고 원형인 지 형태상으로는 구별하기 어렵다. 종래에는 상기 두 가지 그룹의 (b)에 대해 모두 자발형인 것으로 여겨져 왔는데, B그룹은 자발이 아닌 자동인 것으로 생각된다. 자발동사의 분류에 관해서는 다음 절에서 상세하게 기술하기로 하겠다. 어느 쪽이든 두 가지 그룹의 타동사는 대응하는 자동사를 갖고 있는 상대자동사라고 부를 수 있다.

다음은 대응하는 자발형을 갖지 않는 타동사 즉 절대타동사라고 알려진 것이다.

(7) a. 太郎が洗濯ものを干した。(hos-u)

　　　타로가 세탁물을 널었다.

　　b. 洗濯ものが干された。(hos-a-reru)(受身)

　　　세탁물이 널어졌다.

(8) a. 太郎が荷物を積んだ。(tum-u)

　　　타로가 짐을 쌓았다.

　　b. 荷物が積まれた。(tum-a-reru)(受身)

　　　짐이 쌓여졌다.

(9) a. 太郎が患者の腕に包帯を巻いた。(mak-u)

　　　타로가 환자의 팔에 붕대를 감았다.

　　b. 包帯が巻かれた。(mak-a-reru)(受身)

　　　붕대가 감겨졌다.

(10) a. 太郎が屋根にペンキを塗った。(nur-u)

　　　타로가 지붕에 페인트를 칠했다.

　　b. ペンキが塗られた。(nur-a-reru)(受身)

페인트가 칠해졌다.

(11) a. 太郎が鶴を<u>折った</u>。(or-u)

타로가 학을 접었다.

b. 鶴が<u>折られた</u>。(or-a-reru)(受身)

학이 접어졌다.

(12) a. 太郎が枝を<u>折った</u>。

타로가 나뭇가지를 꺾었다.

b. 枝が<u>折れた</u>。(or-e-ru)

나뭇가지가 꺾어졌다.

상기 동사는 일본어에서는 대응하는 자발형을 갖지 않는다. (a)의 타동사문의 대상을 주어에 두는 표현은 자발형 동사가 아닌 수동형이 된다. (b)의 수동문은 동작주를 함의한다는 점에서는 자발형과 다르지만, 대상의 상태를 나타낸다는 의미에서는 공통적이라고 볼 수 있다.

무津(1989)에서는 대응하는 자발형을 갖는 타동사에는 대상의 결과의 상태에 주목한다는 특징이 있다고 기술하고 있다. 이 가설이 맞다면 (7)에서 (10)까지는 대응하는 자발형을 갖고 있어야 하지만 실제로는 자발형을 갖지 않고, 수동형을 통해서만 대상의 상태를 나타낼 수 있다. 즉 대상을 향해 나아가는 힘을 갖는 타동적 동작을 나타내는 동사에서는 그 대상을 주어로 하는 상태문이 파생될 수 있지만, 일본어에서는 그 상태문으로써 단순동사의 자발형이 되는 유형과 파생동사의 수동형이 되는 유형으로 나뉘는 것이다. 한국어에서는 두 가지 그룹의 타동사 모두 자발형을 갖는다.

10.3.2 한국어의 타동사와 자발형의 대응

한국어에서는 A그룹의 타동사의 자발형과 B그룹의 자발형의 형태가 서로 다르기는 하나 양쪽 모두 단순동사의 레벨에서 자발형이 파생된다. 우선 A그룹의 경우에는 「지다」형의 자발이 되는데, 다음과 같다.

(13) a. 태호가 컵을 <u>깼다</u>.

   テホがコップを割った。

   b. 컵이 <u>깨어-지-었다</u>.

   コップが割れた。

(14) a. 태호가 노트를 <u>찢었다</u>.

   テホがノートを破いた。

   b. 노트가 <u>찢어-지-었다</u>.

   ノートが破かれた。

(15) a. 의사가 이를 <u>뺐다</u>.

   医者が歯を抜いた。

   b. 이가 <u>빠-지-었다</u>.

   歯が抜けた。

(16) a. 태호가 가지를 <u>꺾었다</u>.

   テホが枝を折った。

   b. 가지가 <u>꺾어-지-었다</u>.

   枝が折れた。

(17) a. 태호가 꽁치를 <u>구웠다</u>.

   テホが秋刀魚を焼いた。

   b. 꽁치가 <u>구워-지-었다</u>.

   秋刀魚が焼けた。

「지다」형과 다음에 언급할 「이」형의 자발의 구별에 관해서는 다음 절에서 기술하기로 하겠다. (b)의 자발문은 말 그대로 대상이 변화에 대한 힘을 갖고 있고 변화가 일어났다, 라는 의미가 함의된다. 다음은 타동사가 「이」형의 자발문을 만드는 유형이다.

(18) a. 태호가 문을 <u>열었다</u>.
　　　　テホがドアを開けた。

　　　b. 문이 <u>열-리-었다</u>.
　　　　ドアが開いた。

(19) a. 태호가 문을 <u>닫았다</u>.
　　　　テホがドアを閉めた。

　　　b. 문이 <u>닫-히-었다</u>.
　　　　ドアが閉まった。

(20) a. 태호가 빨래를 <u>널었다</u>.
　　　　テホが洗濯ものを干した。

　　　b. 빨래가 <u>널-리-었다</u>.
　　　　洗濯ものが干された。

(21) a. 태호가 짐을 <u>쌓았다</u>.
　　　　テホが荷物を積んだ。

　　　b. 짐이 <u>쌓-이-었다</u>.
　　　　荷物が積まれた。

(22) a. 태호가 환자 팔에 붕대를 <u>감았다</u>.
　　　　テホが患者の腕に包帯を巻いた

　　　b. 붕대가 <u>감-기-었다</u>.
　　　　包帯が巻かれた。

(23) a. 태호가 학을 <u>접었다</u>.
　　　　テホが鶴を折った。

b. 학이 <u>접-히-었다</u>.

　　鶴が折られた。

상기 예문에서는 대응하는 자발형을 갖지 않고 수동문이 대상의 상
태를 나타내는 경우가 있는데, 한국어에서는 이러한 종류의 동사에
서도 자발형이 파생되는 경우가 있다. 즉 일본어에서는 짝을 갖지
않는 타동사지만, 한국어에서는 대응하는 자발형을 갖는 경우가 있
다. 두 언어를 비교한 것에 지나지 않지만, 타동성을 나타내는 동사
는 대상을 주어로 하는 상태문을 만들 가능성을 갖고 있고 그것이
나타나는 방식은 언어에 따라 다른 것으로 생각된다. 아래는 타동
사와 자발형의 대응관계를 표로 나타낸 것이다. 유사한 의미를 나
타내는 동사에서의 한국어와 일본어의 관계도 제시해둔다.[73]

〈표 7〉 타동성과 자발형의 대응관계 (일·한대조)

일 본 어			한 국 어		
타동사	자발형	수동형	타동사	자발형(지다)	자발형(이)
〈A그룹〉					
割る	割れる		깨다	깨-지-다	
砕く	砕ける		부수다	부수어-지-다	
破る	破ける		뚫다	뚫어-지-다	
裂く	裂ける		찢다	찢어-지-다	
契る	契れる		찢다	찢어-지-다	
崩す	崩れる		무너뜨리다	무너-지-다	
潰す	潰れる		찌부러뜨리다	찌부러-지-다	
倒す	倒れる		쓰러뜨리다	쓰러-지-다	
重ねる	重なる		겹치다	겹치어-지-다	

---

73 표는 동일한 행에서 일본어와 한국어를 대응시키고 있다. 언어 사이에 유사한
동작이 하나 이상의 동사에 의해 표현되기도 하기 때문에 동일한 동사가 중복되
는 경우도 있다.

타동사	자발형	수동형	타동사	자발형(지다)	자발형(이)
こぼす	こぼれる		쏟다	쏟아-지다	
剥す	剥がれる		뜯다	뜯어-지다	
剥く	剥ける		까다	까-지-다	
剥く	剥ける		벗기다	벗기어-지-다	
焼く	焼ける		굽다	구워-지-다	
*折る(枝を)	折れる		꺾다	꺾어-지-다	
*埋める(穴を)	埋まる		채우다	채우어-지-다	
*抜く	抜ける		빼다	빠-지-다	
*切る	切れる		끊다	끊어-지-다	

일 본 어			한 국 어		
타동사	자발형	수동형	타동사	자발형(지다)	자발형(이)
〈B그룹〉					
*切る	切れる		자르다		잘-리-다
*抜く		抜かれる	뽑다		뽑-히-다
*埋める		埋められる	묻다		묻-히-다
*折る(紙を)		折られる	접다		접-히-다
刺す	刺さる	刺される	찌르다		찔-리-다
差す		差される	꽂다		꽂-히-다
塞ぐ	塞がる		막다		막-히-다
押す		押される	누르다		눌-리-다
塗る		塗られる	바르다		발-리-다
干す		干される	널다		널-리-다
包む		包まれる	싸다		싸-이-다
かぶせる	かぶさる		덮다		덮-히-다
掛ける	掛かる		걸다		걸-리-다
混ぜる	混ざる		섞다		섞-이-다
開ける	開く		열다		여-리-다
閉める	閉まる		닫다		닫-히-다
巻く	巻ける		감다		감-기-다

* 표시는 일본어에서는 하나의 동사이나 한국어에서는 두 가지 동사로 되는 것을 의미한다.

10.3.3 주체지향성과 재귀동사

상대동사와 절대동사라는 용어는 寺村(1982)에 따른 것이고, 유대(有対)·무대(無対)라는 용어는 早津(1989)에 따른 것이다. 양쪽 용어 모두 타동사가 그 대상을 주어로 하는 동사를 갖는가 갖지 않는가의 문제에 초점을 둔 것이라고 할 수 있다. 본장에서 살펴본 것처럼, 타동성을 나타내는 동사는 주체의 동작과 객체의 상태변화라는 두 가지 측면을 함의한다. 따라서 각각의 동사가 객체의 상태변화까지 함의하는 경우도 있고 그렇지 않은 경우도 있다. 또한 언어마다 상대·절대타동사는 차이를 보이기도 한다. 어느 쪽이든 타동성 동사는 동시에 주체와 객체에 초점을 맞추는 것이 가능하며, 어느 쪽을 주어로 하는 문을 생성하는가의 여부가 문제가 된다.

그렇다고는 해도 기존의 일본어학에서 이루어져왔던 논의에서는 재귀동사가 완전히 배제되어 있다. 재귀동사는 의미에 있어서도 사용빈도에 있어서도 기본동사라고 할 수 있다. 또한 본고의 입장에 의하면 재귀동사는 양적으로도 무시할 수 없고, 게다가 그 중에는 형식상 대격을 취하는 것도 많다. 이러한 재귀동사를 배제한 동사 체계에 관한 논의는 정합성이 부족하다고 할 수 있을 것이다. 이에 따라 본고에서는 동작의 측면과 결과의 측면이라는 관점이 아닌, 주체지향성(主体指向性, agent oriented)과 객체지향성(客体指向性, accusative oriented)이라는 새로운 관점에서 재귀동사도 포함한 동사 전반의 모습에 대한 분석을 목적으로 한다. 재귀성에 관한 언급 및 수동문의 파생과의 연관성에 관한 언급에서, 재귀성 동사의 동작이 주체에 언급하는 성질을 갖고 있기 때문에 타동성 동사와는 다른 기능을 보인다는 점을 검증하였다. 짝(pair)을 갖는가 갖지 않는가를 문제로 삼는다면, 진정한 무대(無対)동사는 재귀동사라고 할 수 있다. 즉 재

귀동사는 대상을 포함하는 사태이지만, 대상에는 무관심하고 주체에만 초점을 두고 있다. 그렇기 때문에 해당 사태에서 그림자와 같은 존재라고도 할 수 있을 객체를 주어로 하는 문의 생성은 이루어지지 않고, 이에 따라 재귀동사는 동작주를 주어에 위치시킨 능동문만이 가능하다. 이는 기존의 규정에 따른 재귀동사만이 아니라 본고에서의 재귀동사 전반에 대해 말할 수 있는 사실이다. 본고의 재귀동사 중 일부는 지금까지 타동사로 규정되어 왔다. 「食べる (먹다), 見る (보다)」등의 동사가 짝을 갖지 않는 것은 대상의 결과 상태를 인식하지 않기 때문이 아니라 주체에만 언급된다고 하는 성질 때문인 것이다.

타동사만을 시야에 넣은 논점에서는 보이지 않는 사실이 하나 더 있다. 재귀동사를 형식상의 항의 수에 따라 구분하면 대격을 취하는 것과 취하지 않는 것이 있다. 일반적으로 유생 주어를 취하는 자동사가 후자에 해당하고, 이러한 종류의 동사도 짝을 갖지 않는다. 자동사이므로 당연하다고 여겨질 수도 있지만, 재귀성을 나타내는 동사가 어떠한 경우에도 대응하는 짝의 동사를 갖지 않는다는 점은 재귀성이 갖는 의미특징의 한 발현으로써 흥미로운 부분이다. 즉 재귀동사가 주체에만 언급한다는 성질을 갖고 있기 때문에 대응하는 동사를 갖지 않는 무대동사라는 것이 중요한 것이다. 이상의 기술은 개별언어를 뛰어넘는 보편적인 원리로써 존재하는 것으로, 한국어에도 동일한 원리가 적용된다.

10.4 한국어의 두 가지 자발형

한국어의 두 가지 자발 「이」형과 「지다」형은 단순히 상보적(相補

的)인 관계에 있는 것이 아니라, 파생의 원형이 되는 타동사의 성질과 연관되어 파생의 방향이 결정되는 것으로 생각된다. 또한 파생된 자발의 의미에도 차이가 인정된다. 우선 동사의 의미유형과 자발형과의 관계를 살펴보자.

10.4.1 「이」형 자발

우선 「이」형의 자발동사를 파생하는 타동사의 성질을 동작주의 움직임과 대상의 성질이라는 두 가지 측면에서 살펴보고자 한다. 도식으로 제시하면 다음과 같다.

〈그림 7〉 「이」형 자발

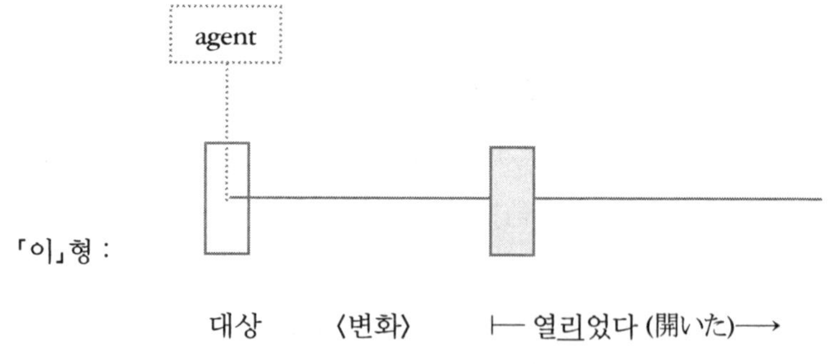

우선 동작주의 동작이 대상의 상태변화의 모든 원동력이 되고 있다. 물론 자발문이므로 문으로써는 동작주를 함의하지 않지만, 현실세계에서는 대상의 변화를 일으킨 것이 동작주라는 함의가 존재한다. 다음으로 고찰할 「지다」형의 경우 현실세계에서도 자발문으로써도 동작주를 함의하지 않는다. 즉 현실세계에서의 의미 차이

가 형태적인 차이에 반영되어 「이」형 자발문과 「지다」형 자발문으로 각각 나타나는 것이라고 생각할 수 있다.

「이」형 자발문의 대상의 상태변화는 대상 내부의 성질 또는 형상의 변화가 아닌 주로 장소·위치적인 변화이다. 따라서 이러한 대상 변화의 상태는 동작이 이루어지기 이전의 상태로 복원할 수 있는 변화라고 할 수 있다. 즉 동일 대상에 대해 반복적인 동작을 행할 수 있는데, 다음의 예문을 살펴보도록 하자.

(24) 미라가 문을 <u>몇 번이나</u> 열었다.
　　 ミラがドアを何度も開けた。

(25) 미라가 문을 <u>몇 번이나</u> 닫았다.
　　 ミラがドアを何度も閉めた。

(26) 미라가 실을 <u>계속해서</u> 감았다.
　　 ミラが糸を巻き続けた。

(27) 미라가 실을 <u>계속해서</u> 풀었다.
　　 ミラが糸を解き続けた。

(28) 미라가 빨래를 <u>계속해서</u> 널었다.
　　 ミラが洗濯ものを干し続けた。

(29) 미라가 빨래를 <u>계속해서</u> 걷었다.
　　 ミラが洗濯ものを取り込み続けた。

상기에서 언급한 동사가 나타내는 동작은 대상을 영구적으로 변화시켜버리는 것이 아니다. 따라서 단순동사 레벨에서 그 반대어가 존재한다. 예를 들어 「열다/닫다 (開ける/閉める)」, 「감다/풀다 (巻く/解く)」, 「널다/걷다 (干す/取り込む)」와 같은 짝이 있다. 즉 동작으로써 대상 내부의 성질·형상을 변화시키는 것이 아니라, 대상이 외부

세계와 어떻게 관련되어 있는지 그 장소적인 변화 또는 외부의 공
간에서의 존재 형태에 변화가 일어난다. 이러한 의미유형의 동사
에서는 「이」형이 파생된다.

(30) 문이 열-리-었다.

ドアが開いた。

(31) 문이 닫-히-었다.

ドアが閉まった。

(32) 실이 감-기-었다.

糸が巻けた。

(33) 실이 풀-리-었다.

糸が解けた。

(34) 빨래가 널-리-었다.

洗濯ものが干された。

(35) 구름이 걷-히-었다.

雲が消えた。

예 (34)의 일본어의 경우 자발형은 파생되지 않고 수동형이 그 역
할을 맡고 있다.

　타동사의 짝인 「이」형 자발동사는 10.3.2에서 B그룹에 속한다.
이 그룹의 자발형은 타동사에서의 대상이 주어에 세워지며 타동사
에서 파생된 형태를 취하고 있다. 의미는 자발이라는 말 그대로 사
태를 동작주의 함의가 없는, 저절로 출현한 것으로써 인식하고 있
다. 그러나 이러한 종류의 자발이 동작주의 함의가 없다고 하는 것
은 현실세계에서의 사태가 동작주를 함의하지 않는 것이 아니라
언어세계에서의 표현으로써 저절로 출현한 듯한 현상처럼 묘사하

고 있다는 의미이다. 주어에 오는 명사의 내부 형상이 바뀌지 않고 외부의 공간 또는 다른 존재와 연관된 모습이 동작 이전과는 다른 것뿐이다. 사태가 출현하기 이전의 상태에서 출현 후의 상태로의 이행이 마치 자발적인 것처럼 인식하는 표현이라고 할 수 있고, 이러한 의미에서 10.3의 A그룹, 한국어에서는 「지다」형의 자발과는 명백하게 다르다.

10.4.2 「지다」형 자발

다음으로 한국어의 또 다른 자발 「지다」형에 관하여 「이」형과 비교해가면서 그 성질을 분석하고자 한다. 우선 파생 이전의 타동사의 의미유형을 살펴보도록 하자. 도식으로 제시하면 다음과 같다.

〈그림 8〉 「지다」형 자발

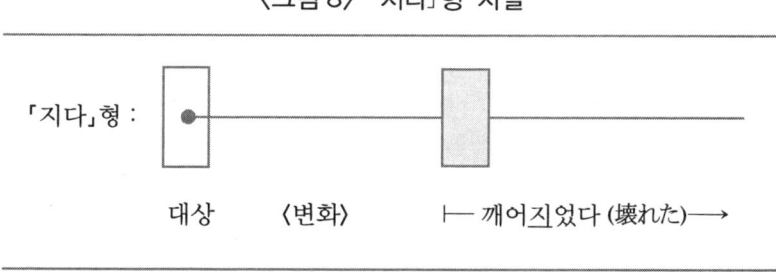

아래의 예문을 살펴보자.

    (36) a. 미라가 꽃병을 <u>깼</u>다.
           ミラが花瓶を壊した。

       b. 꽃병이 <u>깨-지-었</u>다.
           花瓶が壊れた。

(37) a. 미라가 물을 쏟았다.

　　　 ミラが水をこぼした。

　　 b. 물이 쏟아-지-었다.

　　　 水がこぼれた。

(38) a. 미라가 공책을 찢었다.

　　　 ミラがノートを破った。

　　 b. 공책이 찢어-지-었다.

　　　 ノートが破れた。

(39) a. 미라가 못을 뺐다.

　　　 ミラが釘を抜いた。

　　 b. 못이 빠-지-었다.

　　　 釘が抜けた。

상기 예문의 타동문의 의미를 살펴보면 (36a)에서 (38a)까지는 우발적인 힘에 의해 이루어지는 사태를 나타내고 있는 것으로 보인다. 즉 동작주의 통상적인 의지에 의해 이루어진 사태가 아님을 알 수 있다. (39a)의 경우 우발적인 사태는 아니나 행위의 성립에 동작주의 힘만이 아닌 어떠한 도구가 필요하다. 대상의 상태변화를 기술하는 자발문의 의미는 「이」형과는 달리 복원 불가능한 변화를 나타낸다. 즉 대상의 상태 변화가 일어나기 이전의 상태로 복원시키는 것은 불가능하다. 각각의 (b)의 예문을 통해서도 알 수 있듯이, 대상 그 자체의 내부에 변화하고자 하는 힘이 잠재되어 있고, 저절로 사태가 일어났음을 나타내고 있다. (36b)에서 (38b)까지의 사태에는 우발성이 느껴진다. 즉 대상의 내부에 변화하려는 힘이 잠재되어 있는 것이다. 내부에서 변화가 이루어지기 때문에, 원래의 상태로 복원하는 것이 불가능하다고 할 수 있다.

한국어의 경우 동작주의 모습이 느껴지는 「이」형 자발과 대상 스스로의 변화임이 명백한 「지다」형 자발이 공존한다. 다음 예와 같이 일본어에서는 하나의 표현만이 가능하지만, 한국어에서는 유사한 동작·사태이면서 두 가지 타동사가 되는 경우가 존재한다. A그룹과 B그룹의 동작의 차이에 의해 파생되는 자발의 형태가 「이」형과 「지다」형으로 나뉘는 것이다.

(40) a. 나무가 (바람에) <u>뽑-히-었다</u>.

　　　木が (風に) 抜かれた。

　　b. 못이 (저절로) <u>빠-지-었다</u>.

　　　釘が (ひとりでに) 抜けた。

(41) a. 전화선이 (누군가에게) <u>잘-리-었다</u>.

　　　電話線が (誰かに) 切られた。

　　b. 줄이 (저절로) <u>끊어-지-었다</u>.

　　　紐が (ひとりでに) 切れた。

(40a)(41a)의 「이」형은 자발문으로써는 해당 동작주가 함의되지 않지만, 동작주의 모습은 배경에 남아 있기 때문에 동작주를 나타내는 말을 부가할 수 있다. 반대로 (40b)는 못이 조금씩 빠져나와 이윽고 빠지게 된 것을, (41b)는 줄이 조금씩 닳다가 이윽고 잘려진 사태를 나타낸다. 따라서 동작주를 명시하면 비문이 된다. 일본어 역에서도 알 수 있듯이 유사한 동작에 대해 한국어에서는 다른 동사가 사용된다. 저절로 출현한 것처럼 사태를 인식하고 있다는 의미에서는 자발의 카테고리를 공유하면서, 사태의 성립에서 동작주를 배경에 두고 있는 경우에는 「이」형 자발동사가 되고 동작주가 전혀 함의되지 않는 경우에는 「지다」형 자발동사가 되는 것이다.

10.5 자발문과 재귀문의 유사점과 차이점

10.3에서 기술한 바와 같이, 타동성을 나타내는 동사는 대상에 대한 작용이 이루어지기 때문에 대상이 수영(受影)된다. 이러한 대상을 주어로 하고 사태가 저절로 발생한 것처럼 표현하는 것이 자발이다. 따라서 타동성을 나타내는 동사라면 잠재적으로는 대응하는 자발형을 갖고 있을 가능성이 있다고 할 수 있다. 반면에 재귀성을 나타내는 동사는 절대로 짝을 가질 수 없다. 이는 표층상에서의 대상을 동반하는 재귀동사의 경우에도 동작에 의해 수영되는 존재는 대상이 아닌 주체이기 때문에 동일하다. 즉 철저하게 주체에만 초점을 두는 동사가 재귀동사이다. 그렇다면 재귀동사와 자발의 접점은 어디에 있다고 할 수 있을까. 예를 들어 프랑스어에서는 자발에 재귀대명사인 「se」가 붙는다. 이는 재귀구문과 자발이 보다 더 추상적인 레벨에서는 어떠한 공통적인 접점을 갖고 있음을 의미하는 것이라고 볼 수 있지 않을까. 단 프랑스어가 일본어·한국어와는 다른 유형의 언어이기 때문에 언어마다 다른 관점의 도입이 필요할 가능성은 존재한다. 지금 단계에서는 언어 유형의 차이를 뛰어넘는 일반론적인 재귀구문의 위치 부여는 어렵고, 앞으로의 과제가 될 것으로 보인다.

다시 본론으로 돌아가서, 자발과 재귀문의 접점에 대해 생각해 보면, 현단계에서 보이는 두 카테고리의 공통점은 재귀성인 것으로 생각된다. 재귀문이 주체의 동작과 주체의 수영을 인식하는 문인 것에 비해, 자발문은 주어에 오는 존재에 자발적으로 사태가 일어나고 일어난 사태의 영향이 주어에 남는 것을 인식하는 문이다.

재귀문의 경우 주체 스스로의 힘에 의해 동작적인 사태가 일어나게 되고 그 영향을 주체가 입는다. 반면에 자발문은 마치 주어에

저절로 사태가 일어난 것처럼 파악하고 그 영향이 주어에 남는 것을 나타낸다. 즉 두 카테고리의 접점은 주어를 발생원으로 하는 사태에 의해 주어가 수영되는 성질을 갖는다는 점이라고 생각할 수 있다. 한편 두 카테고리의 차이점은 사태가 주체적으로 일어나게 되는 동작성을 띠는가, 또는 동작성을 띠지 않고 저절로 발생한 성질의 것인가 라는 점에 있다. 그러나 이러한 기술만으로는 충분하지 않고, 다른 언어에서의 사실도 고려한 심층적인 연구가 필요할 것으로 보인다.

10.6 다른 의미 카테고리와의 상관관계도

여기에서 재귀성과 보이스 체계와의 관련에 대한 고찰이 끝나기 때문에 대략적으로나마 각각의 의미적인 동사 카테고리 간의 상관관계를 도식으로 제시하면 다음과 같다.

〈그림 9〉 동사의 의미 타이프의 체계

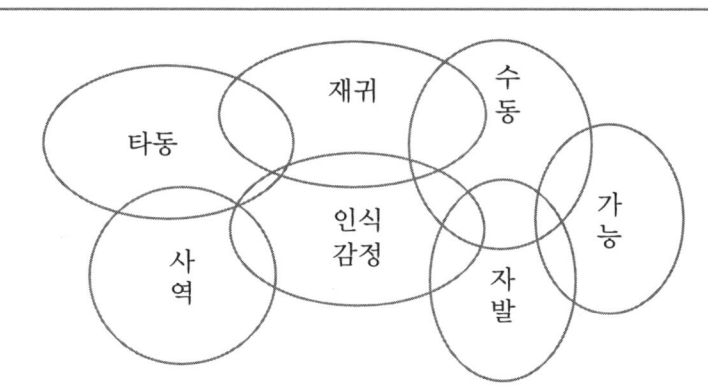

　상기의 그림은 타동성에서 자발로 이어지는 연속선, 타동성과 재귀성의 관계, 재귀동사와 인식·감정동사의 인접성을 나타낸 것이다. 또한 타동성과 사역문의 연속성과 자발문 및 수동문의 접점도 나타내고 있다.

제IV부
재귀성과 아스펙트

제11장

재귀성과 아스펙트(1)
- 일반동사를 중심으로

11.1 들어가기

일본어의 아스펙트 연구로는 金田一(1950)에 의한 아스펙트적 특징을 기초로 한 동사의 4분류를 시작으로, 金田一(1950)의 4분류를 지적하면서 일반언어학적인 관점에서의 고찰인 奧田(1995) 등이 있다. 또한 奧田(1995)의 연구를 이어받으면서 문법 틀로써의 아스펙트 연구에 그치지 않고 담화 레벨에서의 아스펙트 형식의 기능 분석을 시도한 工藤(1989 등)의 연구가 있다. 본장에서는 일본어의 아스펙트 연구사 속에서 재귀성을 나타내는 동사가 어떻게 인식되고 있는가에 대해 먼저 개관하고, 본 연구의 관점을 제시하면서 그 정당성을 검증해가고자 한다.

일본어와 비교하면 한국어의 문법체계는 상대적으로 의미의 차이가 형태에 반영되기 쉬운 특징을 갖고 있어, 동일한 카테고리가 복수의 형태로 나타내어지는 경우가 있다. 아스펙트 체계도 마찬가지이다. 이러한 한국어의 아스펙트 체계가 일본어의 아스펙트와 재귀성의 관계를 고찰할 때 실마리를 제공해줄 수 있을 것으로 보

인다. 우선 재귀성과 아스펙트와의 관계를 분석하기에 앞서 한국
어의 아스펙트 체계에 대해 개관하기로 하겠다. 다음으로 일본어
의 아스펙트 연구에서 재귀동사가 어떻게 인식되고 있는가에 대해
살펴볼 것이다. 다음으로는 구체적인 분석에 들어가는데, 분석을
할 때 중복을 피하기 위해 본장에서는 일본어의 「漢語＋スル (suru)」
형과 한국어의 「漢語＋하다」형을 제외한 일반동사를 중심으로 논
지를 전개하고자 한다. 두 언어의 한어동사의 아스펙트적 특징에
대해서는 다음 장에서 언급하기로 하겠다.

11.2 한국어의 아스펙트 체계

한국어의 아스펙트를 나타내는 형식은 현재시제를 나타내는 무
표(無標, unmarked) 형식 「-은다」[74]형과 이에 대립하는 유표(有標, marked)
형식으로써 동작지속을 나타내는 「-고 있다」(이하 「고있다」[75])형
과 결과상태지속을 나타내는 「-아/어 있다」[76](이하 「아있다」)가 있
다. 또한 아스펙트를 나타내는 형식으로써는 무표한 형태이지만
과거시제를 나타내는 「-았다」(이른바 「タ (ta)」형)가 결과잔존(結果殘
存)을 나타낸다. 결과잔존이란 결과상태지속과는 다른 아스펙트를
나타내는 것으로, 이른바 완료라고 일컬어지는 것에 해당하는 것
이다. 이 형식이 재귀성 동사 또는 동사구와 밀접하게 연관되어 있

---

74 한국어에는 술어의 기본형 「-다 (da)」(일본어라면 이른바 「ル (ru)」형) 이외
　에 현재시제를 나타내는 형식이 존재한다. 이 형식으로도 동작의 계속을 나
　타낼 수 있다.
75 「고있다」는 「고있다」로, 「아있다」는 「아있다」로 띄어쓰기를 생략하여 표기하
　기로 한다.
76 동사의 어간부에 진행을 나타내는 형식을 접속시킬 때 모음조화가 일어나기 때
　문에 「아, 어」의 변형이 있다.

다. 즉 결과상태의 측면을 인식한다는 점에서 일치하면서도 서로 다른 두 가지 형식이 존재한다는 것은 결과상태지속을 나타내는 「아있다」형을 취하기 위한 조건이 엄격하기 때문인 것으로 생각된다. 그 조건으로는 발화자가 구체적인 상황 또는 사물을 눈앞에 두고 있는 경우에만 이 형식을 사용할 수 있다는 것이다. 따라서 일본어에서는 「結婚している (결혼했다)」와 같이 「テイル (teiru)」형을 동반한 형태로써만 쓰이는 것이 한국어에서는 「결혼-했-다」가 된다. 즉 「아있다」형이 아니라 과거텐스에서 전용된 형식 「았다」형을 취한다.

한국어의 지속상(동작의 지속과 결과상태지속) 및 완성상의 체계를 정리하면 다음과 같다.[77]

〈표 8〉 한국어 아스펙트의 체계

	완성상	지속상	
		동작지속	결과상태지속
현재시	는다	고있다	아있다
과거시	았다		*았다

「*」표시한 「았다」는 텐스형식의 과거형이 아스펙트 형식으로 전용된 것으로 결과잔존을 나타낸다. 결과잔존을 나타내는 형식으로써 구체적인 물증을 직접 보고 있는 경우에 한해서만 사용할 수 있

---

77 이와 같은 한국어의 아스펙트 체계는 선행연구의 방식을 이어받고는 있지만 수정을 가한 필자의 생각에 따른 것이다. 특히 과거형을 나타내는 텐스형식 「았다」를 완료상을 나타내는 것으로 보는 견해는 한국어학에서는 새로운 관점이라고 할 수 있다. 그러나 이러한 체계의 구체적인 사용에 관한 의론으로써 어떠한 동사가 어떠한 형식을 취하는가에 관해서는 기존의 관점에 의문이 남는다. 이에 대해서는 11.3절에서 기술하기로 한다.

는 결과상태지속과는 별개의 형식이 사용된다는 것이 일본어와는 다른 점이라고 할 수 있다. 구체적인 예를 살펴보도록 하자.

(1) 태호가 노래를 <u>부르-고 있-다</u>.
テホが歌を歌っている。

(2) 거실에는 융단이 <u>깔리-어 있-다</u>.
リビングには絨毯が敷かれている。

(3) 태호는 <u>결혼-했-다</u>.
テホは結婚している。

(1)은 동작지속, (2)는 결과상태지속, (3)은 결과잔존을 나타내고 있다.

다음으로 한국어는 기본형과는 다른 형태로써 현재텐스를 나타내는 형식이 있음을 기술하였다. 이 형식으로 현재진행중인 사태를 나타낼 수 있는데, 물론 「고있다」형으로도 동작의 지속을 나타낼 수 있다. 무표형식 현재형과 유표형식 동작지속형의 의미적 차이를 고찰해보자.

(4) 태호는 <u>공부한다</u>.
テホは勉強している。

(5) 태호는 공부<u>하고 있다</u>.
テホは勉強している。

(4)는 현재형으로 현재진행중인 사태를 나타내고 있다. 또한 (5)는 「고있다」형이며 마찬가지로 현재 진행중 즉 동작지속을 나타내고 있다. 이러한 현상이 나타나는 것은 현재시라고 하는 것이 진행의

의미를 함의하고 있기 때문으로 보인다. 그러나 상기 예문으로는 그 차이를 명확하게 알아보기 어렵다. 다음의 예문을 살펴보자.

 (6) 태호는 <u>두 시간이나</u> 공부한다.
      テホは2時間も勉強する。
 (7) 태호는 <u>두 시간이나</u> 공부하고 있다.
      テホは2時間も勉強している。

앞 예문에 부사구를 부가하면 두 형식에 의미적인 차이가 생겨난다. 예를 들어 (6)의 현재형은 「매일 두 시간이나 공부한다」라고 하는 습관을 나타내지만, (7)의 「고있다」형은 동작이 진행 중임을 나타낸다. 현재형이 사태를 하나의 분할되지 않은 전체로써 파악하는 것과는 대조적으로 「고있다」형은 사태를 분할하여 계속의 측면을 파악하고 있고, 완성상과 지속상의 차이가 두드러지게 된다.

11.3 한국어 재귀동사의 아스펙트

한국어의 전형적인 재귀동사의 경우 「고있다」형으로 동작지속과 결과상태지속을 동시에 나타낼 수 있는데, 이는 일본어도 마찬가지이다. 한국어에서는 결과상태지속을 나타내는 일반적인 형식은 「아있다」이지만, 재귀동사의 경우에는 통상적으로 동작지속을 나타내는 것으로 여겨지는 「고있다」형으로도 결과상태의 지속을 나타낼 수 있다. 따라서 「고있다」가 동작지속을 나타내는 아스펙트 형식이고 반면에 「아있다」가 결과상태지속을 나타내는 아스펙트 형식이라고 보는 기존의 견해에 모순이 생긴다. 그러나 여기에

서 재귀동사의 「고있다」형이 나타내는 결과상태의 지속이라고 하
는 의미는 객체의 결과상태가 아니라 주체의 결과상태를 나타내는
것이고, 이러한 사실을 통해 다음과 같이 말할 수 있다. 한국어의
아스펙트 체계는 「고있다」형이 동작지속을 나타내고 「아있다」형
이 결과상태지속을 나타낸다는 식으로, 형식이 구분되어 사용되는
것은 아니라는 것이다. 재귀동사가 나타내는 상(相)의 특징을 단서
로 한국어의 아스펙트 형식과 그것이 나타내는 의미에 관한 논의
를 다시 한번 살펴봐야할 것이다.

여기에 본고의 수정안을 제시하고자 한다.

① 「고있다」형 : 주체의 지속상을 인식한다.
　지속에는 동작지속과 주체의 결과상태지속이 있다.
② 「아있다」형 : 객체의 지속상을 인식한다.
　객체는 스스로 동작을 일으킬 수 없는 존재이므로 동작지속
　의 의미는 자연히 소멸된다. 따라서 객체의 결과상태지속이
　라는 의미만을 나타낸다.

상기의 수정안에 대한 구체적인 예를 살펴보면서 검증해보자.

(8)　태호가 신발을 <u>신고 있다</u>.
　　テホが靴を履いている。

이 예문은 다른 문맥이 없다면 주체의 동작 지속을 나타낼 수도 있
고 주체의 결과상태지속을 나타내는 것도 가능하다. 재귀동사가
대격보어를 포함하는 사태라고 해도 객체가 아닌 주체에만 그 초
점이 맞춰지게 되어 동작의 결과가 주체에 미치기 때문에, 지속상

을 나타내는 형식에서도 객체의 결과상태가 아닌 주체의 결과상태
를 인식하게 된다. 고정된 아스펙트적 의미를 형식에 대응시킨 기
존의 관점에 모순이 생겨나는 사례 중 하나가 바로 재귀동사의 문
제이다. 「고있다」형을 동작의 지속을 인식하는 아스펙트 형식으로
본다면 재귀동사의 「고있다」형이 결과상태를 나타내는 것에 대한
적절한 설명을 제시할 수 없다. 그러나 수정안에 따른다면 이러한
재귀동사의 아스펙트적 특징도 설명이 가능해진다.

  그러나 수정안이 적절하다는 것을 증명하기 위해서는 다음의 문
제를 통과해야만 한다. 우선 예문을 살펴보자.

(9) 융단이 <u>깔리-어 있-다</u>.
      絨毯が敷かれている。

(10) 꽃병이 <u>깨어지-어 있-다</u>.
      花瓶が壊れている。

(11) 태호가 <u>앉-아있다</u>.
      テホが座っている。

(12) 태호가 <u>오-아있다</u>.
      テホが来ている。

예 (9)와 (10)은 「아있다」형으로 객체의 결과상태의 지속을 나타내
고 있다. 그러나 (11)과 (12)는 결과상태의 지속이고 「아있다」형이
기는 하나 객체가 아닌 주체의 결과상태의 지속상을 인식하고 있
는 것처럼 보인다. 이러한 아스펙트적 특징을 보이는 동사는 유생
주어의 자동사 중에서도 자세변화를 나타내는 동사이다. 유생주어
의 자동사는 주체가 동작을 행하는 동작주인 동시에 그 동작이 향
하게 되는 대상이기도 하다. 즉 주체와 객체가 분리되지 않는 사태

인 것이다. 따라서 상기의 두 예가 인식하고 있는 측면은 주체로서의 결과상태가 아니라 객체로서의 결과상태의 지속이라고 볼 수 있다. 이와 같이 설명한다면 (11) 등의 자동사의 예문도 수정안의 반례가 되지는 않는다.

기존의 일본어 연구에서는 재귀동사가 동작의 측면과 결과의 측면을 동시에 인식하는 양면적인 동사로 알려져 있다. 그러나 재귀성과 결과성이 필연적인 관계를 포함하고 있지 않다는 것은 2.4.1절에서 지적한 바와 같고, 이는 한국어도 마찬가지이다. 따라서 「입다 (着る)」와 같이 주체의 동작과 주체의 결과의 측면을 인식하는 동사가 있는 반면에, 「먹다 (食べる)」와 같이 주체 동작의 측면만을 함의하고 주체가 갖는 결과의 측면까지는 함의하지 않는 동사도 존재한다. 최종적인 목표로써 동작이 향하는 존재가 대상이라면 타동성을 나타내고 그 방향이 주체 자신이라면 재귀성을 나타내는 것이라고 보는 본고의 입장에 따른다면, 동작이 미치는 것에 의한 결과의 측면을 인식하는가 그렇지 않은가의 문제는 타동성과 재귀성의 경우 모두 임의적인 요소(要素, factor)이다. 따라서 재귀동사 중에서는 주체의 동작 지속과 주체의 결과상태지속이라고 하는 양쪽의 아스펙트적 특징을 갖는 것과 주체 동작 지속이라고 하는 아스펙트(aspect)적인 특징만을 갖는 것이 병존하고 있다.

(13) 태호가 교복을 <u>입고 있다</u>. (동작지속/결과상태지속)
テホが制服を着ている。

(14) 태호가 밥을 <u>먹고 있다</u>. (동작지속)
テホがご飯を食べている。

(15) 태호가 의자에 <u>앉아 있다</u>. (결과상태지속)
テホが椅子に座っている。

(16) 태호가 운동장을 <u>달리고 있다</u>. (동작 지속)

テホがグラウンドを走っている。

예 (13)은 2항(項)문이며 「고있다」형으로 동작 지속과 주체의 결과 상태지속을 나타내지만, (14)는 「고있다」형을 취하며 동작 지속만을 나타낸다. (15)는 1항문으로 「아있다」형을 취하며 결과상태지속을 나타내고 있다. (16)은 「고있다」형을 취하여 동작지속을 나타내고 있다.

재귀동사가 동작지속과 결과상태지속이라고 하는 두 가지 의미를 동시에 인식한다는 것보다도, 결과를 인식하는 경우에 객체가 아닌 주체의 결과상태를 인식한다는 것이 더 중요하다. 이와 같은 주체에 대한 결과상태지속이라고 하는 아스펙트적인 의미는 재귀성의 중요한 의미소성의 하나로 언급한 주체에 대한 구심적 운동의 증명이라고 할 수 있다. 따라서 보이스에서의 특징뿐만 아니라 아스펙트적 의미의 특징에 대한 고찰을 통해서도 타동성 동사와는 다른 재귀성 동사의 특징을 알 수 있다.

한국어 아스펙트 체계의 또 다른 특징은 타동성이나 재귀성과는 상관없이 시각적으로 확인 가능한 사태, 즉 화자가 현장에 서서 발화하는 장면과 어떠한 정보획득에 의해 발화하는 장면을 구별하여 별개의 상으로써 서로 다른 형식을 사용하고 인식한다는 점이다.

(17) a. 태호가 책을 <u>읽-고 있-다</u>.

テホが本を読んでいる。

b. 태호가 책을 세권이나 <u>읽-었-다</u>.

テホが本を3冊も読んでいる。

(18) a. 태호가 밥을 <u>먹-고 있-다</u>.

テホがご飯を食べている。

b. 태호가 밥을 세그릇이나 <u>먹-었-</u>다.

テホがご飯を3杯も食べている。

(19) a. 태호는 <u>결혼-했-</u>다.

テホは結婚している。

b. *태호는 <u>결혼하-고 있-</u>다.

テホは結婚している。

예 (19)와 같이 동작이 본래 시각적으로 확인 가능한 정보의 제공이 없는 동사인 경우에는 「고있다」형을 붙이면 비문(非文)이 된다. 이러한 동사의 지속의 의미를 나타내기 위해서는 과거를 나타내는 텐스 형식에서 전용된 「았다」형만이 채용된다. 완료의 의미를 나타내는 「았다」형의 존재는 일본어의 아스펙트 연구에도 시사하는 바가 크다. 이 점에 관해서는 다음의 12장에서 좀 더 자세하게 기술하기로 하겠다. 한국어의 경우 상의 의미의 차이가 형식에도 반영되기 때문에, 무표한 형식인 「ル (ru)」형과 유표한 형식인 「テイル (teiru)」형의 대응만을 보이는 일본어와는 대조적이라고 할 수 있다.

11.4 일본어 재귀동사의 아스펙트

일본어의 지속상은 「テイル (teiru)」형으로 표현된다. 동작 지속을 나타내는 경우와 결과상태지속을 나타내는 경우에 형태적인 차이는 없다. 재귀성을 나타내는 동사의 「テイル (teiru)」형의 의미는 당연히 일본어에서도 한국어와 동일하다고 할 수 있다. 결과까지 함의하는 경우 주체의 동작 지속과 주체의 결과상태지속을 나타낸

다. 결과를 함의하지 않는 동사인 경우에는 동작 지속의 의미를 갖는다. 다음의 예문을 살펴보자.

> (20) 太郎が舞台衣裳を<u>着ている</u>。
>
> 타로가 무대 의상을 입고 있다.
>
> (21) a. 太郎が<u>楽屋で</u>舞台衣裳を<u>着ている</u>。
>
>   타로가 분장실에서 무대 의상을 입고 있다.
>
> b. 太郎が<u>綺麗な</u>舞台衣裳を<u>着ている</u>。
>
>   타로가 아름다운 무대 의상을 입고 있다.
>
> (22) 太郎が洗濯ものを<u>乾かしている</u>。
>
> 타로가 빨래를 말리고 있다.

예 (20)과 같이 결과까지 함의하는 재귀동사는 동작 지속과 결과상태지속이라는 양쪽의 의미가 모두 가능하다. 또한 (21a)와 같이 동작의 장소를 나타내는 부사구가 부가되면 동작 지속만을 의미한다. (21b)와 같이 대상을 수식하는 부사구가 부가되면 결과상태만을 의미한다. 여기에서 주목할 만한 것은 「綺麗な(아름다운)」과 같은 대상지향(対象指向) 부사구가 붙어도 객체의 결과상태가 아닌 주체의 결과상태를 인식한다는 점이다. 이와 같은 현상은 「着る(입다)」라는 동사가 재귀성을 나타낸다는 점에서 드러나게 되는 「テイル (teiru)」형의 의미라고 할 수 있다. 결과를 함의하는 타동사로 여겨지는 (22)의 「テイル (teiru)」형은 주체 동작의 지속만을 나타낸다. 결과의 측면을 인식하는 표현을 하기 위해서는 대상을 주어로 하는 문을 생성하고 거기에 「テイル (teiru)」형을 붙이는 방법을 생각해볼 수 있다. 이러한 방법을 취한다고 해도 주체의 결과상태의 지속 측면을 파악할 수는 없으며, 어디까지나 객체의 결과상태 지속의 측면을 인식하는 것이다.

다시 본론으로 돌아가서 재귀성 동사 중에서 결과를 함의하지 않는 동사의 「テイル (teiru)」형의 의미를 살펴보자.

    (23) a. 太郎がお弁当を<u>食べ</u>ている。

         타로가 도시락을 먹고 있다.

      b. 太郎が<u>綺麗な</u>お弁当を<u>食べ</u>ている。

         타로가 예쁜 도시락을 먹고 있다.

      c. 太郎は<u>既に</u>お弁当を<u>食べ</u>ている。

         타로는 이미 도시락을 먹었다.

    (24) a. 太郎が<u>走っ</u>ている。

         타로가 달리고 있다.

      b 太郎は<u>2時間も走っ</u>ている。

         타로는 두 시간이나 달렸다.

예 (23)은 동작 지속만을 나타낸다. (b)와 같이 대상지향(対象指向) 부사구가 부가되어도 결과상태지속의 의미는 못 나타내고, 동작 지속을 나타낸다. 이는 (21b)의 결과를 함의하는 재귀동사와는 다른 점이다. 또한 (c)와 같이 동작주지향(動作主指向) 부사구가 부가되어도 주체의 결과상태지속의 의미는 나타내지 못하고, 이른바 완료 (完了, perfect)의 의미가 된다. 발화자의 입장에서 생각해보면, 동작의 결과상태의 시각적 확인 여부가 「テイル (teiru)」형의 의미 차이에 반영된 것이라고 볼 수 있다. 한국어의 경우 (b)는 주체의 동작 지속상에 대응하는 형식 「고있다」형이 취해진다. 화자가 시각적으로 확인할 수 없는 결과상태를 나타내는 (c)의 경우에는 완료상에 대응하는 형식 「았다」형이 취해진다. 「着る (입다)」에 상당하는 동사라면 형식도 「고있다」가 사용되고, 나타내는 의미도 완료가 아닌 주체의 결과상태지속이 된다. 1항(項)문인 (24)에서도 마찬가지로 「テイル (teiru)」형으로 (a)는 동작 지속을, (b)는 완료의 의미가 된다.

11.5 요약

주체의 동작과 주체의 결과 측면을 동시에 인식하는 재귀동사가 나타내는 아스펙트적 특징을 살펴 보았는데, 아스펙트의 의미적 특징을 살펴봄으로써 재귀동사의 성격을 보다 더 명확하게 파악할 수 있었다. 즉 아스펙트의 의미를 살펴봄으로써 결과성까지 함의 하는 재귀동사라고 해도 대상의 결과상태가 아닌 주체의 결과상태 를 나타낸다는 것이 드러나고, 재귀성 동사가 동작주에 대한 구심 적인 운동이라는 성질을 갖는다는 점이 검증되었다. 발화자의 관 점에서 시각적으로 확인 가능한 결과상태와 시각적으로는 확인할 수 없지만 어떠한 정보에 기초한 결과상태 라는 상의 의미적 차이 를 형식적으로도 구별하는 한국어 아스펙트 체계의 관점을 도입하 여, 다음 장에서 결과상태지속과 완료의 차이에 대해 분석하기로 하겠다.

재귀성과 보이스체계

-日·韓 對照研究-

제12장

재귀성과 아스펙트(2)
- 한어동사의 결과잔존을 중심으로

12.1 들어가기

　본장은 동사의 아스펙트 형식 「テイル (teiru)」가 나타내는 기본적 의미의 하나인 결과잔존에 초점을 맞춰서 그 의미를 실현시키는 조건을 추출하는 것을 목표로 한다. 나아가서 결과잔존의 아스펙트적 의미를 우선적 의미로 갖는 동사가 한어동사에 많다는 점에 착안하여, 복수의 아스펙트 형식을 갖는 한국어와 대조하면서 한어동사의 아스펙트적인 특징을 분석하기로 하겠다. 이러한 분석은 일반동사와 한어동사의 유사점과 차이점을 밝힘과 동시에 일반동사의 아스펙트적인 의미 분석에도 시사하는 바가 있을 것으로 기대된다.

　「テイル (teiru)」가 나타내는 기본적 의미에 대해서 간단히 설명하면, 이른바 변화동사는 결과잔존을 나타내고 동작동사는 동작지속을 나타낸다. 다음의 예문을 살펴보자.

(1)　a. 窓が<u>開いている</u>。

　　　b. 창문이 <u>열리어 있다</u>.

(2)　a. 花子が本を<u>読んでいる</u>。

　　　b. 하나꼬는 책을 <u>읽고 있다</u>.

(3)　a. 政府が対策本部を<u>設置している</u>。

　　　b. 정부는 대책본부를 <u>설치했다</u>.

(4)　a. 花子は<u>結婚している</u>。

　　　b. 하나꼬는 <u>결혼했다</u>.

(1)의 예문은 변화동사로 결과잔존을 나타내고 있지만, (2)는 동작동사로 동작지속을 나타내고 있다. 반면에 (3)의 한어동사는 동작동사로 판단되나 결과잔존을 나타낸다. 이러한 현상에는 어떠한 요인이 작용하고 있는 것일까. 마찬가지로 한어동사이면서 변화동사로 여겨지는 (4)는 당연히 결과잔존을 나타낸다. 그러나 「結婚する (결혼하다)」는 「開く (열리다), 死ぬ (죽다)」와 같은 일반동사의 변화동사와는 그 성격이 다소 다른데, 그 차이는 전자에서는 구체적인 동작을 상정하기가 곤란하다는 점에 있다. 한국어의 결과잔존의 의미는 두 가지 형식으로써 나타난다. (4)의 경우, 한국어는 「았다」형을 취하고 있으며 (1)과 같은 「아있다」형은 취할 수 없다. 또한 (3)의 경우에서도 (2)와 같은 「고있다」형은 취할 수 없고, 「았다」형만을 취할 수 있다. 대응하는 한국어의 사실을 통해서도 알 수 있듯이, 한어동사에는 일반동사와는 다른 요인이 작용하고 있음을 예상할 수 있다. 이하 한국어와 대조하면서 고찰해가기로 하겠다.

12.2 결과잔존

어떤 동작에 의해 초래된 결과가 일정 시점까지 지속되고 있을
때 결과잔존의 의미를 나타내는 것으로 파악된다. 예를 들어 다음
과 같은 예문이 이에 해당한다.

> (5) a. 太郎が<u>死んでいる</u>。
> b. 타로가 <u>죽어 있다</u>.
> (6) a. 太郎は<u>結婚している</u>。
> b. 타로는 결혼했다.

(5)와 (6) 모두 이른바 결과잔존을 나타내고 있다. 여기에서 완료[78]
와 결과잔존의 차이에 대해 확인하고 넘어가야 하는데, 工藤(1989)
에 따른다면 (6)은 완료를 나타내고 있는 것으로도 볼 수 있다. 결
과잔존과 완료는 기본적으로 연속되는 것으로 파악해야 하는데,
전형적인 결과잔존은 (5)와 같이 동사 자체가 변화동사인 경우에
실현되고 그 결과를 초래한 동작까지는 함의하지 않는다. 이에 반
해 완료는 동작동사도 포함한 대부분의 동사에서 만들어지며 그
결과를 초래한 동작도 함의하는 것이다. 예를 들어 「花子はその本を
2回も読んでいる (하나코는 그 책을 두 번 읽었다)」라는 동작의 결과
를 「花子が死んでいる (하나코가 죽어 있다)」보다 명확하게 인식하
는 것은 어렵다. 그 행위가 이루어졌다는 것이 확인되지 않은 경우
에는 이와 같은 발화가 불가능하며, 어떠한 확인 하에서 발화되지
않으면 안된다. 본장에서의 결과잔존이란 완료와 결과잔존을 포함

---

78 여기에서의 완료는 工藤(1989)와 거의 동일한 성질의 것으로, 「~タコトがアル (~
한 적이 있다)」로 바꿔 말할 수 있는 것은 포함하지 않는다.

하는 넓은 의미에서의 개념이다. 한국어에서는 결과의 종류의 차이에 따라 다음과 같이 서로 다른 아스펙트 형식이 취해진다.[79]

(7) 타로가 <u>죽어 있다</u>. (b)
     太郎が死んでいる。

(8) a. 타로는 논문을 <u>쓰고 있다</u>. (a)
         太郎は論文を書いている。

     b. 타로는 논문을 열편이나 <u>썼다</u>. (c)
         太郎は論文を10本も書いている。

(9) 타로는 이년 전에 <u>결혼했었다</u>.
     太郎は2年前に結婚したことがある。

예 (7)(8b)는 결과잔존이며 (9)는 경험을 나타내는 것으로써 결과잔존과는 구별이 가능하다.[80] (9)는 한국어에서는 대과거의 형태를 취하고 있는데, 현재는 그렇지 않다는 것을 의미한다. 이와 같이 한국어에서는 전형적인 결과잔존과 완료, 경험을 나타내는 형식이 각각 다르다. 또한 결과잔존을 나타내는 경우에는 동작 지속을 의미하는 「~しながら (~하면서)」「~し続ける (계속~하다)」와 공기하기 어렵지만, 「~たまま (~한 채로)」「~た状態だ (~한 상태이다)」와는 공기할 수 있다. 예를 들어 「死ぬ (죽다)」와 같은 동사는 「~たまま (~한 채로), ~た状態だ (~한 상태이다)」와는 공기하지만 「~しながら (~하면서), ~し続ける (계속~하다)」와는 공기하지 않는다.[81]

---

79 한국어의 아스펙트에 관해서는 앞 장에서 다루었으므로 여기에서는 생략한다.
80 工藤(1989)에서의 완료는 상기의 (c)와 범주적으로는 중복되는 개념인 것으로 생각되나, 본장에서는 완료와 결과잔존이라고 하는 개념에 구애되지 않고 (2)와 (3)을 포함한 것으로써 결과잔존을 넓게 보기로 한다.
81 益岡(1987) pp.209-213 참조.

이와 같이 공기관계에 관한 테스트와 더불어 결과잔존만을 나타내는 한국어의 아스펙트 형식 「았다」형의 테스트도 의미 해석이 애매한 일본어 문의 분석에 있어서 유효하다고 할 수 있다.

12.3 결과잔존의 의미실현 조건

현실세계에서의 동작은 프로세스와 결과를 포함하는 것이나, 동사에 따라서는 과정(過程, process)와 결과(結果, result) 중 어느 한 쪽만을 인식하는 것도 있고 양쪽 국면을 동시에 인식하는 것도 있다. 또한 언어의 세계에서는 동사 본래의 성질을 변화시키는 조건을 부가함으로써 그 동사가 나타내고 있는 주요한 국면을 후퇴시키고 다른 국면에 초점을 맞출 수도 있다. 아스펙트 형식의 우선적인 의미로써 동작지속을 나타내는 동작동사라고 해도 조건이 갖춰진다면 결과잔존을 나타내게 된다. 일반동사의 경우 구체적 동작 국면을 사상(捨象)하여 결과 국면에 초점이 맞춰지도록 하는 조건, 예를 들어 부사구 등을 추가하면 「テイル (teiru)」형의 의미가 동작지속에서 결과잔존으로 이행하는 경우가 있다. 마찬가지로 한어동사도 어떤 일정한 조건 하에서는 아스펙트적 의미의 이행이 일어나는 것으로 생각할 수 있는데, 그 조건을 조사하여 동작을 나타내는 한어동사의 「テイル (teiru)」형이 우선적으로 결과잔존을 나타내는 경우가 많은 원인을 고찰해보고자 한다.

12.3.1 추상성

한어동사 중에는 동작의 구체적인 프로세스를 특정하기 어려운

동사가 있다. 비구체적인 동작을 함의하는 동사는 결과 국면이 인식되기 쉽고, 「テイル (teiru)」형은 우선적으로 결과잔존을 나타내게 된다. 다음의 예문을 살펴보자.

> (10) a. 花子は母へのプレゼントを<u>選んでいる</u>。
>
>   하나꼬는 어머니께 드릴 선물을 <u>고르고 있다</u>.
>
>   b. 花子は留学の道を<u>選択している</u>。
>
>   하나꼬는 유학의 길을 <u>선택했다</u>.
>
> (11) 花子はいろんな雑誌に論文を<u>投稿している</u>。
>
>   하나꼬는 여러 잡지에 논문을 <u>투고했다</u>.

(10b)의 경우는 동작지속으로 해석하기는 어렵고, 결과잔존의 해석이 자연스럽다. 「選ぶ (고르다)」와 「選択する (선택하다)」는 동일한 의미로 사용되지만, 이 예문의 경우에는 각각 취하고 있는 목적어의 성질이 다르고 동일한 의미라고는 할 수 없다. (10b)를 「選んでいる (고르고 있다)」로 바꾸어도 결과잔존을 나타내는데, 이는 「選ぶ (고르다)」가 갖는 의미의 바리에이션일 것이다. 다른 의미의 동사로써 생각해봐도 「選択している (선택했다)」의 우선적인 의미는 결과잔존이며, 이는 동작 프로세스의 구체적인 움직임을 특정할 수 없다는 사실에 기인하는 현상인 것으로 보인다. 이러한 현상은 한어동사에서 다수 관찰되는데, 「訪れる (방문하다)」와 같은 일반동사도 구체성을 갖지 않으므로 「テイル (teiru)」형은 결과잔존을 나타낸다. 대응하는 한국어의 아스펙트 형식도 「고있다」가 아닌 「았다」로 되는 것을 알 수 있다. (11)도 「고있다」형은 만들지 않는 동사로, 우선적으로 결과잔존을 나타내는 동사에 속한다. 이상으로 동작의 추상성에 기인하여 결과잔존을 나타내게 되는 경우에 대해서

고찰하였다.

12.3.2 재귀성

이른바 재귀성을 띠는 동사는 동작의 프로세스와 결과를 동일한 비중으로 함의하는 양면적인 동사라고 할 수 있다. 동일한 비중으로 양쪽 국면을 함의하고 있기 때문에, 「テイル (teiru)」형 자체가 어느 쪽을 우선적으로 나타내는 것이 아니라 문맥의 도움을 받아 어느 한 쪽의 의미를 나타내게 된다. 즉 문맥에 따라 동작의 프로세스 국면과 결과의 국면이 초점화되거나 후퇴하게 되는 것이다. 이는 바로 재귀동사가 대상에 대한 작용이 이루어지고 그 작용의 결과가 동작주에게 남게 되는 그러한 주체변화를 인식하는 동사, 즉 주체의 동작 국면과 주체의 결과 국면이라는 양면성을 갖는 동사이기 때문이다.

(12) この会場にも何人かの女子生徒が来ているようだったが、皆制服を着ていた。   (九月の空、p20)

…… , 모두 제복을 <u>입고 있었다</u>.

(13) リカ、目を覚ます。隣に永尾がいない。見回すと、既に起きていた永尾、服を着ている。   (東京ラブストーリ、p 71)

…… , 둘러보니, 벌써 일어나 있던 나가오 옷을 <u>입고 있다</u>.

(14) 花子は化粧している。

하나꼬는 <u>화장하고 있다</u>.

예 (12)는 결과잔존을, (13)은 동작지속을 나타내고 있다. 재귀동사가 다른 존재에 대한 작용이 일어난 후 그 결과가 동작주 즉 주체에

게 남게 되는 주체변화를 인식하기 때문에 결과잔존을 나타내게
된다. 한어동사의 재귀동사문 (14)도 문맥을 부가하면 양쪽의 의미
를 나타낼 수 있다. 일반동사의 재귀동사는 한국어에서는 「고있다」
형만을 취할 수 있지만, 한어동사의 재귀동사의 경우에는 「고있다」
외에도 「았다」형을 취할 수 있다.

12.3.3 결과성

일반적으로는 동작의 프로세스 국면을 나타내는 동작동사라고
해도, 동작의 전체적인 양을 한정하거나 결과의 국면을 수식하는
부사구가 부가되면 결과잔존의 의미를 나타내게 된다. 구체적인
동작의 프로세스는 후퇴하고, 결과의 측면이 주목을 받게 되는 것
이다. 한어동사에는 이러한 부사구와 같은 기능을 갖는 말을 동사
구 내에 포함하는 현상이 다수 관찰된다. 이러한 조건을 결과성(結果
性)이라고 부르기로 한다.

    (15) 花子はこの本を2回読んでいる。

        하나꼬는 이 책을 두 번 읽었다.

    (16) 巨人が阪神に逆転勝ちしている。

        교진이 한신에게 역전승했다.

    (17) a. 花子が公園を走っている。

          하나꼬가 공원을 달리고 있다.

       b. 花子が東京マラソンを完走している。

          하나꼬는 동경마라톤을 완주했다.

「読んでいる (읽고 있다, 읽었다)」의 우선적 의미는 동작지속이나

(15)와 같이 횟수를 나타내는 부사를 부가하면 결과잔존의 의미를 나타내게 된다. 마찬가지로 (17a)의 「走っている (달리고 있다)」는 동작지속을 나타내지만 (b)의 「完走する (완주하다)」와 같은 한어동사와 (16)의 「逆転する (역전하다)」는 동사의 내부에 부사적인 성분을 포함하고 있으며, 「テイル (teiru)」형은 결과잔존을 나타내고 있다.

12.3.4 순간성

마지막으로 결과잔존의 의미를 실현시키는 조건의 하나로써 순간성(瞬間性)을 생각해볼 수 있다. 순간적인 사태를 나타내는 동사는 프로세스 그 자체가 존재하지 않기 때문에 동작 지속의 국면을 인식하기 어렵고, 당연히 결과 국면이 초점화되어 「テイル (teiru)」형은 결과잔존을 나타낸다. 물론 복수의 주어가 상정되면 파생적인 의미로써 〈반복〉을 나타내게 된다. 다음 예문을 살펴보도록 하자.

(18) 太郎は理事会に新案を提出している。
    타로는 이사회에 새 안을 제출했다.
(19) 太郎はすでに日本に入国している。
    타로는 벌써 일본에 입국했다.

(18)(19) 모두 결과잔존을 나타내며, 한국어의 아스펙트 형식도 「았다」형을 취하고 있다.

동작의 구체적인 프로세스를 특정하기 어려운 추상성(抽象性), 구체적인 프로세스는 함의하나 결과의 국면이 초점화되는 재귀성(再歸性), 결과성을 초점화하는 결과성(結果性), 프로세스를 인식하기 어

려운 순간성(瞬間性), 이 네 가지 요인이 결과잔존의 의미를 실현시키
는 것으로 생각된다. 이러한 조건은 일본어와 한국어 양 언어에서
공통되는 기준이 될 수 있을 것이다. 이하 한어동사를 중심으로 대
조적인 관점에서 고찰하기로 하겠다.

12.4 한어동사의 아스펙트

일반동사와 마찬가지로 한어동사의 「テイル (teiru)」형도 동작지
속과 결과잔존을 나타내는데, 동사에 따라 동작지속이 우선적인
의미로써 취해지는 것[82]과 결과잔존의 의미가 우선적으로 취해지
는 것으로 나뉜다. 한어동사는 일반동사와 평행성을 가지면서도
한어가 추상적인 개념을 나타내는 어(語)가 많다는 점, 그리고 하나
의 단어 안에 대상을 포함하거나 동작을 수식하는 등 부사적인 성
분을 포함할 수 있다는 점 등에서 일반동사와는 다른 특징을 갖고
있다. 이러한 특징이 한어 특유의 아스펙트적 특징을 이끌어내는
요인으로 작용하는 것으로 생각된다. 앞 절에서 검증한 네 가지 요
인인 추상성, 재귀성, 결과성, 순간성에 관하여 차례대로 설명하기
로 하자.

---

82 본장에서는 다루지 않지만, 한어동사라 해도 동작지속을 우선적으로 나타내는
예가 다수 관찰된다. 예를 들어 (檢討する (검토하다), 凝視する (응시하다), 入院
する (입원하다), 移動する (이동하다), 生産する (생산하다), 勤務する (근무하다),
呼吸する (호흡하다), 共有する (공유하다), 案内する (안내하다), 対立する (대립
하다), 起用する (기용하다), 見学する (견학하다) 등과 같은 것이 있다. 또한 한어
동사 중에서는 자·타동사로 모두 쓰이는 동사가 존재하는데, 이러한 종류의 동
사 중에는 타동사로써 쓰일 때에는 동작지속을 우선적으로, 자동사로써 쓰일 때
에는 결과잔존을 우선적으로 나타내는 경우도 있다.

12. 4 .1 추상적 동작을 나타내는 경우

동작의 구체적인 프로세스를 특정하기가 어려운 동사를 추상성을 나타내는 동사로 한다. 이러한 추상성을 나타내는 동사는 일반동사보다 한어동사에 더 많이 존재한다. 동작을 나타내지만 구체적인 동작을 특정할 수 없거나 그 프로세스 국면이 배제된 한어동사가 나타내는「テイル (teiru)」형의 의미는 동작지속이 아닌 결과잔존이다. 다음의 예문들은 결과잔존을 나타내고 있다.

(20) 花子は今日欠勤している。

하나코는 오늘 결근했다.

(21) 花子は一年前に退職している。

하나코는 일년 전에 퇴직했다.

(22) 花子は事業に成功している。

하나코는 사업에 성공했다.

위 예문 모두 진행을 나타내는「～しながら (～하면서)」「～し続ける (계속 ～하다)」와는 공기하지 않는다. 한국어 테스트에서도「았다」형만이 가능하고 동작의 계속을 나타내는「고있다」형은 만들 수 없다.「社員が次々と (사원들이 연달아)」나「最近職員が次々と (최근 직원들이 연달아)」,「花子は次々と (하나코는 연달아)」와 같은 복수의 사태가 상정되면「고있다」형을 취할 수 있으나, 의미가 변용되어 반복을 나타내게 된다. 이러한 추상동사가 다수 관찰된다는 점도 일반동사와는 다른 한어동사의 특징이라고 할 수 있는데, 이는 한어동사가 동작을 나타내는 어(語)와 이른바 대상을 나타내는 어(語)를 결합시켜 추상적인 개념을 나타낼 수 있다는 성질에 의한 것으로 볼 수 있다. 그 밖에 「テイル (teiru)」형으로 결과잔존을 나타내는 추상동사에는 다음과 같은 것이 있다.

> (23) 結婚する(결혼하다), 成功する(성공하다), 失敗する(실패하다), 契約する(계약하다), 侵害する(침해하다), 選択する(선택하다), 登校する(등교하다), 投稿する(투고하다), 応募する(응모하다), 転居する(전거하다), 上京する(상경하다), 卒業する(졸업하다), 脱出する(탈출하다), 就職する(취직하다), 入社する(입사하다), 起用する(기용하다), 放置する(방치하다), 記載する(기재하다), 建立する(건립하다), 設立する(설립하다), 破産する(파산하다), 遅刻する(지각하다), 兼業する(겸업하다) 등

12.4.2 재귀적 동작을 나타내는 경우

주체동작의 프로세스와 주체의 변화라고 하는 양 국면을 인식하는 재귀동사가 일반동사인 경우에도 동작지속과 결과잔존을 나타낸다는 현상에 대해서는 이미 앞에서 언급하였다. 한어동사에도 이러한 재귀성을 나타내는 동사가 존재한다. 「自殺する (자살하다), 自首する (자수하다), 骨折する (골절하다), 捻挫する (염좌하다, 삐다), 変身する (변신하다), 洗顔する (세안하다), 洗髪する (머리를 감다) 등」과 같은 동사는 내부에 동작주 자신을 나타내는 어(語) 또는 신체부분을 의미하는 어(語)를 갖고 있어 재귀성을 띠게 되고, 그 「テイル (teiru)」형은 결과잔존의 의미를 우선적으로 나타낸다. 마지막 두 예문은 결과잔존과 동작지속을 모두 나타낸다. 이는 주체변화의 측면 보다 동작의 프로세스를 보다 더 우세하게 인식하기 때문인 것으로 보이는데, 문맥에 따라 결과잔존의 의미가 되기도 한다. 다

음의 예문을 살펴보자.

> (24) 花子は<u>自殺している</u>。
>
> 하나꼬는 <u>자살했다</u>.
>
> (25) 花子は足を<u>捻挫している</u>。
>
> 하나꼬는 발을 <u>삐었다</u>.
>
> (26) 花子は化粧を<u>落としてきれいに洗顔している</u>。
>
> 하나꼬는 화장을 지우고 깨끗이 <u>얼굴을 씻었다</u>.

(24)(25)(26)은 모두 결과잔존을 나타내고 있지만, 구체적 동작을 나타내는 「洗顔する (세안하다)」는 문맥에 의해 결과잔존의 의미를 실현시키고 있다.

그 외에 동작주의 신체부분을 나타내는 어(語)를 포함하고 있지는 않지만 동사의 의미로써 재귀성을 나타내는 동사의 「テイル (teiru)」형도 결과잔존을 우선적인 의미로써 갖는데, 이는 동작주 즉 주체의 변화를 인식하기 때문인 것으로 보인다. 다음의 예문을 살펴보자.

> (27) 花子はもう<u>化粧している</u>。
>
> 하나꼬는 벌써 <u>화장하고 있다</u>.
>
> (28) 花子はライフベストを<u>着用している</u>。
>
> 하나꼬는 구명조끼를 <u>착용하고 있다</u>.
>
> (29) 花子は<u>妊娠している</u>。
>
> 하나꼬는 <u>임신했다</u>.

구체적 동작을 나타내는 (27)과 (28)은 결과잔존과 동작지속을 나타낼 수 있지만, 우선적으로는 전자의 해석이 자연스러운 것으로 판단된다. 반면에 (29)와 같은 구체적인 프로세스를 상정하기 어려운 추상적인 동사는 결과잔존만을 나타낼 수 있다. 한국어를 살펴보면 (27)(28)은 「고있다」형이 되어 있지만, 「았다」형도 취할 수 있다. 반면에 추상성을 띠는 (29)는 「고있다」형은 취할 수 없고, 의미도 결과잔존만을 나타낼 수 있다. 즉 기본적으로 동작지속을 나타내는 「고있다」는 재귀동사의 경우에 한하여 결과잔존도 나타내지만, 이는 구체적인 동사에 한정되는 것으로 보인다.

일반동사에 재귀용법이 있는 것과 마찬가지로, 한어동사도 대격으로 신체명사를 취하여 재귀용법으로 사용되는 경우가 있다. 다음의 예문을 살펴보자.

(30) 太郎は<u>髪を移植</u>している。
    타로는 <u>머리를 이식</u>했다.

(31) 太郎は<u>足を切断</u>している。
    타로는 <u>다리를 절단</u>했다.

(32) 髪を染色する (머리를 염색하다)、肩を手術する (어깨를 수술하다)、目を整形する (눈을 성형하다) 等

(30)과 (31)은 결과잔존을 나타내고 있으며, 동작지속의 의미로 해석되는 경우는 「타로」가 의사로서 수술을 하고 있다 라는 해석이 된다. 이처럼 타동적인 의미에서는 한국어의 경우에도 동작지속을 나타내는 「고있다」형으로 바뀐다.

12.4.3 결과 국면의 초점화

한어동사는 한자어가 갖는 조어력을 이용하여 한 단어에 동사

성분과 부사적 성분을 포함시킬 수가 있다. 이러한 부사적 성분을 포함하는 한어동사는 동작의 프로세스에는 관심을 두지 않고 그 결과상에 초점을 두기 때문에, 「テイル (teiru)」형은 결과잔존의 의미를 나타낸다. 다음의 예문을 살펴보자.

> (33) 爆弾が民間のアパートを<u>直撃している</u>。
> 폭탄이 민간아파트를 <u>직격했다</u>.
> (34) 被害者は<u>即死している</u>。
> 피해자는 <u>즉사했다</u>.
> (35) 太郎は税金を<u>全納している</u>。
> 타로는 세금을 <u>전부 납부했다</u>.
> (36) 太郎はグラウンドを<u>二周している</u>。
> 타로는 그라운드를 <u>두바퀴 돌았다</u>.

예 (33)과 (34)는 동작의 양태를 묘사하는 부사적 성분을 포함하고 있는 경우이고, (35)와 (36)은 동작의 전체적인 양 또는 횟수를 나타내는 어(語)를 포함하고 있는 경우이다.[83] 상기 예문은 결과잔존의 의미만을 나타낼 수 있고, 한국어로도 「았다」형으로는 나타나지만 계속을 나타내는 「고있다」형은 취할 수 없다. 이와 같은 부사적 성분에 의해 동작의 프로세스가 후퇴하게 되고 결과의 국면이 초점화되기 때문에 결과잔존의 의미를 나타내게 되는 것으로 보인다. 이 밖에도 다음과 같은 동사가 이 유형에 속한다.

> (37) 直結する(직결되다), 孤立する(고립되다), 突入する(돌입하다), 逆

---

83 森山卓郎(1984)pp.78-82 참조.

転する(역전하다), 激突する(격돌하다), 全決する(전결되다), 全治
する(전치(완치)되다), 完走する(완주하다), 完成する(완성되다),
半減する(반감되다) 등

12.4.4 순간적인 동작을 나타내는 경우

앞 절에서 살펴본 결과성을 나타내는 동사는 구체적인 동작 프
로세스의 측면이 후퇴함으로써 결과의 측면이 인식되는 것이었지
만, 동작 그 자체의 성질이 그러한 프로세스를 함의하지 않는 동사
도 있다. 순간성을 나타내는 동사는 일반동사에도 한어동사에도 존
재한다. 양쪽 모두 동작의 구체성·추상성의 문제에 앞서 동작의 프
로세스 자체를 갖지 않기 때문에, 「テイル (teiru)」형은 변화의 측면
을 인식하고 결과잔존의 의미가 된다. 다음의 예문을 살펴보자.

(38) 花子は午後の便で出発している。
하나꼬는 오후 비행기로 출발했다.
(39) 花子は大阪に到着している。
하나꼬는 오사카에 도착했다.

그 외에는 다음과 같은 동사가 여기에 속한다.

(40) 着目する(착목하다), 発明する(발명하다), 発病する(발병하다), 出
国する(출국하다), 入国する(입국하다), 到達する(도달하다) 등

이상으로 한어동사의 결과잔존의 의미실현에 관한 패턴에 대해
네 가지로 나누어 설명하였다. 두 가지 이상의 요인을 동시에 포함

하고 있는 경우도 있기 때문에 명확하게 구분하기가 어려운 부분
도 존재한다. 따라서 가장 중요하다고 판단되는 요인에 기초하여
분류한 것이며 다른 요인을 포함하고 있는 경우도 존재한다. 재귀
성과 순간성은 일반동사에서도 작용하고 있는 성질이고, 결과성도
마찬가지이나 동사의 내부에 부사구를 함의한다는 것은 한어동사
특유의 특징이라고 말할 수 있다. 이에 반해 추상성을 나타내는 동
사는 한어동사에 다수 존재하며 한어의 특징적 성질로 파악할 수
있다. 한어동사의 아스펙트적 의미로써 결과잔존을 나타내는 어(語)
가 많다는 것은 이 추상성이 그 근원에 있기 때문인 것으로 생각
된다.

12.5 결론

동작지속과 결과잔존은 「テイル (teiru)」형식의 기본적 의미를 이
루고 있는데, 동작지속만을 갖는 동사라 해도 어떠한 조건에 의해
결과잔존을 나타내게 된다. 그러나 그 역방향의 의미적인 이행은
인정되지 않는다. 본질적인 동작의 과정을 갖지 않는 소위 변화동
사는 계속성을 나타내는 의미와 관련된 어구를 부가하면 복수 사
태의 반복을 의미하게 된다. 언어표현은 현실세계에서의 동작 과
정을 사상(捨象)할 수 있어, 우선적인 의미로써 동작지속을 나타내는
동사라고 해도 화자가 초점을 두는 방식이나 문맥 속에서의 파악
방식 등에 따라 결과잔존으로의 의미 이행이 빈번하게 이루어진
다. 본장에서는 그 의미의 이행을 위한 조건으로써 재귀성, 추상성,
결과성, 순간성을 지적하였다. 재귀성, 결과성, 순간성은 일반동사
와 한어동사 양쪽에서 모두 유효적인 의미의 실현조건이지만, 추

상성은 주로 한어동사에서의 결과잔존의 의미실현과 관련되어 있다. 이처럼 일반동사와는 다른 현상을 가능하게 하는 것은 한어동사의 조어력인 것으로 보인다. 즉 움직임을 나타내는 어(語) 외에 부사적 성분이나 목적어 등을 동사의 내부에 포함시킴으로써 동작의 국면을 후퇴시키거나 결과의 국면에 초점이 맞춰지도록 할 수가 있기 때문에, 그 결과 결과잔존의 아스펙트적 의미가 실현되는 것이라고 볼 수 있다.

제 V 부

결 론

제13장 │

결 론

13.1 결론

재귀구문, 재귀태(再帰態), 재귀동사 관련 연구는 여러 언어에서 다양한 형태로 이루어지고 있다. 그러나 의미적 개념인 재귀성에 관한 연구는 그다지 찾아볼 수 없다. 본고에서는 재귀성이 타동성이라고 하는 개념과 함께 보이스의 다양한 현상에서 깊이 관련되어 있음을 분석하고 제시하였다. 따라서 본론은 재귀성이라는 개념 그 자체를 고찰한 부분과 재귀성과 보이스와의 관련성을 분석한 부분으로 크게 나눌 수 있다. 제 2부는 재귀성을 중심으로 고찰이 이루어졌다. 2장에서는 재귀성의 특징을 밝혔다. 즉 재귀성은 동작주를 중심으로 하는 구심적인 운동이라고 하는 운동의 방향과, 동작주와 대격보어가 소유관계를 갖는다는 소유성에 의해 특정지울 수 있음을 주장하였다.

3장에서는 재귀성의 실현 패턴 중에서 동사 그 자체가 재귀성을 띠는 재귀동사에 대하여 고찰하였다. 여기에서는 재귀성의 의미소성을 참고로 하여 재귀동사를 규정하는 기준을 설정하고, 의미적인 규정에 의거하여 재귀동사를 인정하였다. 구체적으로는 일본어와 한국어로 나누어 각각의 언어에서의 재귀동사의 분포를 나타내고 그 하위타입을 분류하였다. 또한 하위 타입 간의 차이점을 분석하였다. 재귀성은 타동성과는 달리 동사의 성질을 변화시키는 조건이 충족되면 통상적인 동사의 의미와는 관계없이 재귀적인 의미를 나타내는 것이 가능하다.

이에 4장에서는 대격보어 또는 여격보어의 성질에 의해 재귀성이 실현되는 재귀용법에 초점을 두고 재귀용법의 계층구조를 밝혔다. 구체적으로는 대격형 재귀용법과 여격형 재귀용법으로 나누어 분석하였는데, 동작의 도달점을 나타내는 여격보어에 신체명사를 취함으로써 재귀적 의미를 나타내는 여격형 재귀용법은 본고의 독자적인 규정에 의한 것이다. 이는 재귀성을 특징짓는 의미소성인 운동의 방향과 밀접하게 관련되어 있다.

제 2부의 마지막인 5장에서는 재귀성과 통어현상의 상관관계를 간략하게 고찰하였다. 형태적인 특징을 갖지 않는 일본어와 한국어의 재귀동사에 관한 연구에서는 통어적인 특징이 재귀동사를 인정하는 중요한 증거가 되는데, 이는 동시에 타동성만으로는 완전히 해결할 수 없었던 여러 현상의 분석에 유효하게 기능하는 개념으로써 재귀성의 중요성을 나타내는 것이기도 하다.

제 3부에서는 재귀성이 보이스 체계 속에서 실제로 어떻게 기능하는가에 관해 대조언어학적인 관점에서 고찰하였다. 6장에서는 직접사역을 나타내는 사역동사가 재귀성을 나타내는 동사에서 규칙적으로 파생됨을 제시하였는데, 이 때 한국어에서 두 가지 사역을 구분하여 사용한다는 점이 중요한 단서를 제공하였다. 간접적인 작용을 나타내는 「サセル (saseru)」·「게하다」형의 사역문과 「サス (sasu)」·「이」형의 사역동사의 차이점을 다양한 관점에서 분석하였

다. 또한 타동사문과의 분석을 통해 사역동사문이 타동사문과 간접사역의 중간적인 위치에 자리하면서 통어적으로도 의미적으로도 고유한 문법 카테고리임을 제시하였다. 7장에서는 간접사역을 나타내는 「サセル (saseru)」·「게하다」형을 중심으로 재귀성과 관련된 사역의 여러 문제를 다루었다. 다음으로 8장에서는 사역문의 의미·용법에 대해 고찰하였다.

9장에서는 능동문과 재귀성의 관계를 고찰하였다. 우선 직접수동문이 성립하지 않는 것은 능동문의 동사가 재귀성을 나타내는 경우라는 사실을 검증하였다. 또한 한국어를 중심으로 재귀동사의 「지다」형에서 중간용법이 파생됨을 고찰하고, 그 중간태적 의미의 발생과 재귀동사의 근본적인 성질, 즉 주체에만 언급된다는 성질이 밀접하게 연관되어 있음을 지적하였다. 10장에서는 자·타동사와 재귀성의 관계를 분석하였다. 우선 표층상의 항의 수와 의미상의 참여자의 수가 일치하지 않는 경우가 있음을 지적하고, 다음으로 그 의미와의 대조를 통해 재귀동사가 절대적인 짝을 갖지 않는 동사라는 점을 지적하였다.

마지막으로 제 4부에서는 아스펙트와 재귀성의 관련성에 대하여 고찰하였다. 본고가 재귀성을 중심에 둔 연구이기 때문에 아스펙트 전체를 시야에 넣은 기술은 아니다. 11장에서는 두 언어에서의 재귀동사의 아스펙트적인 특징에 대해 개관하고, 12장에서는 아스펙트가 갖는 의미 중 하나인 결과잔존의 의미실현과 그 실현요인에 관하여 기술하였다. 아스펙트는 동사의 의미를 그대로 반영시키는 측면을 갖고 있고, 아스펙트의 관점에서도 재귀동사의 특징이 명확하게 드러나고 있음을 알 수 있다.

13.2 과제와 전망

본 연구는 일본어와 한국어에 한정된 고찰이나, 유형론적 연구와 형태론적인 재귀구문이 발달한 다른 언어의 지식을 근저에 두고 있는 것이다. 그런 의미에서 범언어적인 일반이론을 목표로 한 연구이기도 하다. 그러나 본고에서는 유형이 다른 언어의 재귀구문과의 접점에 관한 고찰까지는 확대되지 못하였다. 그러나 프랑스어, 스페인어 등에서 재귀대명사가 다양한 문법 카테고리에 걸쳐 있다는 사실은 재귀대명사가 형태로써 문법화가 진행된 결과인 것으로 예측할 수 있다. 각각의 언어적인 특징을 파악함으로써 프랑스어 등의 재귀구문과 일본어 등의 재귀구문·재귀동사의 접점을 발견할 수 있을 것이다.

다음으로 재귀성이라고 하는 개념을 도입함으로써 다양한 보이스 현상의 해명이 가능하다는 사실에 관해서는 제 3부를 중심으로 고찰하였다. 그러나 다른 여러 카테고리에 관해서는 현상의 지적과 예측의 단계에 머무르고 있어, 보다 심층적인 논의가 이루어지지 못한 부분도 있다. 예를 들어 본고에서는 한국어에서의 중간용법의 한 종류를 인정하였는데, 이에 그치지 않고 향후 중간태 전체의 체계에 대하여 고찰하고자 한다. 이는 재귀구문과 중간구문의 연속성을 생각한다면 중요한 과제라고 할 수 있으며, 재귀성 또는 재귀동사의 연구에 관한 보다 더 심층적인 발전에도 공헌할 것이다.

또한 한국어에는 자발이나 수동문 등의 마커가 두 가지 존재한다는 사실을 단서로, 일본어와 한국어의 자발태, 능동문, 상태문 등을 한층 더 발전시킨 두 언어의 보이스 전체에 관한 체계적인 분석을 향후 목표로 삼고자 한다. 본고는 이러한 연구의 최종적인 목표 달성을 위한 하나의 단계로써 자리매김할 수 있을 것이다.

참고문헌

▌일본어 문헌▌

青木令子(1977)「使役–自動詞・他動詞との関わりにをいて–」『成蹊國文』vol.10、成蹊大學

青山文啓(1994)「日本語の自他とスペイン語の再帰」『日本語とスペイン語』国立国語研究所

池山嘉彦(1975)『意味論』大修館書店

_____(1981)『「する」と「なる」の言語学』大修館書店

石崎優子(1993)「意味論的見方におけるスペイン語自動詞」*Sophia Linguistica–Working Papers in Linguistics*-, vol. 33, The Graduate School of Languages and Linguistics, Linguistic Institute for International Communication, Sophia University

石綿敏雄・高田誠(1990)『対照言語学』桜楓社

井島正博(1988)「動詞の自他と使役の意味分析」『防衛大学校紀要』56

_____(1991)「可能文の多層的分析」『日本語のヴォイスと他動性』仁田義雄編、くろしお出版

井上和子(1976)『變形文法と日本語(上)』大修館書店

ウェスリー・M・ヤコブセン(1989)「他動性とプロトタイプ論」『日本語学の新展開』くろしお出版

江口泰生(1989)「漢語サ変動詞の自他性と態」『奥村三雄退官記念国語学論叢』桜楓社、pp.765-784

奥田靖雄(1983)「を格の名詞と動詞とのくみあわせ」言語学研究会編、『日本語文法・連語論(資料編)』むぎ書房、52

_____(1985)「アスペクトの研究をめぐって–金田一的段階–」『ことばの研究・序説』むぎ書房

_____(1985)「アスペクトの研究をめぐって」『ことばの研究・序説』むぎ書房、pp.105-143

_____(1985)「文のこと–文のさまざま(1)–」『教育国語』vol.80、むぎ書房

_____(1986)「現実·可能·必然(上)」『ことばの科学』vol.1、むぎ書房

_____(1988)「文の意味的なタイプ」『教育国語』vol.92、むぎ書房

_____(1994)「動詞の終止形(2)」『教育国語』vol.2.12、むぎ書房、pp27-42

奥津敬一郎(1967)「自動詞·他動詞および両極転形」『國語學』70、武蔵野書院

_____(1983)「なぜ受身か?-〈視点からのケーススタディー〉-」『國語學』132、武蔵野書院

生越直樹(1979)「他動詞の再帰性と使役の関係」『待兼山論叢』vol.13、日本語学編、大阪大学文学部

_____(1993)「朝鮮語における過去のでき事を表す表現」1991-1992　科学研究報告書

金水敏(1993)「古典語の「ヲ」について」仁田義雄編、『日本語の格をめぐって』くろしお出版

金田一春彦(1976)「日本語動詞のテンスとアスペクト」『日本語動詞のアスペクト』金田一春彦編　むぎ書房

工藤真由美(1982)「シテイル(teiru)形式の意味記述」『武蔵大学人文学会誌』13-4, pp.51-88

_____(1987)「現代日本語のアスペクトについて」『教育国語』91、教育科学研究会·国部会編　むぎ書房

_____(1989)「現代日本語のパーフェクトをめぐって」『ことばの科学』vol.3、むぎ書房

_____(1990)「現代日本語の受動文」『ことばの科学』4、言語学研究会編、むぎ書房

_____(1991)「アスペクトとヴォイス」『現代日本語のテンス·アスペクト·ヴォイスについての総合的研究』1988-1990　年度科学研究費一般研究(B)

_____(1993)「テンスとテンポラリティー」『日本語とアジア諸言語との対照的研究-テンスとアスペクト-』1991-1992年度科学研究費一般研究(B)、pp.7-38

_____(1994)「アスペクト·テンス·ムード·時間的限定性」第7回日本語文法談話会発表レジュメ

久野暲(1978)『談話の文法』大修館書店

_____(1983)『新日本文法研究』大修館書店

_____(1986)「受身文の意味-黒田説の再批判-」『日本語学』5-2

黒田成幸(1985)「受身についての久野説を解釈する-一つの反批判-」『日本語学』4-10、明治書院

_____(1990)「使役の助動詞の自立性について」『文法と意味の間』国廣哲弥教授還暦退宮記念論文集、くろしお出版

小泉保他(1989)『基本動詞用法辞典』大修館書店

權勝林(1993)『日·韓使役文の対照研究-再帰性の観点か』大阪大学大学院言語文化研究科提出修士論文

_____(1994a)「〈結果残存〉の意味実現について-日·韓漢語動詞を中心に」『言語文化学』vol.3、大阪大学言語文化学会、pp.19-33

_____(1994b)「使役文の意味·用法の分類」『日語日文学研究』vol.24、韓国日語日文学会

_____(1995a) 「使役動詞文の日・韓対照研究-再帰性の観点から-」『言語文化学』vol.4、大阪大学言語文化学会

_____(1995b) 「いわゆる再帰用法について-階層構造化の試み-」『第8会大阪大学言語文化学会 大会資料集』大阪大学言語文化学会、pp.17-22

定延利之(1991) 「SASEと間接性」『日本語のヴォイスと他動性』仁田義雄編、くろしお出版

_____(1993) 「深層格が反映すべき意味の確定にむけて-対称関係・対称性を利用して」『日本語の格をめぐって』仁田義雄編、くろしお出版

佐藤里美(1986) 「使役構造の文-人間の人間に対するはたらきかけを表現するばあい-」『ことばの科学』1、言語学研究会編、むぎ書房

_____(1990) 「使役構造の文(2)因果関係を表現する場合」『ことばの科学』4、言語学研究会編、むぎ書房

在間進(1990) 「ドイツ語の動詞と統語構造」『文法と意味の間』くろしお出版

柴公也(1992) 「漢字語＋sikida」について-再帰性・他動性・使役性・受動性との関りをめぐって-」『朝鮮学報』vol.144、朝鮮学会

柴谷方良(1978) 『日本語の分析』大修館書店

須賀一好(1981) 「併存する自動詞・他動詞の意味」『國語學』120、武蔵野書院

鈴木重幸(1972) 『日本語文法・形態論』むぎ書房

_____(1976) 「日本語動詞のすがた(アスペクト)について-～スルの形と～シテイル (teiru) の形」『日本語動詞のアスペクト』金田一春彦編、むぎ書房

砂川有里子(1984a) 「〈ニ〉と〈カラ〉の交替と動詞の意味構造について」『日本語・日本文化』大阪外国語大学留学生別科

_____(1984b) 「〈に受身文〉と〈によって受身文〉」『日本語学』3-7、明治書院

高橋太郎(1976) 「すがたともくろみ」『日本語動詞のアスペクト』金田一春彦編、むぎ書房

_____(1985) 「現代日本語のヴォイスについて」『日本語学』vol.4、明治書院

_____(1993) 「アスペクトとテンス」『国文学 解釈と鑑賞』740、pp.80-89

塚本秀樹(1993) 「複合動詞と格支配-日本語と朝鮮語の対照研究-」仁田義雄編、『日本語の格をめぐって』くろしお出版

塚本秀樹・鄭相哲(1993) 「韓国語における固有語動詞の受身文について-『이』刑と『지다』刑の使い分けを中心に-」『月刊言語』vol.22-11、pp.70-77、大修館書店

_____(1994) 「韓国語における漢語動詞の受身文について」『朝鮮学報』vol.153, 朝鮮学会

角田太作(1990) 「所有者敬語と所有傾斜」『文法と意味の間』国廣哲弥教授還暦退宮記念論文集、くろしお出版

_____(1991) 『世界の言語と日本語』くろしお出版

寺村秀夫(1982) 『日本語のシンタクスと意味』vol.1、くろしお出版

_____(1984) 『日本語のシンタクスと意味』vol.2、くろしお出版

時枝誠記(1950)『日本文法 口語論』岩波書店

戸星善宏(1984)「再帰動詞について(3)」『文理論集』西南学院大学、pp.1-10

中右実(1986)「意味論の原理(22)-動作主と行為者-」『英語青年』1986-1

_____(1994)『認識意味論の原理』大修館書店

西尾実(1982)「自動詞と他動詞-対応するものとしないもの-」『日本語教育』vol.47、日本語
教育学会、pp.57-68

仁田義雄(1980)『語彙論的統語論』明治書院

_____(1982)「再帰動詞、再帰用法-*Lexico-syntax*の姿勢から-」『日本語教育』vol.47、
日本語教育学会

_____(1986)「格体制と動詞のタイプ」『ソフトウェア文書のための日本語処理の研究-計算
機用レキシコンのために(2)-』情報処理振興事業協会

_____(1987)「テンス・アスペクトの文法」『ソフトウェア文書のための日本語処理の研究-8』
情報処理振興事業協会、pp.51-135

_____(1991)「ヴォイス的表現と自己制御性」『日本語のヴォイスと他動性』くろしお出版

_____(1992)『日本語学を学ぶために-玉村文郎編-』世界思想社

_____(1993)「日本語の格を求めて」『日本語の格をめぐって』仁田義雄編、くろしお出版

野田尚史(1991)「文法的なヴォイスと語彙的なヴォイスの関係」『日本語のヴォイスと他動性』
仁田義雄編、くろしお出版

_____(1991)「日本語の受動化と使役化の対称性」『文藝言語研究-言語篇』19、 筑波大
学文芸・言語学系

長谷川在古(1988)「行為解説の進行形」『TAM 試論集』vol.1、TAM 研究会

春木仁孝(1994)「中立的な代名動詞と受動的な代名動詞」『日仏語対照研究論集』研究成果報告
書、日仏語対照研究会、pp.32-52

_____(1995)「現代フランス語の再帰構文再考-意味解釈の仕組みとモダリティー-」『言語
文化研究』大阪大学言語文化部

早津恵美子(1989a)「有対他動詞と無対他動詞の意味上の分布」『計量言語学』16-8、計量
国語学会

_____(1989b)「有対他動詞と無対他動詞の違いについて」『言語研究』日本言語学会

_____(1991)「所有者主語の使役について」『日本語学科年報』13、東京外国語大学
外国語学部　日本語学科研究室

藤村逸子(1989)「身体部位の所有者を示す与格補語について」『フランス語フランス文学研究』
vol.55

藤井正(1971)「日本語の使役態」『研究論叢』vol.20、山口大学教育学部

_____(1990)「日本語のいわゆる再帰動詞とその直接受動構文について」『アジアの諸言語と
一般言語学』三省党

細川由起子(1986)「日本語の受身文における動作主マーカーについて」『国語学』144、国

語学会

_____(1990)「日本語のいわゆる再帰動詞とその直接受動構文について」アジアの諸言語と一般言語学、三省堂、pp.636-645

益岡隆志(1987a)『命題の文法』くろしお出版

_____(1987b)「プロトタイプ論の必要性」『月刊言語』16-12、大修館書店

_____(1991)「受動表現と主観性」『日本語のヴォイスと他動性』仁田義雄編、くろしお出版

益岡隆志・田窪行則(1989)『基礎日本語文法』くろしお出版

松下大三郎(1930a)『改選標準日本文法』訂正再版1979、勉誠社

_____(1930b)『標準日本口語法』1977版、勉誠社

マテジウス、ヴィレーム(1981)『機能言語学』ヨゼフ・ヴァヘク編/飯島周訳、桐原書店

三上章(1972)『現代語法序説』くろしお出版

宮島達夫(1972)『動詞の意味・用法の記述的研究』秀英出版

_____(1985)「ドアをあけたが、あかなかった」『計量国語学』vol.14-8、計量国語学会編

宮本正美(1984)「スペイン語における身体再帰代名詞の有無」『関西外国語短期大

_____学創立30周年記念論文集』vol.40、関西外国語大学

村本新次郎(1983)「迂言的なうけみ表現」『研究報告集』4、国立国語研究所

_____(1991)『日本語動詞の諸相』ひつじ書房

毛利可信(1980)『英語の語用論』大修館書店

森山卓郎(1984)「アスペクトの意味の決まり方について」『日本語学』vol.3、明治書院、pp.70-84

_____(1988)『日本語動詞述語文の研究』明示書院

山田孝雄(1908)『日本文法論』復刻限定版 1970、宝文館

山梨正明(1993)「格の複合スキーマモデル—格解釈のゆらぎと認知のメカニズム」『日本語の格をめぐって』仁田義雄、くろしお出版

楊凱栄(1989)『日本語と中国語の使役表現に関する対照研究』くろしお出版

▌영어 문헌▐

Anderson, Lloyd B.(1982), The "Perfect" as a Universal and as a Language-Specific Category, *Tense-Aspect:Between Semantics and Pragmatics*, Paul J. Hopper(ed.), John Benjamins Publishing Company

Austin, Peter(1982) Transitivity and Cognate Objects in Australian Languages, *Syntax and Semantics, vol.15*, Academic Press

Bybee, J., R. Perkins and W. Pagliuca(1994) *The Evolution of Grammar*, The University of Chicago Press

Chung, Sandra and Alan Timberlake(1985), Tense, Aspect, and mood, *Language typology and syntactic description,* Cambridge University Press

Cooreman, Ann(1994) A Functional Typology of Antipassives, *Voice-Form and Function,* B. Fox and P.J. Hopper(ed.), John Benjamins.

Dixon, R.M.W.(1994) *Ergativity,* Cambridge University Press

Geniušienė, Emma(1987) *The Typology of Reflexives,* Mouton de Gruyter

Givón,T.(1990) *Syntax : A Functional-Typological Introduction vol II* John Benjamins.

Goldsmith, John and Erich Woisetschlaeger(1982), The Logic of the English Progressive, *Linguistic Inquiry,* 13-1, The Massachusetts Institute of Technology

González, Nora(1988) *Object and Raising in Spanish,* Revision of thesis (Ph.D.), University of California, San Diego, 1985

Haiman, John(1985) *Natural Syntax-Iconicity and erosion*-Cambridge University Press

Hopper, P.J. and S.A. Thompson(1980) Transitivity in grammar and discourse, *Language 56-2, pp.251-299,* Journal of The Linguistic Society of America

Jacobsen, Wesley M.(1992) *The Transitive Structure of Event in Japanese,* Studies in Japanese Linguistics, vol.1, Kuroshio.

Kemmer, Suzanne(1993) *The Middle Voice,* John Benjamins.

_____(1994) Middle Voice, Transitivity, and the Elaboration of Events, *Voice-Form and Function-,* Ed. Fox, B and Hopper, P.J., John Benjamins.

Klaiman, M.H(1984) The Grammar of Doing and Undergoing in Korean, *Language Research* vol.20-4, Seoul National University Language Research Institute

_____ (1991) *Grammatical Voice,* Cambridge University Press

Kwak, Inhee Lee (1994) The pragmatics of voice in Korean, *Voice and Inversion,* Givón T.(ed.) John Benjamins.

Lee Iksop(1978) On the Syntax of Emotive Verb-Sentencs, *Journal of Korean Linguistics,* The Society of Korean Linguistics

Lee Keedong(1987) The Meanings of the Two Passives in Korean, Language Research, 23-2, pp.185-201, Language Research Institute Seoul National University

Levin, Beth(1993) *English Verb Classes and Alternations, A Preliminary Investigation,* The University of Chicago Press

Nedjalkov, Vladimir P. (English Translation Ed. B. Comrie)(1988) *Typology of Resultative Constructions*

Shibatani, Masayosi(1973) Lexical versus periphrastic causatives in Korean, *Journal of Linguistics* Linguistics Association of Great Britain

_____(1976) *Causativization, Syntax and Semantics*, vol.5、 Japanese Generative Grammar, Ed. M. Shibatani, Academic Press, Inc.

_____(1985) Passives and related constructions, *Language*, vol.61, pp.821-848, Journal of The Linguistic Society of America

Shibatani, M.(ed.) (1988) Passive and voice, John Benjamins.

_____(1994) Benefactive Constructions-A Japanese-Korean Comparative Perspective-, *A Comprehensive Study of the Function and Typology of Language*, 平成5年度科学研究費補助金総合研究(A)

Siewierska, Anna(1984) *The Passive-A Comparative Linguistic Analysis-*, Croom Helm

Smith, C.S.(1991) *The Parmeter of Aspect*, Kluwer Academic Publishers

Thompson, Chad(1994) Passives and inverse constructions, *Voice and inversion*, T. Givón (ed.), John Benjamins.

Vendler(1967) Times and verbs, *Linguistics in Philosophy* Cornell University Press, pp.97-121

Yang in-seok(1977) Progressive and Perfective Aspects in Korean, *Linguistic Journal of Korea* vol.2, No.1, The Linguistic Society of Korea

▮한국어 문헌▮

김한곤(1983) 「이른바 '이' 사역·피동의 화용론적 조건」『한글』180, 한글학회

류성기(1992) 「사동사 사동법의 변화와 사동사 소멸」『國語學』22, 國語學會

박양규(1978) 「사동과 피동」『國語學』7, 國語學會

_____(1985) 「국어의 再歸動詞에 대하여」『國語學』14, 國語學會

송석중(1978) 「사동의 두형식」『言語』3-2, 韓國言語學會

손호민(1978) 「긴 形과 짧은 形」『語學研究』vol.14-2, pp.141-151, 서울大學校語學研究所

우인혜(1992) 「용언 지다의 의미와 기본기능-'어/아 지다' 의 구문을 중심으로-」『말』 vol.17, 연세대학교 연세어학원 한국어학당, pp.39-67

이기갑(1981) 「씨끝 [이]와 [고]의 역사적 교체」『語學研究』17-2, pp.227-235 서울大學校語學研究所

전명순(1978) 「露語의-sja 동사에 대하여」『語學研究』14-1, 서울大學校語學研究所

최현배(1978) 『우리말본』 정음사

洪宗善(1990) 『국어 체언화 구문 연구』 高麗大學校民族文化研究所

┃자료┃

『赤い矢の女』(上、下)山田正紀、徳間書店、1988

『アムリタ』吉本バナナ、福武書店、1994

『EF 63 形機関車の証言』西村京太郎、角川文庫、1989

『風の歌を聞け』村上春樹、講談社文庫、1982

『さびしがり屋の死体』赤川次郎、角川文庫、1981

『寒い朝』石川洋次郎、角川文庫、1963

『三姉妹探偵団』赤川次郎、講談社文庫、1990

『死が二人を分かつまで』赤川次郎、講談社文庫、1994

『青春共和国』赤川次郎、徳間文庫、1981

『セーラー服と機関銃』赤川次郎、角川文庫、1983

『ダンス·ダンス·ダンス』村上春樹、講談社文庫、1991

『消えたドライバー』西村京太郎、角川文庫、1983

『ノルウェイの森』(上、下)、村上春樹、講談社文庫、1991

『羊をめぐる冒険』(上、下)、講談社文庫、1985

『氷点』(上、下)、三浦綾子、角川文庫、1982

『'90年鑑代表シナリオ集』シナリオ作家協会編、映人社、1991

『뉴스를 말씀 드리겠습니다 !』이계진, 도서출판 宇石, 1990

『無所有』법정, 凡友文庫, 1976

『산불』차범석, 凡友社, 1985

『살아있는 날의 시작』박완서, 도서출판 선예원, 1980

『수난이대』하근찬, 凡友社, 1984

『서있는 여자』박완서, 자가정신, 1989

『열아홉 소녀의 사춘기』황은하, 청목사, 1989

『조선일보』조선일보사

『질투』윤명혜, 自由文學社

『참문』김태길, 凡友文庫, 1976

『추락하는 것은 날개가 있다』이문열, 自由文學社, 1988

『혼자 뜨는 달』나상만, 도서출판 다나, 1990

(* 본문 중에서는 밑줄 친 부분으로 생략하여 서명을 표기하였다.)

저자소개

권 승 림 (權勝林)

· 숭실대학교 일어일문학과 교수
· 한국외국어대학교 일본어과 졸업
· 일본국립오사카대학대학원 언어문화연구과
　박사 전·후기과정 수료
· 동대학원 언어문화학박사 (언어학전공) 취득
· 저서『현대일본어문법』
　　　『신일본어학개설』공저
　　　『대학교양일본어』

숭실대학교 동아시아 언어문화연구소 어학총서 **3**

재귀성과 보이스체계
-日·韓 對照研究-

초 판 인 쇄	2013년 12월 20일
초 판 발 행	2013년 12월 31일
저　　　 자	권 승 림
발 행 인	윤 석 현
발 행 처	제이앤씨
책 임 편 집	최인노·김선은
등 록 번 호	제7-220호
우 편 주 소	㉾ 132-702 서울시 도봉구 창동 624-1
	북한산 현대홈시티 102-1106
대 표 전 화	02) 992 / 3253
전　　　 송	02) 991 / 1285
홈 페 이 지	http://www.jncbms.co.kr
전 자 우 편	jncbook@hanmail.net

ⓒ 권승림 2013 All rights reserved. Printed in KOREA

ISBN 978-89-5668-999-9　　93730　　　　정가 25,000원